Europas Ursprung
Mythologie und Moderne

Danksagung

Wir danken allen, die uns mit Rat und Tat
unterstützt haben, ganz herzlich:

Auswärtiges Amt, Berlin

Bayerische Landeszentrale für politische
    Bildungsarbeit, München

Bayerisches Staatsministerium für Unterricht
    und Kultus, München

BMW Werk Regensburg

Bücher Pustet im Audimax, Regensburg

Bundesministerium der Finanzen, Berlin

Bundeszentrale für politische Bildung, Bonn

Ilse Degel, Kunstmalerin, Waldetzenberg

Ingenieurbüro Rudi Degel, Regensburg

Deutsche Bundesbank, Hauptverwaltung
    München

E.ON Bayern AG, Regensburg

Europäische Kommission,
    Vertretung in Deutschland, Berlin/München

Europäisches Parlament, Informationsbüros
    in Deutschland, München und Berlin

Freunde der Universität Regensburg e.V.

Fritz-Wolf-Gesellschaft e.V., Osnabrück

Wolf Geyer, Cartoonexperte, Stuttgart

Gerichtshof der Europäischen Gemeinschaften,
    Luxemburg

Hanns-Seidel-Stiftung e.V., München

Junges Europa e.V., Regensburg

Landeszentrale für politische Bildung
    Baden-Württemberg, Stuttgart

Landkreise Cham, Kelheim, Neumarkt,
    Regensburg, Schwandorf und Straubing-Bogen

Dr. Peter März, Direktor der BLZ, München

Marlene Pohle, FECO president general, Stuttgart

Staatliche Museen zu Berlin – Preußischer
    Kulturbesitz, Kunstgewerbemuseum,
    Kunstbibliothek und Kupferstichkabinett, Berlin

Stiftung Haus der Geschichte der Bundesrepublik
    Deutschland, Bonn

Wilhelm-Busch-Museum, Hannover

Lohse / Mittlmeier (Hrsg.)

Europas
Ursprung

Mythologie und Moderne

**Universität
Regensburg**

Festschrift der Universität Regensburg
zum 50-jährigen Jubiläum der Römischen Verträge

Impressum

Redaktion und Herausgeber:
Prof. Dr. jur. W. Christian Lohse, Josef Mittlmeier

Mitarbeiterinnen:
Anja Schmid, Carolin Hagl

Scans:
Anja Schmid, Sarah Erath

Layout, Umschlag:
Josef Mittlmeier

Reprofotos:
Simon Smyrek

Satz und Druck:
Erhardi Druck GmbH, Regensburg

1. Auflage 2007
© bei den Autoren

ISBN 978-3-9808020-9-3

Inhalt

Kunst in Wort und Bild

Vorwort

W. Christian Lohse und Josef Mittlmeier

Wer den Ursprung Europas sucht, findet ihn im griechischen Gründungsmythos über die Entführung der namensgebenden phönizischen Königstochter Europa durch den Göttervater Zeus in Stiergestalt. Die Geburtsstunde der Europäischen Rechtsgemeinschaft schlug erst im Jahre 1957 bei der Unterzeichnung der Römischen Verträge. Zwischen diesen zweitausendfünfhundert Jahre auseinander liegenden Wurzeln spannt sich ein Geschichtsbogen aus Kunst und Wissenschaft, der glanzvoller strahlt als ein Regenbogen. Denn er besteht nicht nur aus Farben, sondern aus unterschiedlichen Bereichen und vielfältigen Ausdrucksformen, von denen wir einige Kostproben bieten wollen.

Anlässlich des 50-jährigen Jubiläums der Römischen Verträge präsentierte die Universität Regensburg am 22. Juni 2007 Kunst und Geschichte durch Wort und Bild im musikalischen Rahmen. Dieser Band vermittelt den sachlich nach Kunst und Politik gegliederten Inhalt dieser Festveranstaltung. Jeder Teil beginnt mit einem europäischen Überblick über die vergangenen zweieinhalb tausend Jahre, den Barbara Mundt aus kunsthistorischer Sicht und Martin Sebaldt aus politikwissenschaftlichem Blickwinkel in der Festveranstaltung vorgetragen haben. Zur Bereicherung dieses Bandes haben wir seine beiden Teile um schriftliche Festbeiträge ergänzt.

Die seit 50 Jahren räumlich und integrativ in Frieden und Freiheit ständig wachsende, noch unvollendete europäische Wirtschafts- und Wertegemeinschaft bringt Klaus Hänsch als Glanzlicht im europäischen Geschichtsbogen zum Leuchten. In seiner überzeugenden Bilanz bewertet er die anfangs kaum für möglich gehaltenen Leistungen und Erfolge als „historisch". Für die Zukunft zeichnet er hohen und vielfältigen Reformbedarf zur Stärkung der inneren und äußeren Handlungsfähigkeit der EU auf, damit sie überlebensfähig bleiben und auch globale Verantwortung in der Weltgemeinschaft übernehmen kann. Er verschweigt nicht die Existenz und die nicht ausgeschlossene zahlenmäßige Vermehrung der Euroskeptiker. Ihnen kann die Pflichtlektüre seines Festvortrags als Medizin verordnet werden.

Kritiker unterscheiden sich von den Skeptikern dadurch, dass sie Handlungen und Zustände anprangern, um ihre nachteiligen Folgen künftig zu vermeiden. Solch positive Kritik findet sich häufig in Karikaturen, in denen sich außerdem Kunst und Zeitgeschichte in hervorragender Weise verknüpfen lassen. Da diese Ausdrucksform unserer Zielsetzung entspricht, haben wir Zeichnungen aufgespürt, die Europa und/oder den Stier als europäische Symbole zeigen. Aus ihnen konnten wir eine Zeitreise zusammenstellen, die in jedem der 50 Lebensjahre des gemeinsamen Europa bei einem ausgewählten Ereignis Station macht. Diese Karikaturensammlung wird nicht nur in einer Ausstellung im Zusammenhang mit unserer Festveranstaltung gezeigt, sondern auch in diesem Band dokumentiert.

Die Berliner Erklärung beginnt mit der Feststellung, dass sich nach der Unterzeichnung der Römischen Verträge die Hoffnung auf Frieden in Europa erfüllt hat. Es ist nicht allgemein bekannt, dass der böhmische König Georg von Podiebrad im Jahre 1464 wohl als erster den damaligen Herrschern ein Friedensbündnis vorgeschlagen hat, das bereits Züge der heutigen Europäischen Union trug, z.B. Erweiterungsmöglichkeit, Ratsversammlung, Gerichtsbarkeit, Finanzkasse, Beamtenstab und Symbole wie Wappen und Siegel. Im Jahre 1964 sind in einem Prager Jubiläumsband vollständige Übersetzungen u.a. ins Englische, Französische und Russische erschienen. Die damals unterbliebene Übersetzung ins Deutsche hat Hans-Jürgen Becker als wissenschaftliches Geburtstagsgeschenk nachgeholt und mit einer Einführung verbunden.

Dieser Band will nicht nur die aufgezeigten Wurzeln Europas verknüpfen, sondern auch einen Beitrag zu den unterschiedlichen künstlerischen Ausdrucksformen des Europa-Mythos leisten. Am Beginn standen antike Texte und Bilder. Ihr bereits damals bestehendes Zusammenspiel betont Eva C. Huller aus literarischer Sicht ebenso, wie dies Barbara Mundt getan hat. Im Vordergrund ihres ersten Beitrags steht jedoch die Analyse des Einflusses, die der Mythos auf die Bezeichnung unseres Erdteils genommen hat. Sie konnte sich dabei auf die Beratung von Winfried Bühler stützen, der das erste vollständig überlieferte Dokument des Mythos, die „Europa des Moschos" aus dem 2. Jh. v. Chr., im Geburtsjahr der EWG aus dem Griechischen ins Deutsche übersetzt, kommentiert und als heute noch wegweisende Dissertation eingereicht hat. In ihrem zweiten Beitrag richtet Eva C. Huller ihren Blick auf die seit 1957 geschaffene deutschsprachige Literatur zum Europa-Mythos. Sie präsentiert und analysiert lyrische Formen und Prosatexte. Den großen Roman hat sie ebenso wenig gefunden wie ein Drama von bleibendem Rang.

Die Studierenden des Instituts für Musikerziehung haben zur Festveranstaltung die vor genau 80 Jahren in Baden-Baden uraufgeführte Kurzoper „Die Entführung der Europa" des französischen Komponisten Darius Milhaud beigesteuert. Dies bot Anlass zur Frage, welche Rolle der Europa-Mythos im Musiktheater gespielt hat. Die wissenschaftliche Antwort einer Bibliothekarin findet der Leser in der Zusammenstellung von Edith Klenk, die sie in Werke mit und ohne Erdteilsbezug gegliedert hat.

Als Beitrag zum Europa-Jubiläum haben Studierende des Instituts für Kunsterziehung den Europa-Mythos in einem Kunsterziehungsseminar malerisch interpretiert. Ihre Werke sind zusammen mit einer Dokumentation ihrer Entwicklung und Entstehung Teil der Ausstellung, zu der auch die Karikaturen gehören. Sie bilden den Abschluss dieses Bandes, der sich insoweit auch als Ausstellungskatalog versteht und eignet.

Der Kalendertag unserer Jubiläumsveranstaltung, an dem dieser Band als Festschrift erscheint, beruht auf keinem Zufall. Seine Wahl entspricht dem Selbstverständnis unserer Universität als Brücke zwischen Ost und West in der Mitte Europas. Denn am 22. Juni 1993 erklärte der Europäische Rat bei seinem Gipfeltreffen in Kopenhagen zum ersten Mal, dass die „mittel- und osteuropäischen Länder, die dies wünschen, Mitglieder der Europäischen Union werden können". Die anschließende friedliche und freiwillige Osterweiterung lässt dieses Datum des Jahres 1941 und das an diesem Tag begonnene „Unternehmen Barbarossa" verblassen, wie Hitler seinen Krieg gegen die Sowjetunion zu weiterem Raumgewinn im Osten bezeichnete. Wer den 22. Juni mit dem (zweiten) Rücktritt Napoleons im Jahre 1815 verbindet, sei daran erinnert, dass der Kaiser letztlich nach dem Verlust der Unterstützung im Parlament abdanken musste. Diese Macht der Bürger und ihrer Vertreter sollte man in Brüssel niemals vergessen.

Unser Jubiläumsprojekt hätten wir ohne fremde Hilfe weder planen noch verwirklichen können. Es war nur als interdisziplinäres Gemeinschaftsprojekt der Universität Regensburg zusammen mit den Lehrstuhlinhabern Rainer Arnold, Hans-Jürgen Becker, Hans-Christoph Dittscheid, Bernhard Hofmann, Walter Koschmal und Martin Sebaldt realisierbar. Wir danken ihnen ebenso wie den Referenten und Autoren sowie den an anderer Stelle genannten Personen und Institutionen ganz herzlich, dass sie zum Gelingen unseres Vorhabens mit Rat und Tat beigetragen haben. Sie alle verdienen als Dank, dass viele Leser und Betrachter neugierig zu diesem Band greifen, um Erkenntnisse und Einsichten zu gewinnen und/oder Freude an den Bildern zu finden.

Begrüßung

des Rektors der Universität Regensburg

Alf Zimmer

Bei Geburtstagen von Berühmtheiten gehört es zur rhetorischen Tradition – zumindest, wenn es sich um runde Geburtstage handelt – in der Laudatio darüber nachzudenken, inwieweit das Schicksal und die Entwicklung des oder der zu Feiernden schon in seinem bzw. ihrem Namen angelegt sind. Nun wissen wir alle, dass William Shakespeare natürlich recht hat, wenn er behauptet, dass – ganz gleich mit welchem Namen man eine Rose bezeichnet – ihr Duft genau so süß bleibt, und so bleiben wir gegen abergläubischen Namenszauber immun. Doch gibt es auffällige Interaktionen zwischen Namen und Schicksalen, manchmal kurios, manchmal eher ernsthaft, als bestimme der Name zum Teil das Schicksal.

Kurios ist es z.B., dass sich Menschen, deren Namen sich von Kraft erfordernden Handwerken wie z.B. Schmieden oder Steinmetzen ableiten, überdurchschnittlich häufig in Kraftsportarten auszeichnen, wie eine Untersuchung von der TU München belegt. Erschreckend dagegen, wie andererseits der Name Torquemada anscheinend schon anklingen lässt, was der erste Großinquisitor an Eigenschaften in sich vereinigte, die die dunkle Seite Europas kennzeichnen: religiöser Fanatismus, Rassismus und Nationalismus.

Doch nun zu dem neuen Europa, dessen Geburtstag wir feiern. Ich habe den Eindruck, dass der Name Europa und die damit im Zusammenhang stehenden Legenden auch heute noch mehr sind als Kuriositäten. Bekanntlich war Europa die schöngesichtige Tochter Agenors, des Königs von Tyros, der wiederum Sohn des Poseidon und der Libya war. Beim Anblick dieses schönen Mädchens wurde Göttervater Zeus wieder einmal schwach und verliebte sich. Er ließ seinen Sohn Hermes die Herde des Königs Agenor an den Strand des Mittelmeeres treiben und mischte sich selbst als besonders hübscher Stier darunter; seine Schönheit bestand in besonders langen Lefzen und „niedlichen Hörnern wie aus Edelstein gemacht". Dieser Stier fiel Europa wegen seiner Eleganz und seines zutraulichen Verhaltens auf, bis sie sich eines Tags auf ihn setzte und er mit ihr zusammen sich ins Mittelmeer stürzte und nach Kreta schwamm. Nicht zuletzt zeigt die Karikaturenausstellung über Europa, wie diese Geschichte immer noch als Vehikel genutzt wird, um aktuelle politische Bezüge sichtbar zu machen.

Soweit die Geschichte, wie sie in der griechischen Mythologie erzählt wird und die sich auf den ersten Blick nicht von vielen anderen olympischen Liebesgeschichten unterscheidet. Hinter der oberflächlich erotischen Episode steht aber noch ein tieferer und bedeutsamerer Mythos, nämlich der Sieg der weisen Mondgöttin als Sinnbild der Vernunft über den gewaltigen Sonnenstier, Inbegriff der vitalen, aber auch rohen Kraft. Und eine etymologische Deutung des Namens Europa, wenn man ihn nämlich in EUR-OPA trennt, meint vollgesichtig und spielt offenkundig auf das bleiche Vollmondgesicht der Mondgöttin an. Fügt man diese Informationen über die Namensherkunft zusammen, dann wird die implizite Botschaft dieser Geschichte deutlich, nämlich, zum Einen, dass Europa und das Mittelmeer eng, wenn nicht gar untrennbar miteinander verbunden sind, und zum Zweiten, dass die Griechen Europa – und damit bezeichneten sie vor allen Dingen ihre Region – als kulturell abhängig von den Kulturen im südlichen und östlichen Mittelmeerraum wahrnahmen: Libya, Europas Großmutter, steht für Nordafrika und Europa selbst tritt als afrikanisch-phönizisch-griechische Prinzessin auf. Die besondere Bedeutung dieser Tradition für die Griechen wird im Mythos des Sieges der Mondgöttin über den Sonnenstier deutlich: der Sieg der Vernunft über die rohe Gewalt. Wenn man dazu den Siegeszug der phönizischen Schrift nimmt, die sich nicht nur in ihren Ablegern, dem Lateinischen, Griechischen, Kyrillischen oder Arabischen Alphabet, findet, sondern die als Buchstabenschrift starken Einfluss auf die Entwicklung dessen gehabt hat, was wir heute abendländisches Denken nennen, dann finden sich auch unsere kulturellen Quellen in dem Raum, der heute unter der Bezeichnung „Naher Osten" eher bedrohliche Konnotationen aufweist. Schon Friedrich Hölderlin hat dies vor mehr als 200 Jahren in seiner Hymne auf den Ister (Donau) so gefasst, als er die Wasserstrasse als Weg der Kultur charakterisiert:

> „Der scheint aber fast
> Rückwärts zu gehen und
> Ich mein, er müsse kommen
> Von Osten."

Dies macht es besonders passend, hier am nördlichsten Punkt der Donau und an dieser Universität, die ihr Selbstverständnis im Brückensiegel zeigt, Europa als kulturelle Einheit zu feiern.

Vor knapp einem Jahr hielt Papst Benedikt XVI. an der Universität Regensburg seine Vorlesung über das Verhältnis von Glauben und Vernunft, in der er besonders abhob auf den Kulturraum des östlichen Mittelmeers und seinen Einfluss auf das, was heute das europäische Grundverständnis ausmacht, nämlich die Geltung der Menschenrechte unabhängig von

Religion und Weltanschauung, weil sich in der Vernunft die Gottesebenbildlichkeit zeigt.

Doch zurück zu der Art und Weise, wie die Griechen mit dem Wort Europa umgingen. Neben der Deutung EUR-OPA gab es noch eine zweite etymologische Deutung, die auf der Trennung EU-ROPA basiert, was man als „gut bewässert" oder „gut für den Anbau von Weiden" übersetzen kann. Dies verband den Namen Europa mit Vorstellungen von Fruchtbarkeit und Wohlstand. Passenderweise wurde diese Europa im Frühsommer gefeiert, wenn an den Bachrändern die Weidengerten sprossen.

Insofern fallen bei der Betrachtung des Namens Europa die Vorstellungen von Kultur und Wohlstand zusammen; beides hat sich in den vergangenen Jahren erfolgreich entwickelt. Dabei unterscheidet sich das Europa, wie wir es heute geographisch und politisch verstehen, gravierend von der Vorstellung der Griechen vor 2000 Jahren, dort – und so wurde es in den Weltdarstellungen der damaligen Zeit, den so genannten T-Landkarten gezeigt – nahm Europa das Gebiet ein, was man am besten mit den nördlichen Mittelmeerküsten bezeichnen kann. Dahinter erhoben sich unübersteigbare Berge, die in Ebenen mit furchtbarer Kälte und schrecklichem Sturm, dem Boreas, führten. Das heißt, für die Griechen waren es keine Europäer, die wie wir nördlich der Alpen lebten, sondern barbarische Hyperboräer.

Dass sich nun gerade hier unter diesen Hyperboräern im so genannten Mitteleuropa der Gedanke einer europäischen Identität entwickelt hat, mag vor allen Dingen an den Verwüstungen liegen, die im 19. und 20. Jahrhundert Fanatismus, Nationalismus und Rassismus in Mitteleuropa ausgelöst haben. Insofern war es vielleicht konsequent, dass der Europagedanke, der Kultur (vor allem Rechtskultur) und gemeinsamen Wohlstand implizierte, hier besonders unvoreingenommen als Chance aufgegriffen wurde. Dies bedeutet aber auch, dass ähnlich wie der Begriff Mitteleuropa nicht ausschließend, sondern offen ist, so auch der Begriff Europa diese Offenheit haben muss, um der Tradition seines Namens gerecht zu werden.

Regensburg als Ort im Zentrum der Mitte Europas bietet sich besonders an, das Jubiläum der Kopenhagener Erklärung vom 22.6.1993 zu feiern, mit dem sich die Europäische Union Mittel-Ost-Europa öffnete. Das Selbstverständnis der Universität Regensburg zeigt sich in ihrem Siegel: Brückenfunktion zwischen Ost und West, zwischen globaler Welt der Wissenschaft und Problemlösung in der Region.

Die Vorstellung einer „Festung Europa" widerspricht den Traditionen, die dem Begriff Europa zugrunde liegen. Ich wünsche dem neuen Europa zu diesem Geburtstag noch viel Erfolg beim Überwinden roher Kraft durch Vernunft sowie Gewalt durch Recht und bei der Orientierung am „bonum commune", dem gemeinsamen und nicht nur materiellen Wohlstand.

Alf Zimmer

Grußwort

der Schirmherrin und Bayerischen
Staatsministerin für Bundes-
und Europaangelegenheiten

Emilia Müller

Festakt 50 Jahre Römische Verträge

Ich freue mich sehr, Schirmherrin der Veranstaltung zum 50-jährigen Jubiläum der Römischen Verträge an der Universität Regensburg zu sein. Der europäische Gedanke hat in den Römischen Verträgen erstmals greifbare institutionelle Gestalt gefunden. Europa findet seither immer mehr zusammen.

Dies zu feiern ist in der Tat ein schöner Anlass.

Europa gelingt nur gemeinsam. Gerade daher begrüße ich es sehr, dass auch an der Universität Regensburg dem Jahrestag der Unterzeichnung der Römischen Verträge gedacht wird. Deutschland, Frankreich, Italien, Belgien, die Niederlande und Luxemburg legten 1957 den Grundstein für die heutige Europäische Union. Was zunächst als einfache Zusammenarbeit dieser sechs Staaten begann, ist mittlerweile auf einen Zusammenschluss von 27 Staaten mit rund 500 Millionen Menschen angewachsen, der mehr und mehr Europa eint und im Kontext globalen Wettbewerbs zusammenschweißt.

Schon dies zeigt: Europa ist eine einzigartige Erfolgsgeschichte ohne geschichtliches Beispiel.

Die Europäische Union ist heute Garant für Frieden und Wohlstand. Sie fördert die Demokratie und Rechtsstaatlichkeit in allen Ecken Europas. Und sie ist letztlich der markante geschichtliche Gegenentwurf zum geteilten Europa des kalten Krieges, unter dem unser deutsches Volk ganz speziell so lange gelitten hat. Die Integration vieler osteuropäischer Staaten in die Europäische Union zeigt dies besonders. Die Universität Regensburg mit ihrem starken slavistischen Institut hat hier nicht zuletzt auch ihren besonderen Beitrag zur Überwindung der Teilung Europas geleistet.

Europa ist vor allem auch ein wirtschaftliches Erfolgsmodell. Die Einführung des Euro als gemeinsame Währung in weiten Teilen Europas ebenso wie der Fall der Binnengrenzen sind uns allen bereits so selbstverständlich geworden, dass man sich nur ungern an die Zeiten zurückerinnert, in denen Grenzschranken und Wechselstuben jede Reise über Europas Grenzen begleiteten. Freizügigkeit, freier Warenverkehr, offene Grenzen auch für Arbeitnehmer – all dies zusammen ist ein ganz wichtiger Motor auch für unsere deutsche Wirtschaft. Europa sichert unsere Arbeitsplätze im zunehmend globalen Wettbewerb.

Aber Europa ist mehr als nur ein wirtschaftlicher Zusammenschluss. Es ist eine Wertegemeinschaft, die von gemeinsamen Überzeugungen getragen ist und diese in geschichtlich einmaliger Geschlossenheit auch nach außen vertritt. An einer Universität, an der seinerzeit auch der heutige Papst Benedikt XVI. als Professor lehrte und wirkte, darf ich frei und offen hinzufügen, dass gerade unsere christlich-abendländischen Wurzeln Europa bis heute entscheidend prägen. Und darauf sind wir in Bayern besonders stolz!

Es erscheint mir daher auch als Selbstverständlichkeit, dass Europa sich all den weltweiten Aufgaben stellt, die nur im Konzert der Völkergemeinschaft erfolgreich angegangen werden können. Dazu zählen neben der Bekämpfung des Terrorismus und der organisierten Kriminalität auch verstärkte Anstrengungen im internationalen Klimaschutz. Europa hat hier ehrgeizige Ziele, die wir nur gemeinsam ansteuern können, aber auch sollen.

Im gewachsenen Europa der inzwischen 27 Mitgliedstaaten gilt es, die vertraglichen Grundlagen der Europäischen Union zu reformieren, um die Union insgesamt handlungsfähig zu erhalten. Die Römischen Verträge von 1957, die seinerzeit auf nur sechs Mitglieder zugeschnitten waren, sind inzwischen vielfach angepasst und umgestaltet worden. Und doch sind und bleiben sie der Grundstein des europäischen Hauses. Wenn heute über einen neuen Verfassungsvertrag diskutiert und entschieden wird, gilt es, diese europäischen Wurzeln zu bewahren, gleichzeitig aber den Anforderungen unserer Zeit und einer gewachsenen Gemeinschaft gerecht zu werden.

Das ist kein leichter Prozess. Doch ich hoffe, dass wir ihn gemeinsam bald erfolgreich abschließen können.

Ich wünsche Ihnen allen bei Ihrer Teilnahme am Festakt und beim Besuch der begleitenden Ausstellung viel Freude sowie lehrreiche Einblicke in die geschichtliche wie aktuelle Bedeutung der Europäischen Union. Der Universität Regensburg gilt mein Dank für die Ausrichtung des Festaktes.

Der Ministerrat hat am 8. Mai anlässlich der diesjährigen Europawoche seine Beratungen in Regensburg abgehalten. Politik, Universität und alle Bürger und Bürgerinnen – lassen Sie uns gemeinsam hier in Regensburg am europäischen Haus weiterbauen! Dafür wünsche ich uns allen viel Erfolg.

Emilia Müller

Emilia Müller

Grußwort

des Botschafters von Griechenland

Konstantinos D. Tritaris

Nach der griechischen Mythologie hat Zeus Europa, die Tochter des phönizischen Königs Agenor, beim Spiel mit ihren Freundinnen erblickt. Bezaubert von der Schönheit des jungen Mädchens, verwandelt sich Zeus in einen weißen Stier und begibt sich, ruhig und friedlich, in ihre Nähe. Europa, getäuscht vom friedvollen Aussehen des Stieres, setzt sich auf seinen Rücken. Daraufhin wirft sich der Zeus-Stier – mit dem Mädchen auf seinem Rücken – stürmisch ins Meer und bringt es nach Kreta. So entstand ein ganz neuer Erdteil, unser Erdteil, Europa.

Dieser Mythos der Entführung der Prinzessin Europa durch den Göttervater Zeus hat eine tiefere Bedeutung für Europa: Er steht für die mythischen Wurzeln Europas und ihre archetypische Beziehung zur griechischen Kultur. Und: Er signalisiert die Entstehung der eigenen, europäischen Kultur, die sich dadurch von der Kultur des Morgenlandes absetzt und sich nunmehr an dem positiven Denken, der Philosophie, der Demokratie und allen Errungenschaften und Werten der antiken griechischen Kultur orientiert, welche die Fundamente der modernen westlichen Welt und ihrer Denkweise bilden.

Die Europa-Sage symbolisiert darüber hinaus das kreative Abenteuer, das die Einigung Europas darstellt, und erhält – unter den heutigen Umständen des Integrationsprozesses – eine aktuelle Bedeutung. Sie bringt auch das gemeinsame Erbe der Europäer zum Ausdruck: freier und reger Geist, Beweglichkeit und Gefühl, Begegnung der Kulturen.

Dieser Mythos, der bis in die Gegenwart Sprach- und Sozialforscher beschäftigt und Künstler aller Kunstgattungen inspiriert, ist heute aktueller denn je. Seine zahlreichen Darstellungen und Interpretationen bringen gerade seine multikulturelle Bedeutung zum Ausdruck, die auch den Reichtum der Europäischen Union ausmacht.

Griechenland, als Wiege der westlichen Kultur, ist sich seiner historischen Rolle immer bewusst. Vor allem heute, im Kontext der Europäischen Union, strebt Griechenland, wie Deutschland, den Frieden, die Sicherheit, die Zusammenarbeit und den Wohlstand der Bürger der großen europäischen Familie an und wirkt kreativ im Rahmen der europäischen Institutionen mit.

Im Namen des griechischen Staates möchte ich Ihnen gratulieren und hiermit die besten Wünsche zum Erfolg Ihrer Veranstaltung zum Ausdruck bringen.

Konstantinos D. Tritaris

Grußwort

des Oberbürgermeisters der Stadt Regensburg

Hans Schaidinger

Der römische Philosoph, Dramatiker und Staatsmann Lucius Annaeus Seneca soll gesagt haben „Recte facti fecisse merces est" – „Der Ertrag einer richtigen Tat besteht darin, sie getan zu haben".

Damals, im 1. Jahrhundert nach Christi Geburt, hat er garantiert nicht geahnt, dass wir uns heute, im Jahre 2007, auf diesen weisen Ausspruch beziehen können – wenn wir uns die moderne politische und wirtschaftliche Geschichte Europas vor Augen halten.

Diese beginnt am 25. März 1957, dem Tag, an dem in Rom die Verträge zur Gründung der Europäischen Wirtschaftsgemeinschaft (EWG) und der Europäischen Atomgemeinschaft (EURATOM) unterzeichnet wurden, die dann am 1. Januar 1958 in Kraft traten.

Diese Römischen Verträge sind nichts anderes als die Gründungsurkunde der heutigen Europäischen Union (EU). Das bedeutet: Europa feiert heuer also den 50. Geburtstag der EU. Deswegen: Herzlichen Glückwunsch Europa!

Einerseits sind 50 Jahre eine lange Zeit, andererseits im Ablauf der Geschichte nicht mehr als ein Wimpernschlag. Was allerdings in diesem halben Jahrhundert erreicht wurde, ist unvorstellbar viel.

Historisch gesehen war die Entstehung der heutigen Europäischen Union die Folge des Zweiten Weltkriegs. Die angestrebte europäische Einigung – sie galt in den fünfziger Jahren fast noch als ein Mythos – sollte verhindern, dass Europa jemals wieder von Krieg und Zerstörung heimgesucht wird. Und tatsächlich ist mit der Unterzeichnung der Römischen Verträge ein großes Friedens- und Zivilisationswerk in Gang gesetzt worden, dessen relativ stabile Attraktivität heute weit über den europäischen Kontinent hinaus strahlt.

In diesen 50 Jahren hat sich die EU einen festen institutionellen Rahmen geschaffen. Mit dem Binnenmarkt und der Wirtschafts- und Währungsunion hat Europa eine feste kontinentale Verankerung gefunden, um sich den Erfordernissen der Globalisierung zu stellen. Denn gerade jetzt, am Beginn des 21. Jahrhunderts, steht die EU vor enormen Herausforderungen:

◆ Ökonomisch, weil die Anzahl der Menschen am weltweiten Wettbewerb um Arbeit und Einkommen weiter ansteigt,

◆ ökologisch, weil Klimawechsel und Ressourcenverknappung auch in Europa die Lebensgrundlagen verändern,

◆ kulturell, weil der Dialog der Kulturen sich weiter manifestieren muss und damit auch neue Verantwortungen mit sich bringt.

Deshalb befinden wir uns auch nach fünfzig Jahren immer noch in einem aktiven Prozess: Europa muss sich weiter, Schritt für Schritt, von einem Flickenteppich nationaler Interessen zu einer handlungsfähigen Kraft in der internationalen Politik entwickeln, die mit einer Stimme sprechen kann.

Aber während wir ständig am Haus Europa bauen, es erneuern und erweitern, dürfen wir nicht vergessen,

◆ was dieses Gebäude ausmacht,

◆ warum wir es brauchen.

Vielleicht hat Jaques Delors deshalb diesen berühmten Satz gesagt: „Wir müssen Europa eine Seele geben".

Nun frage ich Sie: Hat es überhaupt schon eine?

Meine Antwort darauf ist ein ganz eindeutiges JA.

Nur erkennen müssen wir diese Seele, deren wichtigster Teil die Vielfalt ist.

Vielfalt? Ganz richtig, denn dieses Haus Europa ist eben kein Mythos geblieben. Es lebt von und mit seiner Vielfalt, den vielfältigen Unterschieden

◆ zwischen Nationen und Regionen,

◆ zwischen Sprachen, Religionen und Mentalitäten,

die es auch zu bewahren gilt, weil eben sie unseren Kontinent beseelen.

Doch was erst ermöglicht die Vielfalt Europas? Die Antwort auf diese Frage ist für mich ebenso eindeutig: Es ist die Freiheit und zwar in all ihren Ausprägungen.

◆ Die Freiheit der Meinung,

◆ die des Glaubens und des Handelns,

◆ die Freiheit von Kunst und Kultur,

◆ die der freien Entfaltung,

politisch, wirtschaftlich, sozial.

Voltaire fand dafür die richtigen Worte, als er sagte: „Ich mag verdammen, was Du sagst, aber ich werde mein Leben dafür einsetzen, dass Du es sagen darfst".

Das ist die Seele Europas, das ist, was Europa auszeichnet: Es ist der freie Umgang mit unserer Vielfalt und der wiederum erfordert Solidarität und Toleranz.

„Ein Volk, das aus seiner Geschichte nichts lernt, ist dazu verurteilt, sie zu wiederholen", dieser Ausspruch stammt zwar von dem ehemaligen Staatschef von Spanien, Francisco Franco, aber ausnahmsweise hatte er mit diesen Worten Recht. Denn gerade wir Europäer sollten aus unserer Geschichte gelernt haben, was Freiheit in Verantwortung bedeutet.

Auch in Regensburg pulsiert ein Stück europäischer Geschichte. Schon im frühen Mittelalter war unsere Stadt, aufgrund der exponierten Lage am Schnittpunkt der wichtigsten Handelswege von

Stockholm bis Venedig, von Rotterdam bis Kiew und Byzanz, eine europäische Drehscheibe.

Von 1663 an tagte im Reichssaal unseres Historischen Rathauses 150 Jahre lang der Immerwährende Reichstag – den man in seiner damaligen Form als Ständeparlament sogar als das erste deutsche Parlament bezeichnen könnte. Regensburg war ein Ort, an dem bedeutende europäische Geschichte geschrieben wurde, so wie im Jahre 1803, als hier mit dem Reichsdeputationshauptschluss der Beschluss über die territoriale Reform des Deutschen Reiches gefasst wurde. Zu dieser Zeit stand Regensburg im Mittelpunkt der europäischen Geschehnisse. Die damals festgelegten Grenzziehungen prägen bis heute die europäischen Landkarten.

Insofern steht auch in Regensburg ein Meilenstein auf dem Weg nach Europa.

Und damals wie heute beeinflussen Politik und Handel, Kunst und Kommerz, Menschen und Ideen das Geschehen in Europa, beeinflussen aber auch die Abläufe in einer Kommune.

Allein schon deshalb müssen Freiheit und Vielfalt, Solidarität und Toleranz ganz natürlich die Seele Europas widerspiegeln. Einerseits sind das natürlich starke Attribute, andererseits aber auch sehr anfällige – oder mit den Worten von Thomas Mann gesagt: „Toleranz wird zum Verbrechen, wenn sie dem Bösen gilt".

Deshalb gilt es, achtsam sein, voneinander und aus der gemeinsamen Geschichte zu lernen.

Und wir haben gelernt. Denn warum sonst konnte nach unzähligen Kriegen, unendlich vielem Leid, aus aller Widersprüchlichkeit und all unseren Gegensätzen in den fünfzig Jahren seit der Unterzeichnung der Römischen Verträge etwas so Großartiges entstehen, wie das europäische Einigungswerk?

Genau deswegen!

Weil wir nämlich begriffen haben, dass die Seele Europas kein Mythos ist, sondern Freiheit, Vielfalt, Solidarität und Toleranz solide Meilensteine für unseren gemeinsamen Weg in die Zukunft sind.

„EU – Europas Ursprung Mythologie und Moderne", heißt das Motto dieser Veranstaltung, zu der ich alle Teilnehmer und Gäste von nah und fern herzlich in Regensburg willkommen heiße.

Die Planung der Universität, dankenswerter Weise angeregt durch Herrn Prof. Dr. jur. W. Christian Lohse und Herrn Akademischen Oberrat Josef Mittlmeier, eine interdisziplinäre Festveranstaltung anlässlich des 50-jährigen Bestehens der Römischen Verträge

durchzuführen, war eine hervorragende Entscheidung.

Heute ist es wichtiger denn je,

◆ die Idee und Bedeutung eines geeinten Europas einer breiten Öffentlichkeit zugänglicher zu machen,

◆ den besonderen Stellenwert der Europäischen Union im Bewusstsein aller noch mehr zu verankern.

Gerade die Universität Regensburg leistet dazu einen wichtigen Beitrag. Mit dem Europaeum wurde ein wissenschaftliches Ost-West-Zentrum geschaffen, das als Brücke zwischen Forschern, Lehrenden und Studierenden aus Ost und West wirkt.

So ist Regensburg auch in der Gegenwart eine europäische Stadt des Dialogs. Auch wir haben diesen längst aufgenommen, beispielsweise mit unseren Freunden und Nachbarn aus den Regensburger Partnerstädten, aber auch heuer im Rahmen des „Europa-Jahres der Stadt Regensburg".

Bei allen Aktivitäten und Initiativen wird deutlich, wie notwendig es ist,

◆ ebenso zurückzublicken auf die Ursprünge eines geeinten Europas nach der Idee von Robert Schuman, dem „Vater Europas" und Mitbegründer der EU in ihrer heutigen Form,

◆ wie auch den Blick nach vorn zu richten.

Doch ganz gleich, was man tut, ein Eindruck bleibt dabei unverändert: Der Begriff „Europa" hat ebenso viele Wurzeln wie Facetten. Einige finden sich bereits in der griechischen Mythologie mit der „Entführung der Europa" durch Göttervater Zeus, der sich in die schöne Europa verliebt hatte – und reichen nahtlos bis in unsere Tage. Immerhin finden wir die Sage um Europa heute auf einer griechischen Zwei-Euro-Münze abgebildet.

Aber auch das bestätigt: Europas Seele ist die Vielfalt – geschichtlich, politisch, wirtschaftlich, kulturell. Und gerade diese Vielfalt spiegelt sich auch in der heutigen Veranstaltung wider, der ich einen guten und effektiven Verlauf wünsche.

Allen Gästen wünsche ich einen schönen Tag in Regensburg mit unvergesslichen Eindrücken.

Uns allen und Europa wünsche ich eine gute Zukunft.

Hans Schaidinger

Vom Erdteil zur Union

Europas Bild von der antiken Mythologie bis zur politischen Moderne

Martin Sebaldt

I. Finalität Europas? Die aktuelle Verfassungsdebatte im Spiegel der Tradition

„Europa war über Jahrhunderte eine Idee, eine Hoffnung auf Frieden und Verständigung. Diese Hoffnung hat sich erfüllt. Die europäische Einigung hat uns Frieden und Wohlstand ermöglicht. Sie hat Gemeinsamkeit gestiftet und Gegensätze überwunden."[1]

Die einleitenden Sätze der Berliner Erklärung zum 50. Jahrestag der Römischen Verträge bringen anschaulich auf den Punkt, welche Erwartungen mit dem Projekt der Europäischen Integration verbunden sind: Frieden, Sicherheit, Völkerfreundschaft und nicht zuletzt Wohlstand.

Diese Ziele sind nicht neu, und retrospektiv war das Projekt „Europa" keineswegs der einzige Versuch, sie zu realisieren. Im 18. und 19. Jahrhundert versprach man sich ähnliche Effekte vom Gleichgewicht der souveränen Mächte: „Balance of Power" der Großen sollte Berechenbarkeit und internationale Stabilität erzeugen – auch zum Wohle der einzelnen Völker.[2]

Das „Balance of Power"-Projekt ist Geschichte; zwei Weltkriege haben sein Scheitern eindrucksvoll belegt. Die Idee eines geeinten Europas, schon lange vorher geboren, ist es nicht. Denn die genannten politischen Ziele sollen ihr gemäß auf ganz anderen Wegen realisiert werden: Eine wirkliche *Integration* der europäischen Mächte – und auch Völker – ist ihre eigentliche Absicht, nicht nur die bloße Konzertierung egoistischer Staaten.

So hehr das Ziel, so unscharf ist es auch, denn keineswegs verbindet sich mit dem Begriff „Europa" ein eindeutiges und über jeden Zweifel erhabenes politisches Konzept.[3] Der aktuelle Streit um die viel berufene „Finalität" Europas reflektiert dieses Problem: Ob nun europäischer Bundesstaat, funktionaler Staatenverbund oder lockeres „Europa der Vaterländer", die Modelle Europas sind vielfältig – und spiegeln eine lange abendländische Tradition, in der Europas Identität schon häufig definiert und seine politische Einigung gefordert wurde.[4]

Diese bis zur Antike zurückreichende Entwicklung ist bestechend aktuell: Den Disput um den europäischen Verfassungsvertrag, den Angela Merkel gerade zu reanimieren sucht, kann nur begreifen, wer die aus der Tradition des Abendlandes stammenden europapolitischen Zielkonflikte kennt. „Europa" ist eben nicht nur ein politisches Räderwerk, dessen Funktion nüchtern zu optimieren wäre, sondern versinnbildlicht die Frage nach unserer eigenen kulturellen Identität.[5] Wen wundert es da, dass dieser Streit so grundsätzlich geführt wird?

II. Von der Mythologie zur Politik: Der Europabegriff zwischen Antike und Neuzeit

Das *politische* Europa ist eine gedankliche Erfindung der Neuzeit. Der Europa-Begriff als solcher jedoch entstammt der antiken Mythologie und erhält schon dort seine schillernde Vielfalt, die er bis heute nicht verloren hat. Die Entführung Europas durch Zeus aus ihrer asiatischen Heimat Phönizien in das europäische Kreta versinnbildlicht nicht nur einen geographischen Brückenschlag zwischen den beiden Erdteilen, sondern verwies auch auf die kulturellen Bruchlinien: Dem barbarisch-despotischen Asien sollte die kultivierte griechische Polis-Welt als zivilisatorisch überlegen gegenübergestellt werden.[6]

Doch resultierte daraus mitnichten eine ‚Europaorientierung' im modernen Sinne, denn weder dachten die Griechen dabei an die Einheit des Kontinents, noch findet sich ein klarer Entwicklungsstrang von dieser mythologischen Figur hin zur Moderne. Vielmehr stand seit dem Hellenismus die „Ökumene der Völker" in West und Ost im Vordergrund, maßgeblich durch Alexander den Großen induziert, der durch die Schaffung seines Großreichs gerade diesen kulturellen Brückenschlag bezweckte.[7] Es blieb ein kurzfristiger Versuch; die hellenistischen Diadochenreiche tradierten jedoch die Idee.

Auch das römische Reich ist im eigentlichen Sinne nicht europäisch. Obwohl sich Europa-Gedanken bereits bei Plinius d. Ä. finden, ist es dem Prinzip des *universalen* „imperium romanum" verpflichtet, das letztlich mit dem „orbis terrarum" gleichgesetzt wurde. Erst die Reichsteilung im 4. Jahrhundert wird hier eine Wende einleiten: Sie führt zur Prägung des Abendland-Begriffs (imperium occidentale), aber immer noch ist ‚Europa' keine politische Größe.[8]

Zunächst gilt dies auch für das frühe Christentum. Der Begriff Europa „bleibt außerhalb der Geschichtsmetaphysik; denn die Bibel kennt ihn nicht" (Jürgen Fischer).[9] Durch Kirchenvater Augustinus und insbesondere durch Isidor von Sevilla findet er aber dennoch bald Eingang in das theologische System. Einer Auslegung von Genesis 9, 27 zufolge hat Noah je einen Erdteil an seine Söhne Ham, Sem und Japhet vererbt: Afrika, Asien und Europa. Der jüngste Sohn Japhet, mit dem heilsverheißenden und christlichen Erdteil Europa bedacht, erhält eine herausgehobene Position: Ham, der Älteste, wird als Erbe Afrikas zum Sklaven der anderen beiden, während Sem als Erbe Asiens zum Ahnherr der nichtchristlichen Juden stilisiert wird. Japhets Erdteil Europa wird damit zum Träger der wahren „ecclesia".[10]

Zum politischen Europagedanken ist es jedoch immer noch ein weiter Weg. Nach dem Kollaps des Weströmischen Reichs und der Entfaltung der karolingischen Herrschaft steht zunächst die Idee der „translatio imperii" im Vordergrund: Karl der Große und seine Nachfolger sahen ihre Herrschaft primär in der Rechtsnachfolge des „imperium romanum", nicht aber als Ausdruck einer neuen europäischen Identität. Daran ändert auch die Stilisierung Karls zum „Vater Europas" durch seinen Hofpoeten Angilbert nichts.[11]

Das wird auch im Hochmittelalter noch so bleiben: Otto der Große sieht sich punktuell sogar als „Kaiser von ganz Europa" charakterisiert;[12] dem universalen kaiserlichen Anspruch der Ottonen und der nachfolgenden deutschen Kaiserdynastien entsprach dies jedoch nicht. Sowohl der universale Reichsgedanke als auch die Idee der universalen Christenheit, kulminierend im Streit zwischen Papst und Kaiser um die Vorherrschaft, hatten globale Dimensionen und ließen sich nicht auf den ohnehin unscharf abgegrenzten Erdteil Europa beziehen.[13] Auch der Kreuzzugsgedanke des 12. Jahrhunderts, den man im Nachhinein als europäisch-christliche Idee gegen das islamische Asien deutete, ist vom Anspruch her letztlich universaler Natur und nicht westlich-abendländisch.

Erst das Scheitern christlich-universaler Ordnungsvorstellungen und der Machtverlust von Kaiser und Papst im Spätmittelalter wird die Entstehung politischer Europagedanken ermöglichen. Das Vordringen der Türken auf dem Balkan im 14. Jahrhundert und der Zerfall des Byzantinischen Reichs, besiegelt durch die Eroberung Konstantinopels im Jahr 1453, führen dem territorial aufgesplitterten Westen die Notwendigkeit einer politischen Konzertierung eindrücklich vor Augen.[14]

Enea Silvio Piccolomini, der spätere Papst Pius II., wird die Einnahme der Stadt am Bosporus als Verlust des „zweiten Auges" Europas bezeich-

nen. In seiner Schrift „de Europa" versteht er die Gesamtheit der abendländischen Mächte, aber auch die Völker des Balkans und Griechenlands als europäische Schicksalsgemeinschaft gegen den Islam.[15] Diese Neubewertung Europas schlägt sich auch bei anderen Geistesgrößen nieder: Machiavelli erklärt Europa zum Kontinent der Republiken, mit wesentlich mehr *virtú* gesegnet als das despotische Asien.[16] Die Entwicklung der Idee eines *politischen* Europas, in dem humanistisch geprägte Fürsten ihre Staaten verantwortungsbewusst lenken, nimmt nun ihren Lauf.

Mehr noch: Die Idee einer *europäischen* „societas gentium" und einer *socialitas* der europäischen Völker, deren Beziehungen durch ein rationales, vernunftgeleitetes „ius inter gentes" geregelt werden, basiert auf dieser Denkfigur. Das moderne (europäische) Völkerrecht, in dieser Form von Hugo Grotius grundgelegt, beginnt so seinen Siegeszug.[17]

III. Europa als politisches Modell: Föderationspläne seit dem Spätmittelalter

In dieser Phase entstehen dann auch die ersten konkreten europäischen Föderationspläne, die den Okzident eben nun primär als eigenständige politische Einheit begreifen und nicht mehr als Teil einer christlich-universalen Weltordnung. Die Gedanken sind dabei häufig ähnlich, weswegen hier nur die Grundlinien Betrachtung finden.[18]

An der Schwelle zwischen dem hochmittelalterlichen christlichen Universalismus und der neuzeitlichen Europaorientierung steht Pierre Dubois, ein Ratgeber des Herzogs von Burgund, der schon 1306 eine europäische Staatenallianz zur Befreiung des Heiligen Landes von den Ungläubigen vorschlug: Zwar noch ganz dem Kreuzzugsgedanken verpflichtet, sieht er als dessen *spiritus rector* aber nicht mehr den schwach gewordenen Papst, sondern das Konzert der europäischen Mächte.[19] Mittelalter und Moderne reichen sich in diesem Vorschlag gleichsam die Hand. Auch der Plan des böhmischen Königs Georg von Podiebrad aus dem Jahre 1464 zur Schaffung einer europäischen Fürstenunion gegen die Türkengefahr steht noch in dieser Tradition.[20]

Später wird sich diese theologische Dimension verflüchtigen, und die *politische Idee* Europas erhält eine eigenständige Kontur: Im Zuge der Herausbildung der modernen europäischen Territorialstaaten fordert der Herzog von Sully, Minister

Heinrichs IV. von Frankreich, schon zu Beginn des 17. Jahrhunderts die Schaffung einer europäischen, föderativen Republik aus 15 gleich starken christlichen Staaten – freilich unter französischer Führung.[21] Darunter hat man sich allerdings kein modernes republikanisches Gefüge vorzustellen, sondern einen vormodernen Fürstenkongress; immerhin ist Sullys Idee, damit eine Institution zur dauerhaften Sicherung des europäischen Friedens zu schaffen, bestechend aktuell, auch wenn das frühneuzeitliche Staatensystem Europas noch merklich anders aussah als heute.

Im 18. Jahrhundert werden der Aufklärer Abbé de Saint Pierre mit seinem „Traktat zum ewigen Frieden" und Immanuel Kant mit seiner fast gleichnamigen Schrift Ähnliches fordern. Saint Pierre propagiert die Schaffung einer „Europäischen Republik" mit einem regelmäßig tagenden Kongress, nicht zuletzt um dadurch dem absolutistischen Vormachtstreben Ludwigs XIV. Einhalt zu gebieten – Gedanken, die auch Jean Jacques Rousseau nachhaltig prägen werden.[22] Kant gründet seine Vision einer „föderalen Organisation Europas mit republikanischen Staaten" auf zwei Definitivartikel, die den Frieden zwischen den Völkern sichern sollen: bürgerlich-republikanische Staatsverfassungen und völkerrechtlich geschaffener Föderalismus freier Staaten.[23]

Auch im folgenden, vom Nationalismus geprägten 19. Jahrhundert ist die Idee eines politisch geeinten Europas durchaus präsent. Der Frühsozialist Graf von Saint-Simon konzipiert 1814 in seiner „Reorganisation der europäischen Gesellschaft" eine Staatengemeinschaft mit einem supranationalen Parlament – bestechend aktuell![24] Dass er sich von einer „europäischen Gemeinsamkeit" und der Beschleunigung gesellschaftlichen Fortschritts auch die Förderung eines gesamteuropäischen Sozialismus versprach, mag man ihm heute gerne verzeihen. Die Revolutionswirren von 1848 hinterlassen ebenfalls Spuren: Der französische Schriftsteller und Politiker Victor Hugo fordert als Vorsitzender des zweiten internationalen Friedenskongresses im Jahr darauf die Schaffung der „Vereinigten Staaten von Europa" – keine Erfindung Winston Churchills also, sondern schon fast hundert Jahre vorher formuliert![25]

Aus dieser reichen, hier notwendigerweise nur andeutbaren Tradition europäischer Föderationspläne schöpft dann die politische Moderne: Graf Coudenhove-Kalergi gründet 1923 die bis heute bestehende Paneuropa-Union zum Zwecke der Popularisierung des Einigungsgedankens;[26] der französische Außenminister Aristide Briand propagiert bei den Friedensverhandlungen der zwanziger Jahre (Locarno, Briand-Kellogg-Pakt) unermüdlich die Vision einer „union fédérale européenne", und selbst nach dem Scheitern der Versailler Friedensordnung und schon mit Blick auf eine Neuordnung des Kontinents nach der Niederwerfung der Diktaturen haben im Zweiten Weltkrieg Europa-Föderationspläne Konjunktur – sowohl bei den Kriegsgegnern Nazideutschlands als auch unter den Deutschen selbst.[27]

Der französische Ministerpräsident Léon Blum stellt seine Forderung nach einem „föderativen und abgerüsteten Europa" schon im Oktober 1939, und auch in den Reihen des deutschen Widerstandes finden sich europapolitische Protagonisten: Im Stockholmer Exil formuliert der deutsche Pfarrer Hans Schönfeld im Mai 1942 das Programm der „deutschen Opposition für Deutschland und Europa", in dem das befreite Deutschland in einen „europäischen Staatenbund freier Nationen" mit gemeinsamer Regierung und auch eigenen Streitkräften eingebunden werden sollte.[28]

IV. Was ist das politische Europa? Praktisch-politische Zielkonflikte und Kontroversen

Der europäische Gedanke ist also ehrwürdig alt, gleichwohl höchst vielfältig. Denn keineswegs verbindet sich mit Namen und Schriften, die ihn tradieren und für ihn werben, ein einheitliches politisches Programm. Die europapolitischen Zielkonflikte seit 1945 waren damit vorprogrammiert, denn die Schöpfer unserer heutigen Europäischen Union bekamen von der Geistesgeschichte eben keine klare Blaupause an die Hand, sondern mussten aus der programmatischen Vielfalt ihre eigenen, am Ende höchst unterschiedlichen Schlüsse ziehen.

Blicken wir auf prominente Beispiele: Winston Churchills Forderung nach den „Vereinigten Staaten von Europa" setzt bereits im Jahre 1946 Maßstäbe, ist aber im Nachhinein oft missverstanden worden.[29] Denn unter „Europe" verstand der alte Haudegen – wie viele Briten bis heute – eben nur das *europäische Festland*, durch den Ärmelkanal deutlich vom Vereinigten Königreich getrennt. Churchill sah sein Land folglich nicht als integralen Bestandteil eines vereinten Europas, sondern nur in einer lockeren Beziehung zu ihm stehend. Seine „Drei-Kreise-Konzeption" – Großbritannien als Teil und gemeinsame Schnittmenge der angloamerikanischen, britisch-kolonialen und britisch-europäischen Sphären – schrieb der Inselmacht eine weltpolitische Sonderrolle zu und schrieb damit die klassische „splendid isolation" Großbritanniens gleichsam fort.

Ungewollt entsprach er damit einer Forderung Charles de Gaulles, der Großbritannien aus *machtpolitischen* Gründen von Europa fernzuhalten suchte. Die französische Dominanz sah der General durch eine Mitgliedschaft der Briten gefährdet und blockierte mehrmals Beitrittsanträge, als sich die britische Position nach Ende der Churchill-Ära geändert hatte. De Gaulles eigenes Projekt eines „Europas der Vaterländer" beeinflusste den Gang der europäischen Integration ebenfalls nachhaltig: „Europa" verstand er als *lockeren Staatenbund*, mit ausgeprägter Wahrung nationaler Souveränitätsrechte.[30] Supranationalen Fusionsplänen stand er deshalb äußerst reserviert gegenüber, blockierte später Mehrheitsentscheidungen im Ministerrat und versuchte den Gang der Integration noch mit den Fouchet-Plänen der sechziger Jahre vom integrierten Gemeinschaftsprojekt weg- und hinzulenken zu einer loseren „Union d'Etats".

Hier spätestens kollidierte sein Europabild mit dem dritten, das hier Erwähnung finden muss: Europa als *supranationales, vergemeinschaftetes Gebilde*. Sinnigerweise sind auch an seiner Prägung Franzosen maßgeblich beteiligt. Sowohl der Ministerpräsident und Außenminister der IV. Republik Robert Schuman als auch der Präsident der Hohen Behörde der Montanunion Jean Monnet prägen es, aber auch Konrad Adenauer in Deutschland und Alcide De Gasperi in Italien.[31] Von einem fest integrierten, durch Gemeinschaftsorgane gleichsam verschweißten Europa versprachen sie sich eine nachhaltige Sicherung der Nachkriegsordnung – nachhaltiger jedenfalls, als durch lockere völkerbündische Strukturen, die in der Zwischenkriegszeit erkennbar versagt hatten. Dass gerade Adenauer das Projekt einer integrierten Gemeinschaft auch bewusst förderte, um der Bundesrepublik Deutschland die Souveränität zurückzugewinnen, gleichsam politischen Tauschhandel betrieb, sei der Fairness halber hinzugefügt.[32]

Dieser fundamentale Zielkonflikt zwischen supranational orientierten Integrationisten und staatenbündisch orientierten Intergouvernementalisten existiert bis heute fort. Doch auch der in der Churchill-Ära virulente Disput um die territoriale Verortung des politischen Europas ist keineswegs Geschichte. Denn das Ende des Ost-West-Gegensatzes schuf in Europa neue Abgrenzungsprobleme, die der „Eiserne Vorhang" bisher auf brutale Weise gelöst hatte. Nach seinem Fall stellte sich die Frage nach den Grenzen Europas nun im Osten.

Michail Gorbatschow brachte – neben vielen anderen – mit seiner Forderung nach Schaffung eines „gemeinsamen Hauses Europa",[33] vom Atlantik bis zum Ural reichend, das Territorialproblem erneut auf die Agenda, und er gab mit seiner Vision die Maximalforderung vor. Wo endet Europa im Osten, und welche Grenze der Europäischen Union ist dort vertretbar? Diese Frage steht seither im Raum, auch nicht gelöst durch die umfangreiche Osterweiterung der letzten Jahre.

Die bisher dargestellten Konzepte betreffen die territoriale Verortung des politischen Europas und das Verhältnis zwischen Staaten und der Gemeinschaft. Doch wo blieb die *regionale* und *kommunale* Vielfalt? Fürsprecher und Lobbyisten subnationaler Gebietskörperschaften brachten daher schon ab den fünfziger Jahren das Projekt eines „Europas der Regionen" in Stellung: Europa wurde damit gleichsam von ganz unten her gedacht und gebaut, durchaus in Konkurrenz zu den eigenen Nationalstaaten.[34] In seiner radikalsten Variante sollte ein „Europa der Regionen" langfristig zur Auflösung staatlicher Strukturen innerhalb der Gemeinschaft führen, mit den Regionen als eigentlichen Motoren der Integration. Auch wenn dieser Radikalismus erkennbar abwegig ist: Zur Prägung eines spezifischen – nunmehr fünften – politischen Europabildes hat der Regionalismus entscheidend beigetragen, und seit dem Vertrag von Maastricht ist den berechtigten Teilhabeforderungen der Gebietskörperschaften durch den Ausschuss der Regionen und durch eine merkliche Intensivierung europäischer Regionalförderung deutlicher denn je Rechnung getragen worden.[35]

V. „Europa" im Zentrum politischer Zielkonflikte: Fazit und Folgerungen

„Mit der europäischen Einigung ist ein Traum früherer Generationen Wirklichkeit geworden. Unsere Geschichte mahnt uns, dieses Glück für künftige Generationen zu schützen. Dafür müssen wir die politische Gestalt Europas immer wieder zeitgemäß erneuern […] Denn wir wissen: Europa ist unsere gemeinsame Zukunft."[36]

Mit diesen Worten schließt die Berliner Erklärung und verweist damit sowohl auf die Leistungen der europäischen Gründergeneration als auch auf die immer neuen Herausforderungen des Projekts „Europa". Bis heute eint die überwältigende Mehrheit unserer Völker das Bestreben, dieses Projekt voranzutreiben und einen wahrlich *europäischen* Kontinent zu schaffen.

Wahr ist aber auch, dass sehr unterschiedliche Bilder dieses neuen Europas zu fundamentalen Zielkonflikten führen, welche den Fortgang der europäischen Integration gefährden. Der frühere österreichische Bundeskanzler Bruno Kreisky soll einmal gesagt haben: „Wer Visionen hat, soll zum Psychiater gehen." Mag sein, dass überzogene Visionen der praxisorientierten Politik nicht dienlich

sind. Doch ohne eine visionäre Komponente verkommt sie zur pragmatisch-buchhalterischen Verwaltung des *status quo*, verurteilt zum Treten auf der Stelle.

Begreifen wir also die reiche und kontroverse ideen- und ereignisgeschichtliche Vergangenheit nicht primär als Risiko, weil sie uns programmatische Zielkonflikte beschert, sondern als Chance: Wuchern wir mit dem Pfund dieser reichhaltigen Tradition und nutzen wir den Fundus dieser Ideen kreativ. Dann haben wir die Chance, aus Geschichte zu lernen und Erfahrungen für das Europa des dritten Jahrtausends zu nutzen.

Anmerkungen

[1] Zit. nach SPIEGEL ONLINE, http://www.spiegel.de./politik/deutschland/0,1518,473748,00.html, 25.03.07.

[2] Vgl. zum „Europäischen Konzert" der Großmächte des 19. Jahrhunderts Kissinger, Henry: Die Vernunft der Nationen. Über das Wesen der Außenpolitik, Berlin 1994, S. 79–104.

[3] Vgl. dazu im Überblick Weidenfeld, Werner, Europa – aber wo liegt es?, in: Ders. (Hrsg.), Die Europäische Union. Politisches System und Politikbereiche, Bonn 2004, S. 15–48.

[4] Vgl. dazu den umfassenden diachronen Überblick in Meier-Walser, Reinhard C./ Rill, Bernd (Hrsg.), Der europäische Gedanke. Hintergrund und Finalität, München 2001.

[5] Dazu im Überblick Joas, Hans, Die kulturellen Werte Europas. Eine Einleitung, in: Ders./ Wiegandt, Klaus (Hrsg.), Die kulturellen Werte Europas, Bonn 2005, S. 11–39.

[6] Vgl. dazu Elvert, Jürgen, Die europäische Integration, Darmstadt 2006, S. 4.

[7] Ebenda, S. 5.

[8] Ebenda, S. 5–6.

[9] Fischer, Jürgen, Oriens – Occidens – Europa. Begriff und Gedanke „Europa" in der späten Antike und im frühen Mittelalter, Wiesbaden 1957, S. 25.

[10] Vgl. dazu Müller, Rainer A., Die Christenheit oder Europa. Zum Europa-Begriff im Mittelalter, in: Meier-Walser, Reinhard C./ Rill, Bernd (Hrsg.), Der europäische Gedanke. Hintergrund und Finalität, a.a.O., S. 10–24, hier: S. 11.

[11] Vgl. Ebenda.

[12] Vgl. dazu Elvert, Jürgen, Die europäische Integration, a.a.O., S. 6.

[13] Vgl. zum universalen Geltungsanspruch des Papsttums Mitterauer, Michael, Warum Europa? Mittelalterliche Grundlagen eines Sonderwegs, 4. Aufl., München 2004, S. 152–198.

[14] Vgl. dazu Müller, Rainer A., Die Christenheit oder Europa. Zum Europa-Begriff im Mittelalter, a.a.O., S. 17.

[15] Ebenda.

[16] Vgl. dazu Elvert, Jürgen, Die europäische Integration, a.a.O., S. 7.

[17] Vgl. dazu im Überblick Verdross, Alfred/ Simma, Bruno, Universelles Völkerrecht. Theorie und Praxis, 3., völlig neu bearb. Aufl., Berlin 1984, S. 1–25.

[18] Vgl. dazu den umfassenden Überblick von Foerster, Rolf H., Die Idee Europas 1300–1946, München 1963.

[19] Pfetsch, Frank R., Die Europäische Union. Geschichte, Institutionen, Prozesse, 3., erw. und aktual. Aufl., München, 2005, S. 17.

[20] Vgl. dazu den Beitrag von Hans-Jürgen Becker in diesem Band.

[21] Vgl. Pfetsch, Frank R., Die Europäische Union. Geschichte, Institutionen, Prozesse, a.a.O., S. 17.

[22] Ebenda, S. 16–17.

[23] Vgl. dazu Baruzzi, Arno, Immanuel Kant, in: Maier, Hans/ Denzer, Horst (Hrsg.), Klassiker des politischen Denkens, völlig neu überarb. Ausg. der 5., geb. Aufl. 1987, München 2001, Bd. 2., S. 87–103, hier: S. 95–97.

[24] Vgl. Pfetsch, Frank R., Die Europäische Union. Geschichte, Institutionen, Prozesse, a.a.O., S. 17.

[25] Ebenda, S. 17–18.

[26] Vgl. dazu Brunn, Gerhard, Die Europäische Einigung von 1945 bis heute, Stuttgart 2004, S. 23–26.

[27] Vgl. dazu im Überblick Lipgens, Walter (Hrsg.), Europa-Föderationspläne der Widerstandsbewegungen 1940–1945. Eine Dokumentation, München 1968.

[28] Vgl. Gasteyger, Kurt, Europa zwischen Spaltung und Einigung 1945–1993, Bonn 1994, S. 33.

[29] Vgl. dazu Brunn, Gerhard, Die Europäische Einigung von 1945 bis heute, a.a.O., S. 52–63.

[30] Vgl. Sieburg, Heinz-Otto, Geschichte Frankreichs, 4., überarb. und erw. Aufl., Stuttgart u.a. 1989, S. 432.

[31] Deutlich wird dies insbesondere an der Entstehungsgeschichte der Europäischen Gemeinschaft für Kohle und Stahl (EGKS), die den ersten Schritt zur Schaffung einer supranationalen Europäischen Union darstellte. Vgl. dazu Brunn, Gerhard, Die Europäische Einigung von 1945 bis heute, a.a.O., S. 70–87.

[32] Vgl. zu Adenauers Beweggründen im Einzelnen Bierling, Stephan, Die Außenpolitik der Bundesrepublik Deutschland. Normen, Akteure, Entscheidungen, 2., unwesentlich veränd. Aufl., München, Wien 2005, S. 82–88.

[33] Vgl. dazu Mommsen, Margareta, Die Europäische Union und Russland, in: Weidenfeld, Werner (Hrsg.), Europa-Handbuch, Bonn 2002, S. 671–687, hier: S. 672–673.

[34] Vgl. zur Geschichte des Konzepts Ruge, Undine, Die Erfindung des „Europa der Regionen". Kritische Ideengeschichte eines konservativen Konzepts, Frankfurt, New York 2003.

[35] Vgl. Warleigh, Alex, The Committee of the Regions: Institutionalising Multi-Level Governance?, London 1999.

[36] Zit. nach SPIEGEL ONLINE, http://www.spiegel.de./politik/deutschland/0,1518,473748,00.html, 25.03.07.

Von den Römischen Verträgen zur Berliner Erklärung

Klaus Hänsch

I.

Vor 50 Jahren, im März 1957, besiegelten sechs europäische Regierungschefs mit ihrer Unterschrift unter die Römischen Verträge eine Revolution im politischen Verhalten und in der politischen Strategie der europäischen Staaten. Jahrhundertelang hatten sie versucht, Sicherheit voreinander durch Achsen und Allianzen zu erreichen. Künftig sollten Frieden und Sicherheit durch wirtschaftliche Verflechtung und die Übertragung nationaler Hoheitsrechte auf eine supranationale Organisation erreicht werden. An die Stelle des Gleichgewichts der Mächte in Europa trat die Gemeinschaft des Rechts. Das ist eine zivilisatorische Leistung ersten Ranges.

Im März 2007 setzte die Berliner Erklärung den „Vertrag über eine Verfassung für Europa", den manche schon mit klammheimlicher Freude für tot erklärt hatten, wieder auf die politische Agenda aller 27 Mitgliedstaaten der Europäischen Union – beschädigt zwar, aber durchaus noch lebendig. 1957 ging es darum, den Frieden zwischen sechs Staaten im Westen Europas dauerhaft zu organisieren und Wohlstand zu schaffen. Heute geht es darum, die politische Union von 27 Staaten durch einen Verfassungsvertrag an ihre neue kontinentale Dimension anzupassen.

Das politische Ziel Mitte der fünfziger Jahre war ein doppeltes: Auf der Basis der Versöhnung zwischen Frankreich und Deutschland sollte das geschlagene und doch im Zuge des Kalten Krieges schnell wieder erstarkende Deutschland in den Kreis der zivilisierten Staaten zurückgeführt und fest eingebunden werden: Sicherheit durch Verflechtung statt durch Ausgrenzung. Und zugleich sollte der Westen Europas durch Wohlstand gegen die Versuchungen des Kommunismus immunisiert und gegen den imperialistischen Druck der Sowjetunion widerstandsfähig gemacht werden.

Die Entscheidung war eine pragmatische: Nicht zu warten bis alle europäischen Staaten bereit und in der Lage sind, an diesem Projekt der Einigung Europas teilzunehmen, sondern mit ihm im Westen und mit den sechs willigen Staaten zu beginnen. Die wirtschaftliche Einigung, die Schaffung eines Gemeinsamen Marktes mit der vollen Freizügigkeit für Güter, Dienstleistungen, Kapital und Arbeit über die nationalen Grenzen hinweg zum Motor der politischen Einigung zu machen, nicht umgekehrt. Und auf der Basis eines internationalen Vertrags zwischen Staaten anzufangen, nicht mit einer Verfassung.

In der analytischen Rückschau mag das alles klar und kohärent erscheinen – ein gerader Weg von Krieg und Zerstörung zu Frieden und Wohlstand. So selbstverständlich und unumstritten sind die Römischen Verträge jedoch nicht zustande gekommen. Der Weg war steinig und er mäanderte erheblich von den ersten Nachkriegsplänen bis zum Zustandekommen der Römischen Verträge. Er war keineswegs krisenfrei.

Vorausgegangen war die schwere Krise nach dem Scheitern der Europäischen Verteidigungsgemeinschaft (EVG) in der französischen Nationalversammlung im August 1954. Vorausgegangen waren die Auseinandersetzungen zwischen den sechs Gründerstaaten, aber auch zwischen den Parteien in ihnen, über Struktur und Ziel der geplanten Europäischen Wirtschaftsgemeinschaft: Den einen war sie zu liberalistisch, den anderen zu dirigistisch angelegt. Die einen monierten, dass sie ohne Großbritannien nur „Kleineuropa" sei, die anderen waren nicht nur bereit, sondern auch entschlossen, auf die Mitgliedschaft Londons zu verzichten. Und, nicht zu vergessen, vorausgegangen war einer der verheerendsten Kriege, der, von Deutschland begonnen, die Völker Europas in ein Meer aus Blut und Wut, Verwüstung und Verzweiflung gestürzt hatte.

An der deutschen Öffentlichkeit ist die Unterzeichnung der Römischen Verträge im März 1957 fast unbemerkt vorbeigegangen. Man kann nicht behaupten, dass damals die Medien, die Bürgerinnen und Bürger, sogar die Wissenschaft die Bedeutung dieses Vertragswerks erkannt hätten. Und sie waren mit dieser Erkenntnisschwäche nicht allein: Die Briten hatten zu den Vorbereitungsgesprächen in Messina über die Verträge zur Gründung von EWG und EURATOM einen Beobachter entsandt. Als sie ihn wenig später wieder abberiefen, berichtete er nach London: „Ich freue mich, Messina zu verlassen. Denn selbst wenn sie mit den Beratungen fortfahren, werden sie sich nicht einigen. Selbst wenn sie sich einigen, wird nichts daraus werden. Und sollte doch etwas daraus werden, wird es ein Desaster sein". 16 Jahre später (1973) ist Großbritannien diesem Desaster beigetreten. Soviel zu Euroskeptizismus und Euroattraktivität in Europa.

II.

In den vergangenen 50 Jahren ist die damalige Europäische Wirtschaftsgemeinschaft (EWG) in vier Erweiterungsschüben, fast im Zehnjahresrhythmus, von sechs auf eine Union von 27 Staaten und von 180 Millionen auf fast eine halbe Milliarde Menschen angewachsen. Sie ist dabei heterogener in ihren kollektiven Erinnerungen und gesellschaftlichen Verhaltensweisen, politischen Traditionen, Temperamenten und Erwartungen geworden. Nicht wenige in Politik und Wissenschaft haben in den vergangenen Jahrzehnten Erweiterung und Vertiefung als Gegensätze gesehen. Tatsächlich hat keine der vier Erweiterungswellen eine Vertiefung der Union verhindert – im Gegenteil.

Aus der Zollunion der Sechs ist ein Gemeinsamer Markt der 27 geworden. Noch ist er zwar nicht vollständig, aber ich bin mir gar nicht sicher, ob wir ihn überhaupt noch wirklich vollständig wollen sollen. Viele sagen, er sei überreguliert. Das mag häufig im Einzelfall so aussehen und manchmal mag es auch tatsächlich so sein. Dennoch ist die Schaffung eines einheitlichen europäischen Rechtsrahmens anstelle von 27 verschiedenen nationalen das größte Deregulierungsprojekt der Wirtschaftsgeschichte.

Eine gemeinsame Währung, der EURO, wurde geschaffen. Der Währungsunion gehören zwar bislang nicht alle Mitgliedstaaten an, dennoch bleibt es ein unerhörter Vorgang, dass 13 Staaten eines der Kernelemente ihrer nationalen Souveränität, die Verfügung über die Währung, einer supranationalen Organisation übertragen haben. Es stimmt, dass hier und da der eine oder andere Nostalgiker noch der nationalen Währung nachtrauert. Aber es stimmt auch, dass der EURO auf allen Märkten der Welt respektiert wird. Sechs Jahre nach seiner Einführung werden bereits fast 40 Prozent des Welthandels in EURO abgewickelt. Gerade Schwellenländer wie z.B. China schichten ihre Währungsreserven mehr und mehr vom Dollar auf den EURO um. Der EURO ist schon jetzt die zweitwichtigste Reservewährung der Welt.

Die Europäische Union – nicht die USA oder China – ist die größte Handelsmacht der Erde. Sie bietet für europäische Unternehmen nicht nur einen Heimatmarkt, der größer ist als der amerikanische – sie zwingt auch so genannte „Global-Player", Weltunternehmen wie Microsoft oder Boeing, europäische Wettbewerbsregeln einzuhalten. Und sie setzt inzwischen weltweit ökologische und soziale Standards.

Noch vor 25 Jahren war es ausgeschlossen, außenpolitische oder gar sicherheitspolitische Themen im Rat oder der Kommission zu behandeln. Heute ist die Gemeinsame Außen- und Sicherheitspolitik dabei, langsam, vielleicht zu langsam, Gestalt, Gewicht und Gesicht zu gewinnen. Die Wunden der Spaltung Europas über die Beteiligung am Krieg gegen den Irak beginnen zu heilen, die Narben allerdings bleiben sichtbar. Die EU beginnt zu lernen, auf die Spaltungsversuche aus Washington (Raketenabwehrschirm) und aus Moskau (Druck auf Polen und die Baltischen Staaten) solidarisch zu reagieren. Der Hohe Beauftragte der EU für die Gemeinsame Außen- und Sicherheitspolitik, Javier Solana, verhandelt mit dem Iran über den Stopp des Urananreicherungsprogramms. Die EU ist aktiver Partner im schwierigen Friedensprozess im Nahen Osten. Sie bildet Polizeikräfte in Afghanistan aus und zeigt, etwa im Kongo oder auf dem Balkan, auch militärische Präsenz. Die Mitgliedstaaten stellen eine gemeinsame „schnelle Eingreiftruppe" auf mit einer gemeinsamen Kommandostruktur und weltweiter Einsatzfähigkeit. Da ist zwar noch mehr Rauch als Feuerkraft, aber der europäischen Rhetorik können künftig Taten folgen.

Nach innen geht es längst nicht mehr nur um die Öffnung der Binnengrenzen und um die Herstellung eines Gemeinsamen Marktes. Es geht auch nicht bloß um finanzielle Transferleistungen aus den reicheren in die ärmeren Länder Europas. Die Rechtsetzung der Union zur Marktliberalisierung und Marktregulierung ist nicht nur von großer wirtschaftlicher Tragweite. Sie ist, etwa zum Umweltschutz oder zum Verbraucherschutz auch von erheblicher gesellschaftspolitischer Bedeutung. Die EU-Forschungsprogramme reichen sogar in ethische Grundentscheidungen der Mitgliedstaaten hinein. Aus der Wirtschaftsgemeinschaft ist längst eine politische Union geworden – auch wenn ihre Herkunft immer noch deutlich erkennbar ist.

Noch vor 25 Jahren musste der überwiegende Teil der gemeinsamen Rechtsetzung einstimmig im Rat beschlossen werden. Das Europäische Parlament hatte nur beratende Befugnisse. Heute wird die EU-Rechtsetzung in etwa zwei Drittel der Fälle im Rat mit qualifizierter Mehrheit beschlossen und aus dem Europäischen Parlament ist ein Entscheidungsorgan geworden, das gleichberechtigt und gleichgewichtig mit dem Rat über die EU-Gesetzgebung entscheidet – jedenfalls über etwa zwei Drittel der Gesetze. Was ist föderaler als mit

Mehrheit beschlossene Gesetze, die auch in den Staaten gelten, deren Regierungen im Rat und deren Abgeordnete im Parlament dagegen gestimmt haben?

III.

Die Aufnahme der Völker Mittel- und Osteuropas in die Europäische Union war eine historisch-moralische Verpflichtung des Westens. Sie hat sich auch als großer politischer und wirtschaftlicher Erfolg für Ost und West, Nord und Süd in Europa erwiesen. Niemals vorher waren Freiheit, Demokratie und Frieden in Europa so verbreitet wie heute. Dafür haben die Mittel- und Osteuropäer länger kämpfen und mehr opfern müssen als die Westeuropäer. Die Wiedervereinigung Europas ist die Rückkehr Europas zu sich selbst. Mit der Erweiterung haben wir Europa wiedervereinigt, ohne irgendjemanden zu zwingen, lediglich durch die enorme Anziehungskraft, die die Union auf die anderen europäischen Staaten ausgeübt hat. Dies ist ein historischer Erfolg.

Im Westen wird, im Einzelfall durchaus zu Recht, über Wettbewerbsverzerrung und Steuerdumping oder die Abwanderung von Arbeitsplätzen in den Osten und die Zuwanderung von Arbeitnehmern aus dem Osten geklagt. Vor weniger als 20 Jahren hatten die Westeuropäer Angst vor Raketen aus dem Osten, heute haben sie Angst vor dem Klempner oder Fliesenleger aus dem Osten. Mit dieser Zuspitzung wird deutlich, wie klein die Sorgen geworden sind.

In früheren Jahrhunderten wäre der Zusammenbruch eines Imperiums wie der Sowjetunion nicht ohne Nachfolgekriege und Nachfolgediktaturen abgegangen. Durch die Aufnahme von zehn mittel- und osteuropäischen Staaten hat die Union dazu beigetragen, dass die Selbstbefreiung der mittel- und osteuropäischen Völker und die Wiedervereinigung Europas so reibungslos und friedlich vollendet worden ist, wie sie begonnen hat. Das ist eine Leistung von wahrhaft historischer Bedeutung.

Der Prozess der Erweiterung ist noch nicht abgeschlossen. Die EU verhandelt mit Kroatien über den Beitritt. Die Länder des westlichen Balkans haben eine Beitrittsperspektive bekommen. Die EU führt auch Beitrittsverhandlungen mit der Türkei. Sie stehen noch ganz am Anfang. Sie werden schwieriger sein und länger dauern als alle bisherigen Beitrittsverhandlungen – und es ist durchaus fraglich, ob sie mit einem Beitritt der Türkei zur EU abgeschlossen

werden. Künftig kann es nicht nur um die Beitrittsfähigkeit des Kandidatenstaats gehen, auch die Aufnahmefähigkeit der Union muss beachtet werden. Je größer die Union wird, desto weiter entfernt sie sich auch von ihren Bürgern. Das ist ein altes Problem. Die Beitrittsverhandlungen mit der Türkei werfen es mit neuer Schärfe auf.

Europa hat Grenzen, aber sie sind nicht eindeutig definierbar. Sie ändern sich je nach dem Kriterium, durch das man sie bestimmen will. Das Mittelmeer, der Atlantik, das Nordmeer sind Europas Grenzen – das ist klar. Aber im Osten und im Südosten, in den Raum hinein, aus dem Europa dem Mythos zufolge stammt, sind die Grenzen unbestimmt und unbestimmbar. Das geographische Europa zieht andere Grenzen als das historische, das ökonomische Europa andere als das kulturelle – und sie alle sind verschieden von denen des politischen Europa: Die in der Europäischen Union heute vereinigten 27 Staaten sind nicht das ganze Europa. Und die im Europarat versammelten 46 Staaten sind mehr als das ganze.

Auch der EU-Verfassungsvertrag legt die Grenzen der Union nicht fest. Er macht die EU-Mitgliedschaft nicht zu einer zwangsläufigen Folge der Geographie. Die spielt gewiss eine entscheidende Rolle, wo die geographischen Grenzen klar sind. Wo nicht, sind die Kultur und die Geschichte, die staatliche und gesellschaftliche Verfasstheit und die Wirtschaftskraft eines Landes und vor allem die Zugehörigkeit zum Wertekanon der westlichen Welt mitentscheidende Kriterien. Die Mitgliedschaft in der Europäischen Union ist eine politische Wert- und Willensentscheidung für den beitrittswilligen Staat und auch für die Union selbst.

Zur europäischen Kultur gehört die Toleranz gegenüber dem Andersartigen, dem anders Denkenden, dem anders Wertenden. Die Europäische Verfassung verbietet jede Diskriminierung aus religiösen, weltanschaulichen, ethnischen oder politischen Gründen. Niemals wieder und nirgendwo in Europa dürfen ethnischer Rassismus und religiöser Fanatismus, gleich welchen Ursprungs und gleich welcher Prägung, eine Chance bekommen.

Die Charta der Grundrechte, die der Verfassungsvertrag verbindlich machen würde, bringt zum Ausdruck, dass die Union nicht nur um der Freiheiten des Marktes, sondern auch um der Rechte der Bürger willen besteht. Sie stellt neben die beiden Säulen „Freiheit und Gleichheit" nun auch die dritte Säule des ethischen Grundbestands der politischen Kultur Europas: die „Solidarität". Bei allen Unterschieden, die es zwischen

Helsinki und Lissabon, zwischen den Beskiden und den Hebriden gibt, zeichnet Europa dieses einzigartige und immer gefährdete Gleichgewicht zwischen wirtschaftlicher Leistung und sozialer Gerechtigkeit aus, die immer prekäre Verbindung zwischen der Freiheit des Einzelnen und seiner gesellschaftlichen Verantwortung. Und europäisch ist, dass der Staat zur Schaffung und Bewahrung dieser Gleichgewichte in der modernen Gesellschaft die solidarische Sicherung von Bildung, Gesundheit, Arbeit und Alter organisieren und garantieren muss.

Auch die Unterscheidung von Politik und Religion ist spezifisch europäisch. Der säkulare Staat trennt Glaubensüberzeugungen und Organisation des Gemeinwesens voneinander. Wer diese Trennung aufgibt, gibt Europa auf. Der säkulare Staat ist ein Kind der Aufklärung und der Menschenrechtsidee der Französischen Revolution. Aber es gibt auch eine zweite „genetische Spur": Seit mehr als 700 Jahren gehört die Trennung von „sacerdotium" und „regnum", von geistlicher und weltlicher Macht, auch zur christlichen Kultur Europas. Das hat das lateinische Christentum vom orthodoxen Christentum unterschieden, und das unterscheidet das heutige Europa von bestimmten Ausprägungen des Islam.

Es gibt kein europäisches Volk und es wird auch keines geben. Die Union einigt die Völker, aber sie verschmilzt sie nicht. Die Europäer werden weiter in ihren Staaten, Regionen, Städten zu Hause sein. Wir sollten aufhören, europäische Identität an der nationalen zu messen. Kein Europäer muss sich so „zu Europa" gehörig fühlen wie Franzosen zu Frankreich oder Polen zu Polen oder Deutsche zu Deutschland. Europäische Identität kann nicht und wird nicht an die Stelle lokaler, regionaler oder nationaler Identitäten treten. Sie bleibt immer nur ein, allerdings wichtiger, Zusatz. Die Europäische Union kann politisch nicht überleben, wenn sich die Völker Europas nicht auch mit ihr identifizieren. Das Europa der Werte muss zu einem Wert an sich werden.

IV.

Vor 50 Jahren lag der Einigung Europas – nicht überall, aber doch hier und da, und nicht bei allen, aber bei vielen – die Vorstellung zugrunde, sie werde eines Tages in einen europäischen Bundesstaat münden. Das war damals eine Utopie. Heute ist es eine Illusion – nicht erst nach der Ablehnung des Verfassungsvertrages durch Frankreich und die Niederlande, auch nicht durch die Ost-Erweiterung, sondern schon mit dem EU-Beitritt der skandinavischen Staaten – ja, eigentlich schon mit der Aufnahme Großbritanniens in die Europäische Wirtschaftsgemeinschaft.

Die Einigung Europas zielt nicht auf die Gründung eines europäischen Staates. Die Vereinigten Staaten von Amerika sind nicht als Blaupause für die Konstruktion der Europäischen Union geeignet. Aus der EU wird auch nicht eine Kopie der Bundesrepublik Deutschland. Die Mitgliedstaaten der EU werden immer mehr sein als nur Bundesländer einer „Bundesrepublik Europa". Sie – nicht das Parlament, der Rat oder gar die Kommission in Brüssel – sind und bleiben die Herren der Verträge.

Dennoch ist die Europäische Union längst mehr als nur die Summe ihrer Teile. Sie ragt in die drei Kernbereiche der klassischen nationalstaatlichen Souveränität hinein: das Recht, das Geld und das Militär. Weniger als eine Förderation, aber mehr als eine Konföderation: Ein solches Gebilde ist in den Augen ganzer Legionen von Politologen, Juristen und Historikern je nach Temperament ein Monster oder ein Trugbild, in jedem Fall aber dazu verdammt, in der realen Welt der Mächte und der Mächtigen zu scheitern. Immerhin: 50 Jahre hat die Union bereits durchgestanden. Und schwächer ist sie dabei keineswegs geworden.

Bringt die Einigung Europas in der Form der Europäischen Union unsere nationalstaatliche Demokratie in Gefahr? Führt sie in einen „substanziellen Aushöhlungsprozess" der verfassungsmäßigen Organe, vor allem der Parlamente, in den Mitgliedstaaten? Saugt gar eine „sachfremde Zentralisierung" mit der Zeit alle Elemente der nationalstaatlichen Demokratie in sich auf und speit sie als Bürgerferne, Bürgerängste und Europaskepsis wieder aus? Dazu haben Roman Herzog und Lüder Gerken kürzlich eine Rechnung aufgemacht. Ihr zufolge steht es in Deutschland zwischen europäischer und nationaler Rechtsetzung 84:16. Die Studie der Bundesregierung, auf die sie sich stützen, sucht man vergeblich. In jedem Fall vergleichen sie Äpfel mit Birnen, ja, mit dem Inhalt eines ganzen Früchtekorbs.

Dass der Nationalstaat viele Kompetenzen an die EU verloren hat, mag auf dem Papier so aussehen. In Wirklichkeit hat er ihr Kompetenzen übertragen, die er schon lange nicht mehr selbst wahrnehmen kann. Auf den Feldern globaler Markt, Umweltschutz, Klimawandel, Gesundheits- und

Verbraucherschutz, Migrationsströme sowie innere- und äußere Sicherheit haben alle europäischen Nationalstaaten einen großen Teil ihrer souveränen Gestaltungsmöglichkeiten längst verloren. Die Entscheidungen, die auf diesen Feldern nötig sind, reichen über den Gestaltungsrahmen der nationalstaatlichen Demokratie hinaus. Wenn wir vor dem Hintergrund dieses faktischen Souveränitätsverlusts die Demokratie allein auf die nationalen Institutionen stützten, gaukelten wir den Bürgern Mitwirkung und Kontrolle bloß vor. Die EU höhlt die nationale Demokratie nicht aus. Im Gegenteil: Ohne sie gäbe es sie möglicherweise gar nicht mehr.

Die Formen nationalstaatlicher Demokratie, die sich in den letzten zweihundert Jahren in Europa herausgebildet haben, sind ein kostbares Gut. Kein verantwortlicher Politiker, ob er sich in Brüssel und Straßburg zu den „Föderalisten" oder zu den „Intergouvernementalisten" zählt oder ob er in dieser Frage Agnostiker ist, wird sie leichtfertig für irgendeine europäische Konstruktion opfern. Aber es ist ein Irrtum, die Entscheidungsverfahren auf der Ebene der Union nach der nationalen Blaupause konstruieren zu wollen. Die Europäische Union ist kein Staat, sie ist eine Union von Staaten. Einer solchen Union passt kein nationalstaatliches Demokratiemodell. Sie braucht ein eigenes System der Legitimierung und Limitierung politischer Macht. Der Verfassungsvertrag verfolgt das gleiche Ziel, das nationalstaatlich durch Gewaltenteilung erreicht werden soll, aber er etabliert ein System von „checks and balances" „sui generis", das der Union als Staatenverbund angemessener ist als eine Kopie nationalstaatlicher Demokratiemodelle.

V.

Zwischen der politischen Realität Europas und dem politischen Bewusstsein der Menschen hat sich eine tiefe Kluft gebildet. Sie erscheint reich an Paragraphen, aber arm an Popularität. Die Bürger erwarten von der EU Lösungen für die großen Probleme der modernen Gesellschaft – und zugleich trauen sie ihr solche Lösungen nicht zu. Während die Europäische Union in den vergangenen 50 Jahren immer wichtiger geworden ist, wenden sich immer mehr Bürger von ihr ab. Das hat viele Gründe. Einer von ihnen ist, dass Politik und Medien mit einer Art doppelter Kontoführung alle Erfolge der europäischen Politik dem nationalen Konto gutschreiben und alle Misserfolge auf dem Konto der EU verbuchen. Ein anderer ist, dass sie die EU immer wieder zum Reparaturbetrieb für die täglichen Versäumnisse der nationalen Politik herabwürdigen.

Zwar hält immer noch etwa die Hälfte der Bürger in Europa die Union für „eine gute Sache", aber die Zahl der Gegner ist in den letzten zehn Jahren ständig gestiegen. Für sie ist die Europäische Union ein Handlanger der Globalisierung, der alle überkommenen gesellschaftlichen und sozialen Sicherheiten erodieren lässt. Ihnen geht die Erweiterung der Union zu schnell und zu weit und sie halten sie für einen Teil des Problems und nicht für seine Lösung. In einer Zeit großer Veränderungen und großer Unsicherheiten flüchten sie in die alten Sackgassen des Nationalismus und des Protektionismus.

Im Nachkriegseuropa stand Frankreich, dicht gefolgt von den Niederlanden, an der Spitze der europäischen Bewegung. Heute sind beide aus der Lokomotive ins Bremserhäuschen gewechselt. In den nächsten Monaten wird sich zeigen, ob ihr „Nein" zum Verfassungsvertrag nur ein Unfall war oder der Beginn einer Katastrophe. Das „Nein" in Frankreich und den Niederlanden zum Verfassungsvertrag war gewiss vor allem eine Reaktion auf die Fehler und Versäumnisse der nationalen politischen Führung. Aber es war auch eine Reaktion auf das Erscheinungsbild der aktuellen Brüsseler Politik. Wo es bei den Bürgern überhaupt ein Interesse an der EU gibt, stehen nicht Institutionen und Verfassungsregeln im Mittelpunkt, sondern politische Probleme und deren Lösungen. Dennoch bleibt das Wort von Jean Monnet gültig: „Nichts ist möglich ohne den Menschen. Nichts ist von Dauer ohne Institutionen".

Nach 50 Jahren braucht die EU eine grundlegende Reform. Die heutigen Institutionen und Entscheidungsverfahren sind für eine Wirtschaftsgemeinschaft von sechs, vielleicht zehn, Staaten konzipiert worden. Für die politische Union von heute mit ihren 27 Mitgliedstaaten und veränderten Aufgaben sind sie unter den Gesichtspunkten der Effizienz und der Demokratie nicht mehr tauglich. Durch den Verfassungsvertrag würden sie so reformiert, dass die Union nach innen handlungsfähig bleibt, nach außen handlungsfähig wird und ihre Entscheidungen auf einer breiteren demokratischen Grundlage stehen.

Vor allem braucht die Union mehr Handlungsfähigkeit. Die Welt verändert sich sehr rasch. Neue Akteure dringen in die Macht- und Entscheidungszentren vor. Die großen Wirtschaftsströme verändern sich. Neue Denkmodelle weichen oftmals von unserem humanistischen Modell ab. Wissenschaftlich-technische Innovationen verbreiten sich in Regionen der Welt, wo es vor wenigen Jahrzehnten noch undenkbar gewesen wäre, auf einen so hohen Grad an Wissen zu stoßen. Leider reagieren die EU-Mitgliedstaaten auf diese tief greifenden Veränderungen, diese Herausforderungen von unvorhersehbarem Ausmaß mit lähmender Engstirnigkeit. In einer Zeit, in der wir in zunehmendem Maße wachsam sein müssten, in der von Europa weltweit immer mehr erwartet wird, hat sich die Union in einer sterilen institutionellen Krise in sich selbst zurückgezogen. Diese Krise muss so rasch wie möglich beendet werden – noch in diesem Jahr.

Die Bundesregierung hat in den letzten Monaten Erstaunliches erreicht: Sie hat der Reform der Union neuen Schub verschafft. Fast alle Mitgliedstaaten, darunter auch Frankreich und, etwas zurückhaltender, die Niederlande, halten den Verfassungsvertrag weiterhin für notwendig. Der Grund dafür ist einfach: Mit einer Volksabstimmung kann man zwar den Verfassungsvertrag wegstimmen, aber nicht die Probleme, zu deren Lösung er beitragen soll.

Unverändert kann der Vertrag den Parlamenten in Frankreich und in den Niederlanden kaum vorgelegt werden – schon gar nicht zu einem zweiten Referendum, und auch das Vereinigte Königreich, Polen und Tschechien wollen einen geänderten Vertrag. Andererseits haben ihn 18 Staaten so wie er ist bereits ratifiziert. Ob sie alle auch einen neuen ratifizieren würden, ist durchaus nicht sicher. Also wird der Vertrag einerseits abgespeckt werden – das heißt, er wird um die aus dem Nizza-Vertrag unverändert weitergeltenden Teile gekürzt, er wird seine staatsähnliche Nomenklatur wie „Verfassung" oder „Außenminister" und Symbolik wie Fahne und Hymne verlieren und er wird zu einem europäischen Grundvertrag umfirmiert werden. Andererseits wird er durch einige erläuternde Zielerklärungen, etwa über die Verpflichtung Europas zum Klimaschutz, zur europäischen Solidarität bei der Energieversorgung oder zur sozialen Dimension der Europäischen Union angereichert werden. Die Substanz des Vertrages, also die Reform der Institutionen und Entscheidungsverfahren, muss allerdings vollständig erhalten bleiben. Die dürfen sich die 18 Staaten, die den Vertrag bereits ratifiziert haben, um keinen Preis abhandeln lassen.

Das Ziel bleibt es, dass sich alle 27 EU-Mitgliedstaaten bis Ende 2007 auf einen EU-Grundvertrag einigen und dass alle ihn bis Anfang 2009 ratifizieren. Wenn es nicht gelingt, das fast Unmögliche zu schaffen, muss das fast Undenkbare gedacht werden: das Vorangehen der Willigen, der Austritt der Unwilligen. Eine große Union mit dem politischen Gewicht eines Luftballons mag den Mächtigen der Welt in Politik und Wirtschaft recht sein – den Europäern nutzt sie nichts. Wenn die große Union ihre Probleme nicht löst, wird der Tag kommen, an dem die Probleme Europas sich ihre Lösungen in einer kleineren Union suchen.

Bisher ist die neue Grundlage für die Europäische Union nur in zwei von 27 EU-Mitgliedstaaten gescheitert. Finden die 27 EU-Mitgliedstaaten in der Regierungskonferenz im Herbst keine von allen akzeptierte gemeinsame Lösung, dann scheitert der Vertrag nicht an zwei Ländern, sondern an allen. Das hätte eine ganz andere politische Dimension. Dann liegt die Axt an der Wurzel des großen Projekts „Einiges Europa". An der Unfähigkeit, auf neue Verhältnisse durch Anpassung ihrer inneren Strukturen zu reagieren, sind schon Staaten zerbrochen, die fester gefügt waren als es der Staatenverbund der EU je sein kann. Ohne substantielle Reform wird die Union zerfallen: Nicht mit einem lauten Knall, aber mit einem leisen Wimmern, wie T.S. Eliot sagen würde. Die Bundeskanzlerin hat Recht: „Die Welt wartet nicht auf Europa". Wenn das Engagement der Berliner Erklärung ergebnislos verpufft, hat die Welt von Europa auch nichts mehr zu erwarten.

VI.

Die Gründe für die Einheit Europas haben sich in den letzten 50 Jahren verändert. Sie haben sich aus Europa in die Welt verlagert. Aber schwächer sind sie nicht geworden. 50 Jahren lang war die Einigung Europas nach innen auf Frieden und auf Wohlstand in Europa gerichtet: auf die Herstellung des Gemeinsamen Marktes und die Integration immer neuer Mitgliedstaaten. Das waren Herausforderungen von europäischer Dimension. Künftig muss die Einigung Europas nach außen gerichtet sein, auf Herausforderungen von globalem Ausmaß: Weltwirtschaft, Klimawandel, Armut, Hunger, internationaler Terrorismus.

Fünfhundert Jahre lang sind die Europäer mit ihren Ideen und Ideologien, mit ihren Waren und mit ihren Waffen in die Welt hinausgegangen.

Jetzt kommt die Welt zu uns zurück – mit ihren Problemen und mit ihren Menschen: Die Vermehrung der Menschheit und die wachsende materielle Armut ihres größeren Teils, Umweltzerstörung und Ressourcenvergeudung, ethnische, religiöse und soziale Konflikte in anderen Teilen der Welt werden Europa nicht unberührt lassen. Für die Lösung der großen Probleme ist der klassische Nationalstaat in Europa längst zu klein geworden. Alle europäischen Staaten sind klein in der Welt des 21. Jahrhunderts. Sie unterscheiden sich nur in solche, die es wissen und solche, die es nicht wissen.

Dem klassischen Nationalstaat ist die Fähigkeit, seine Bürger zu schützen und ihnen zu nützen – also der Grund für die Ausübung seiner Hoheitsrechte – nicht „de jure", aber „de facto" – längst abhanden gekommen. Dennoch halten die Völker ihn immer noch für einflussreicher und durchsetzungsfähiger als jede transnationale Organisation. Frankreich, Großbritannien, Polen oder auch das wiedervereinigte Deutschland mögen in den Augen nostalgischer Bürgerinnen und Bürger noch immer groß und glanzvoll und vor allem mächtig genug erscheinen, sie in Europa vor einem Identitätsverlust zu bewahren. In den Augen von Konzern- und Fondsmanagern oder von politischen und ökonomischen Strategen in USA, China und Indien sind Europas charmante Nationalstaaten längst eine Art Disneyland.

In der Welt haben sich Kräfte und Bewegungen entfesselt, die keine Regierung eines europäischen Staates zu kontrollieren oder aufzuhalten vermag. Nur ihr Zusammenschluss zur Europäischen Union gibt den europäischen Staaten noch die Chance, gehört und respektiert zu werden und in der globalisierten Welt zu überleben. Vor 50 Jahren ging es darum, den europäischen Nationalstaat zu zähmen. Heute geht es darum, seinen Bedeutungsverlust aufzufangen.

Vor 50 Jahren, während des Kalten Krieges und der Konfrontation der Blöcke, konnte sich das Europa der sechs Gründerstaaten in den Windschatten der USA ducken. Heute hat die Europäische Union, die mehr Menschen vereint als die USA und Russland zusammen, eigene weltweite Verantwortung zu tragen – eine Verantwortung, die ihr, ob sie das will oder nicht, aus ihrem wirtschaftlichen, kulturellen und politischen Gewicht zugewachsen ist.

Die EU ist keine Weltmacht. Sie will und kann auch keine werden. Aber sie hat die Verantwortung einer Weltmacht. Wenn sie ein wirtschaftlicher Riese ist und doch politisch ein Zwerg bleiben will, handelt sie nicht bescheiden, sondern verantwortungslos. Die Europäische Union muss nicht nur bereit sein, sie muss auch fähig werden, globale Verantwortung zu übernehmen. Tut sie das nicht, wird sie Frieden, Sicherheit, Stabilität und letztlich auch Freiheit und Demokratie nicht sichern können, nicht einmal in Europa selbst. Was in der Mitte des 20. Jahrhunderts als europäisches Friedensprojekt begonnen hat, muss im 21. Jahrhundert ein Faktor des Friedens in der Welt werden.

Das Projekt einer europäischen Union im Jahre 1464

König Georg von Podiebrad und sein „Friedensbündnis"

Hans-Jürgen Becker

A. Einführung

Vor 50 Jahren, am 25. März 1957, wurden auf dem Kapitol der Ewigen Stadt die Römischen Verträge zwischen Belgien, Deutschland, Frankreich, Italien, Luxemburg und den Niederlanden abgeschlossen. Mit der Begründung der Europäischen Wirtschaftsgemeinschaft (EWG) und der Europäischen Atomgemeinschaft (EURATOM) war der Anfang für die spätere Europäische Union (EU) gemacht worden. Da die Tschechische Republik, die Nachfolgerin des alten Böhmen, nunmehr ein Mitglied der EU geworden ist, erinnert man sich dankbar daran, dass die Idee zur Schaffung einer solchen europäischen Organisation von einem Herrscher dieses Landes bereits vor 543 Jahren entwickelt worden ist. Es geht um das Manifest zur Gründung eines europäischen Friedensbundes des böhmischen Königs Georg von Podiebrad aus dem Jahre 1462/64.

1. Europa im 15. Jahrhundert

1.1. Der nationalstaatliche Gedanke

Das mittelalterliche Abendland wird gern als eine geistige Einheit unter der Leitung von Papst und Kaiser verstanden. Es war Dante (1265–1321), der in seiner Schrift *„De monarchia libri tres"* den Gedanken eines auf göttlicher Stiftung beruhenden „Sacrum Imperium" beschworen hatte, das den Frieden in Europa gewährleisten sollte. Doch schon im 14. Jahrhundert entsprach Dantes Vorstellung nicht mehr der politischen Realität. Die Welt der europäischen Monarchien war geprägt durch den Ausbau ihrer Souveränität und die Entwicklung von nationalstaatlichen Vorstellungen, gegen die sich die Idee eines Weltkaisertums nicht behaupten konnte. Die Papstkirche des Westens war seit dem Ausbruch des Großen Abendländischen Schismas (1378–1417) durch den Dualismus von Papsttum und Konziliarismus gezeichnet. Zwar konnten sich die Päpste in der Mitte des 15. Jahrhunderts gegen den konziliaren Gedanken

behaupten und eine Art von päpstlicher Monarchie errichten. Doch zeigen die zahlreichen und stets wiederholten Forderungen nach grundlegenden Reformen sowohl des Heiligen Römischen Reiches wie auch der Kirche, dass der Prozess einer Umgestaltung des europäischen Gefüges noch in vollem Gange war.

1.2. Krieg und Frieden

Das 15. Jahrhundert, das uns durch so bedeutende kulturelle Leistungen wie die Erfindung des Buchdrucks und die Ausprägung einer humanistischen Lebensform vor Augen steht, ist zugleich eine sehr gewalttätige und friedlose Epoche gewesen. Weil einerseits die Ordnungsstrukturen von Imperium und Ecclesia in Frage gestellt wurden, weil aber andererseits die werdenden Nationalstaaten noch nicht über eine nennenswerte staatliche Organisationskraft verfügten, waren Kriege zwischen den Nationen und Fehden unter den Einzelnen an der Tagungsordnung. Es sei hier nur an den blutigen Hundertjährigen Krieg zwischen England und Frankreich (1339–1453), an die kriegerischen Auseinandersetzungen im Zusammenhang mit der Hussitischen Bewegung, an die Kriege Polens mit dem Deutschen Orden, an die Kriege um die Festigung der Schweizer Eidgenossenschaft, an die Kriege um die Selbständigkeit von Burgund, an die Kriege zwischen den italienischen Staatswesen bis zum Frieden von Lodi 1454 (Stabilisierung der Pentarchie von Mailand, Venedig, Florenz, Neapel und Kirchenstaat) erinnert. Das Heerwesen wurde überall modernisiert, was sich vor allem in der Umstellung vom Lehnsheer zum Söldnerheer und dem ersten Auftreten von Stehenden Heeren bemerkbar machte. Das Fehde-Unwesen trieb einem Höhepunkt zu und war auch durch die zahlreichen Reichs- und Landfrieden nicht zu bändigen.

1.3. Die Türkengefahr

Der Friede in Europa wurde aber zunehmend auch von außen her bedroht. Die Heere der Osmanen zermürbten in langen Kriegen das Byzantinische Reich und drangen unaufhaltsam nach Westen vor. Mitte des 14. Jahrhunderts hatten die Türken erstmals ihren Fuß auf den Balkan gesetzt (1354 Fall von Gallipoli). Die Serben wurden 1389 in der Schlacht auf dem Amselfeld (Kosovo) geschlagen, was bis zum heutigen Tag wie ein Trauma auf Serbien lastet. Große Kreuzfahrerheere wurden von den Osmanen 1396 bei Nikopolis und 1444 bei Varna vernichtet. Ein türkischer Angriff auf Konstantinopel konnte 1422 noch einmal abgewehrt werden, doch wurde die Stadt von Mehmed dem Eroberer (1451–81) im Jahre 1453 erobert. Dieser Verlust des „Zweiten Roms" hat Europa tief erschüttert.

Die Versuche der europäischen Staaten, sich gegen die Eroberung Griechenlands und des Balkans zur Wehr zu setzen, waren allerdings nicht sehr erfolgreich. Venedig führte mehrere Kriege (1423–1430 und 1463–1479), die jedoch keinen durchschlagenden Erfolg hatten. Im Heiligen Römischen Reich wurde 1454 zu Regensburg ein erster „Türkenreichstag" einberufen, der allerdings keine brauchbaren Ergebnisse brachte. Der Versuch von Papst Pius II. (Enea Silvio Piccolomini, 1458–1464), der noch vor seiner Wahl zum Papst 1458 eine Schrift über Europa verfasst („De Europa") und sich in seiner Wahlkapitulation zur Verteidigung Europas und zu einem Kreuzzug gegen die Osmanen verpflichtet hatte, blieb ebenfalls erfolglos: Zwar berief er 1459 einen Gesandten-Kongress nach Mantua ein, wo ein solcher Kreuzzug organisiert werden sollte, doch waren die europäischen Mächte zu einem solchen Unternehmen nicht bereit. Immerhin wurde damals eine Vorstellung von einem einheitlichen Europa geprägt: Die Gefährdung von außen förderte den Gedanken, dass man nur als Einheit den gemeinsamen Feind abwehren könnte.

2. König Georg von Podiebrad (1420–1471)

2.1. Der König und die Länder der Böhmischen Krone

Als Georg von Podiebrad am 2. März 1458 vom Landtag zum König von Böhmen gewählt wurde, war sein Land durch religiöse und ständische Konflikte in einer schwierigen Lage. Gegen die zentrifugalen Kräfte der böhmischen Adeligen sowie der Stände in Schlesien, der Lausitz und Mähren versuchte er, die königliche Zentralmacht zu stärken. Er war darauf bedacht, die Unterstützung durch Papst Pius II. zu erhalten, und versuchte, eine Annäherung Böhmens an die Kirche zu erreichen. Schon bald geriet er aber mit dem Papst in Konflikt, weil er trotz geheimer Zusagen, die er anlässlich seiner Königskrönung gemacht hatte, aus Sicht der Kurie nicht energisch genug gegen die Hussiten vorging und die 1433 vom Basler Konzil den utraquistischen Böhmen zugestandenen Vier Artikel (Prager Kompaktate) als Reichsgrundgesetz beibehalten wollte. Pius II. erklärte am 31. März 1461 die Basler Kompaktate für nichtig und den König zum Ketzer, als dieser versuchte, Widerstand zu leisten.

2.2. Die königlichen Ratgeber

In dieser schwierigen Situation blieb Georg von Podiebrad keine andere Möglichkeit, als in die Offensive zu gehen. 1462 schlug er zum ersten Mal ein allgemeines europäisches Fürstenbündnis gegen die Türken vor und sandte zu diesem Zweck seine Ratgeber, u.a. Zdûnûk Kostka, Dr. Martin Mair (aus Bayern) und Antoine Marini (aus Grenoble), zu diplomatischen Verhandlungen an die europäischen Höfe, insbesondere nach Krakau, Rom, Paris und Venedig. In diesem Zusammenhang ist ein schriftliches Dokument aus der Feder von Antoine Marini, das sog. „Memorandum", entstanden: Hier geht es noch darum, die alten Häupter der Christenheit, Kaiser und Papst, in die Pflicht zu nehmen, damit die Türkengefahr abgewehrt werden kann. Da diese aber säumig sind, soll nach Art des Konzils von Konstanz eine Kooperation der christlichen Fürsten der europäischen Staaten (insbesondere der Fürsten von Frankreich, Burgund, Venedig und Bayern) zusammengerufen werden, um eine Wende herbeizuführen.

Dieses erste Projekt hatte keinen großen Erfolg. Die Initiative zur Abwehr der Türken schien auf den Papst überzugehen, der am 25. Oktober 1463 eine Kreuzzugsbulle erließ und alles daran setzte, für das Jahr 1464 eine Kriegsflotte zu sammeln. Nun war Georg von Podiebrad gehalten, seine Vorstellungen mit größerem Nachdruck darzulegen.

3. Der Friedensplan

3.1. Die Entstehung

Dies geschah 1464 mit der Veröffentlichung seines großen Friedensplanes. Das neue Manifest mit dem Friedensplan umfasst ca. 4.000 Worte. Im Gegensatz zu dem „Memorandum" wird der Ausgangspunkt nicht bei den überlieferten Häuptern der Christanitas gesucht, vielmehr steht ein Bund souveräner Staaten im Mittelpunkt des Projektes. Es wird die entscheidende Wandlung von der „regimentalen" Konzeption des Corpus Christianum zu dem Bild einer föderativen Ordnung der Christenheit deutlich sichtbar. Der Plan hat drei Ziele, die allerdings nicht scharf zu trennen sind: Es geht zunächst um die Errichtung eines innereuropäischen Friedens, sodann um die Gründung einer Art von Staatenbund und schließlich um die Organisation eines Kreuzzugs zur Abwehr der Türken.

3.2. Die Vorbilder

So originell der Friedensplan von 1464 ist, in mancherlei Hinsicht hat er Vorläufer. Was die Abwehr der Türken angeht, so ist mit Recht auf Pierre Dubois (gest. 1321) verwiesen worden. Dieser hat um das Jahr 1306 einen viel beachteten Traktat *„De recuperatione terre sancte"* verfasst, der einen an die europäischen Fürsten gerichteten, umfassenden Reformplan darstellte. Was die Friedensordnung angeht, so ist auf die zahlreichen Reichsfrieden zu verweisen, die immer wieder versucht haben, das Faustrecht der Fehde einzuschränken und stattdessen eine geordnete Rechtspflege zu organisieren. Bekanntlich ist dieses Ziel erst 1495 mit dem Ewigen Landfrieden auf dem Reichstag zu Worms in Ansätzen gelungen. Was schließlich die Errichtung einer supranationalen Ordnungsmacht angeht, so ist auf die Städtebünde und die zahlreichen Ligen des späten Mittelalters zu verweisen. Der Rheinische Städtebund von 1254 verstand sich als *confoederatio, coniuratio* und *consortium sanctae pacis.* Die Erste Liga des Lombardischen Bundes von 1167 und die Zweite Liga von 1226 verstanden sich als *societas* mit militärischem Auftrag, zugleich aber auch als Organ für den inneren Frieden. Sie verfügten über eine interne Zollordnung und über Organe für die Rechtspflege, über eine eigene Kasse und ein eigenes Siegel. Das Bündnis der fünf großen italienischen Staaten (Pentarchie von Mailand, Venedig, Florenz, Neapel und dem Kirchenstaat), die Lega Italica von 1454/55, war ähnlich ausgerichtet.

3.3. Die wesentlichen Ziele

Der König von Böhmen forderte in seinem Manifest, die europäischen Staaten müssten sich – unter Verzicht auf Krieg – zu einer Organisation (*„fraternitas"*) zusammenschließen. In der Präambel wird der stetige Niedergang Europas beklagt: Die andauernden Streitigkeiten zwischen den christlichen Fürsten und das Vordringen der Türken haben Europa an den Rand des Abgrundes getrieben. Ein Ausweg bleibt nur in der Gründung einer *„unio"* mit dem Ziel, eine dauerhafte Friedens- und Rechtsordnung zu errichten und die Abwehr der Türken ernsthaft zu organisieren. Interne Konflikte sollten durch ein europäisches Schiedsgericht beigelegt werden. Als Mittel der Organisation sah sein Plan einen ständigen europäischen Rat vor. Die Vertreter der Staaten sollten sich im Fünfjahresrhythmus in jeweils verschiedenen europäischen Städten, beginnend mit Basel, versammeln, um gemeinsame Ziele, z.B. auf dem Gebiet der Lebensmittelversorgung oder der militärischen Verteidigung, voranzutreiben. Die Rechtsstreitigkeiten sollten durch einen europäischen Gerichtshof entschieden werden. Die Organisation schließlich sollte durch eine gemeinsame Kasse finanziert werden, eigenes Personal haben und als juristische Person über ein eigenes Wappen und über ein Siegel verfügen. Die Union war bereit, weiteren christlichen Königreichen und Herrschaften, z.B. den Reichen der spanischen Krone, den Beitritt zum Friedensbündis zu ermöglichen. Als Nahziel galt es, einen Kreuzzug zur Abwehr der Türken zu organisieren, wobei der Papst um Unterstützung gebeten werden sollte.

3.4. Die Verfassung der *„unio"* und *„fraternitas"*

Die Terminologie ist nach Art der Humanistensprache im späten Mittelalter zwar sehr unscharf, doch wird durch die Verwendung von zahlreichen Synonymen versucht, den Gegenstand genauer zu bezeichnen.

Der Friedensplan sieht zunächst die Gründung eines supranationalen Bundes vor. Dieser wird nach der äußeren Struktur mit den Bezeichnungen *„unio"* (Vereinigung), *„congregatio"* (Versammlung), *„fedus"* (Bund) und *„ordinatio"* (Ordnung) charakterisiert. Daneben werden aber die inneren Ziele, die mit dem Bund verfolgt werden sollen, auch als Bezeichnung für den Bund selbst verwendet: *„fraternitas"* (Brüderschaft), *„pax"* (Frieden), *„intelligencia"* (Einvernehmen) und *„caritas"* (Liebe).

Ein wichtiges Organ des auf Errichtung einer Friedensordnung ausgerichteten Bundes ist das europäische Bundesgericht. Es wird als *„parlamentum", „consistorium", „generale consistorium"* und als *„iudicium"* bezeichnet. Es ist zusammengesetzt aus einem *„iudex"* und den *„assessores".*

Da der Bund aus einer Vereinigung der europäischen Fürsten bestehen soll, wird das ständige Organ, also die Versammlung der fürstlichen Gesandten, als *„corpus", „universitas", „collegium verum"* und als *„ proprium et speciale consilium"* bezeichnet. Dieser ständige Rat ist eine juristische Person und verfügt demgemäß über ein eigenes Wappen (*„arma"*), über ein Siegel (*„sigillum"*), eine Kasse (*„archa communis"*) und ein öffentliches Archiv (*„archivum publicum"*).

Die Mitglieder des Bundes behalten ihre Souveränität, doch üben sie ihr Stimmrecht in der Versammlung nach Regionen oder *„nationes"* aus, nämlich Gallien, Germanien, Italien, Spanien usw. Grundsätzlich gilt das Mehrheitsprinzip.

3.5. Das Schicksal des Friedensplanes

Nachdem auch Paul II., der Nachfolger von Pius II., Georg von Podiebrad 1465/66 als Ketzer verfolgt und sogar einen Kreuzzug gegen ihn organisiert hatte, war der böhmische König weitgehend isoliert. Mit dem Tode des Königs am 22. März 1471 war der Friedensplan – nicht einmal zehn Jahre nach seiner Entstehung – obsolet geworden. Bemerkenswert ist, dass er aber immer wieder das Interesse der Historiker gefunden hat, weil kaum ein anderer Plan für eine europäische Friedensorganisation eine so konkrete Struktur vorweisen konnte. Das Interesse steigerte sich zur Zeit des Kalten Krieges in der Tschechoslowakei, als 1963 unter dem Leiter des Wirtschaftsinstituts an der Prager Akademie der Wissenschaften Otašik grundlegende Wirtschaftreformen gefordert wurden. Der so eingeforderte „Dritte Weg" ebnete dem sog. „Prager Frühling" und damit der Europäisierung des Landes einen Weg. In dieser Situation erschien der Reformentwurf der Jahre 1462/64 fünfhundert Jahre später in einem aktuellen Licht. Nachdem Tschechien am 1. Mai 2004 Mitglied der Europäischen Union geworden ist, ist es nur verständlich, dass das europäische Projekt aus dem späten Mittelalter erneut auf ein vertieftes Interesse stößt.

B. Übersetzung des Friedensbündnisses für die gesamte Christenheit

Im Namen unseres Herrn Jesu Christi. Wir [… Namen der Unterzeichner] tun jedermann und allen kund zu ewigem Gedächtnis:

Bei der Lektüre der Schriften der alten Historiker können wir feststellen, dass die Christenheit, einstmals in höchster Blüte stehend, mit Reichtum an Bevölkerung und Besitzgütern gesegnet, sich in Länge und Breite so weit ausdehnte, dass sie einhundertsiebzehn umfangreiche Königreiche umfasste und so viele Menschen hervorbrachte, dass sie für lange Zeit den größten Teil des Heidentums zusammen mit dem Grabe des Herrn beherrschte. Damals gab es auf der ganzen Welt kein einziges Volk, das es gewagt hätte, die Herrschaft der Christen anzugreifen. Nun aber wissen wir alle, wie sehr diese jetzt zerrissen, zerbrochen und beschädigt worden ist und all ihren Glanz und ihre einstige Pracht verloren hat. So tief greifend ist die seit einiger Zeit in der Christenheit eingetretene Veränderung, dass, wenn jetzt einer der alten Könige, Fürsten oder Herren von den Toten auferstünde und die christlichen Lande betrachten würde, er nicht einmal sein eigenes Reich wieder erkennen würde. Der treulose Mohammed hat nämlich, als nahezu der ganze Weltkreis bereits der Heiligkeit des christlichen Glaubens teilhaftig geworden war, zunächst einen kleinen Stamm der Araber verführt. Weil jedoch dann versäumt wurde, seinen ersten Unternehmungen Einhalt zu gebieten, gewann er schrittweise eine solche Menge dieser unglücklichen Menschen für sich, dass er weite Gebiete Afrikas und Asiens unterwarf und sie zur schimpflichsten Treulosigkeit verleitete. Die schändlichen Trojaner [d.h. Türken] endlich, die erst vor wenigen Tagen zunächst das hochberühmte Kaiserreich der Griechen und danach zahlreiche Länder und Königreiche der Christenheit unter ihre Herrschaft gebracht haben, schleppen zahllose Seelen aus dem Gebiete der Christen weg: Sie machten alles zur Beute, zerstörten zahlreiche Klöster und große Gotteshäuser und überließen sie dem Verfall. Darüber hinaus haben sie noch unzählige andere Schändlichkeiten begangen.

Oh goldenes Land! Oh Christenheit, Zierde der Welt, wie konnte nur all dein Glanz von dir weichen, wie konntest du deine herausragende Verfassung verlieren? Wo ist die einstige Stärke deiner Menschen, wo die Ehrerbietung, die alle Völker dir erwiesen haben, wo sind deine königliche Erhabenheit, wo dein Ruhm? Was nützen dir deine vielen Siege, da du dich nun so schnell im Triumphzug mitschleppen lassen musst? Was hilft es dir, der Macht heidnischer Anführer widerstanden zu haben, da du nun den Angriffen der Nachbarn nicht standhalten kannst? Oh Schicksal, oh Unbeständigkeit! Wie schnell wechseln die Reiche, wie schnell werden Königtümer verwandelt, wie schnell zerbrechen Herrschergewalten!

Was aber Grund solcher Veränderungen und solcher Zerstörung sein mag, ist nicht leicht zu erfassen, denn die Urteilssprüche Gottes sind verborgen. Die Äcker sind heute nicht weniger ertragreich als früher, die Herden nicht weniger fruchtbar, die Weinberge sind ergiebig, Gold- und Silberbergwerke werfen Gewinn ab, die Menschen sind verständig, strebsam, hochherzig, reich an mancherlei Kenntnissen und die Wissenschaften blühen wie niemals zuvor. Was ist es also, das die Christenheit so sehr heruntergebracht hat, dass von den erwähnten einhundertsiebzehn Königreichen nur sechzehn im Schoße der Christenheit überdauert haben? Vielleicht sind es die zahlreichen Sünden, für die Gott strafen will, so wie es – wir lesen es im Alten Testament – schon oft geschehen ist? Deshalb sollten wir ernsthaft erwägen, dass, was in Unordnung ist, verbessert werde, damit durch Werke der Frömmigkeit die Majestät Gottes besänftigt werde, die zweifellos durch Unrechtstaten erzürnt ist. Wir wissen doch, dass Gott gnädig und barmherzig mit jenen verfährt, deren Sünden er auf dieser Welt straft, weil er die Menschen als seine Kinder betrachtet, die er liebt, bessert, durch mancherlei Nöte züchtigt und zu Taten der Tugend führt. Deshalb sind wir, unsere Hoffnung auf Gott werfend, dessen Sache auf dem Spiele steht, sicher, dass wir in unserer Unvollkommenheit zu unserer Heilung nichts Gottgefälligeres vollbringen können, nichts unserer Vollkommenheit Angemesseneres, nichts Preiswürdigeres zu unserem Lob, als alle Anstrengungen zu unternehmen, dass unter den Christen ein wahrer, reiner und sicherer Friede sowie Einigkeit und Liebe geschaffen, und dass der Christenglaube gegenüber dem furchtbaren Türken verteidigt werde [*quod vera, pura et firma pax, unio et caritas inter cristianos fiat et fides Christi adversus immanissimum Turcum defensetur*].

Dazu nämlich sind uns die Königreiche und Fürstentümer anvertraut, dass mit aller möglichen Anstrengung und allem Eifer der Friede gefördert und die Staatsordnung bewahrt werde, dass Kriege wider die Ungläubigen zu einem glücklichen Ende geführt, sowie die Grenzen des Gemeinwesens geschützt und befestigt werden. Diese Ziele mit froher und bereitwilliger Gesinnung zu verfolgen, sind alle Völker, alle Nationen, alle Könige und Fürsten verpflichtet und gehalten. Denn wenn wir uns Christen nennen, müssen wir besorgt sein, dass der christliche Glaube geschützt werde. Und wenn wir uns nicht gegen Christus stellen wollen, dann müssen wir für seinen Glauben kämpfen und ihm zur Seite stehen. Der Heilige Geist nämlich verdammt jene, die nicht im Kriege an seiner Seite stehen, die sich nicht aus der Gegnerschaft lösen, die sich nicht als Mauer zum Schutz des Hauses Israel bereithalten. Auch darf sich niemand durch die liebliche Schönheit seiner Heimat, die Prächtigkeit seines Palastes, die Überfülle seiner Reichtümer vom Dienste Gottes abhalten lassen. Wir müssen vielmehr dem die-

nen, der sich nicht scheute, unseretwegen den Tod am Kreuz zu erleiden, der einem jeden Gläubigen die himmlische Heimat zum Lohne geben wird, welche die wahre Heimat ist, eine herrliche Wohnstatt, dazu unvergleichbare Reichtümer und das ewige Leben. Wie schmerzlich auch das derzeitige Schicksal der Griechen und wie bejammernswert die Niederlage Konstantinopels sowie der anderen Provinzen auch sind, muss uns, die wir nach Ruhm streben, dennoch die Gelegenheit begrüßenswert sein, die uns der Ehre teilhaftig werden lassen kann, als Verteidiger und Erhalter des christlichen Namens bezeichnet zu werden. Wir sind vom Wunsch erfüllt, dass Kriege dieser Art sowie Raubzüge, Aufruhr, Brand und Mord, die, wie wir leider mit Schmerz berichten müssen, auch die Christenheit selbst nahezu allseitig erfasst haben und durch die Felder verwüstet, Städte zerstört, Provinzen ausgepresst sowie zahlreiche Königreiche und Fürstentümer ins Elend gestürzt werden, endlich aufhören sowie völlig ausgetilgt und durch eine löbliche Einigung in den geschuldeten Zustand gegenseitiger Liebe und Brüderlichkeit umgewandelt werden. Zu diesem Zweck haben wir uns in sicherer Gewissheit nach vorausgegangener reiflicher Erwägung, unter Anrufung des Beistandes des Heiligen Geistes, mit Rat und Zustimmung unserer Prälaten, Fürsten, Magnaten, adligen Herren und Doktoren des göttlichen und weltlichen Rechts entschlossen, zum Zwecke einer fortdauernden unverbrüchlichen Verbundenheit des Friedens, der Brüderlichkeit und Eintracht zur Ehre Gottes und zum Schutze des Glaubens einen **Bund** [*unio*], der auch für unsere Erben und künftigen Nachfolger für ewige Zeiten verbindlich bleiben soll, zu begründen, wie nachfolgend beschrieben wird:

1. [**Brüderschaft**] Zum Ersten verkünden und geloben wir, getragen von der Kraft des katholischen Glaubens, mit unserem königlichen und fürstlichen Wort, dass wir von dieser Stunde und diesem Tage an in Zukunft eine reine, wahre, aufrichtige gegenseitige Brüderschaft [*fraternitas*] zeigen und erweisen werden, und dass wir wegen keinerlei Meinungsverschiedenheiten, Beschwerden oder Streitigkeiten zu den Waffen greifen oder solches – wem auch immer – in unserem Namen zu tun gestatten werden. Wir werden vielmehr einander gegenseitig gegen jeden lebenden Menschen beistehen, der uns oder einen von

uns tätlich ohne legitime Rechtsgrundlage feindlich angreifen sollte, gemäß Inhalt und Wortlaut der nachfolgend aufgezeichneten Kapitel.

2. [Friedenspflicht] Zum Zweiten, dass keiner von uns gegen einen anderen zu dessen Gefährdung und Schaden Hilfe gewähren wird, noch Rat geben, noch ein Bündnis gegen eine andere Person eingehen wird. Wir werden weder selbst solches unternehmen, noch durch einen anderen oder durch andere, die solches unternehmen wollen. Vielmehr werden wir für die Erhaltung seiner Gesundheit, seines Lebens und seiner Ehre nach unserem Vermögen einstehen.

3. [Rechtliche Verfolgung der Friedensbrecher] Zum Dritten geloben wir gemäß dem Obengesagten, dass, falls einer oder mehrere der Untertanen eines jeden von uns irgendwelche Verwüstungen, Beutezüge, Räubereien, Brandschatzungen oder anders geartete Verbrechen in den Königreichen, Fürstentümern und Territorien eines der Unsrigen verüben sollte oder sollten, dass nach unserem Willen hierdurch der vorgenannte Frieden und dieses Bündnis [pax et unio] nicht als beeinträchtigt oder als gebrochen angesehen werden soll. Wir wollen vielmehr, dass jene Übeltäter, wenn dies gütlich nicht möglich sein sollte, auf dem Rechtswege von demjenigen, unter dessen Rechtshoheit sie ihren Wohnsitz haben oder in dessen Territorien sie als Rechtsbrecher ergriffen werden, zur Wiedergutmachung gezwungen werden sollen: Die von ihnen angerichteten Schäden sind auf Kosten ihres Vermögens zu ersetzen und sie selbst der Art ihres Verbrechens gemäß angemessen zu bestrafen. Falls sich jene Verbrecher dem Gericht zu entziehen versuchen sollten, ist sowohl der Herrscher des Orts ihres Aufenthaltes als auch derjenige ihres Verbrechens verpflichtet, sie – ohne auf Maßnahmen des anderen zu warten – als Rechtsbrecher zu verfolgen und zu bestrafen. Sofern einer von uns, in dessen Herrschaftsbereich der Verbrecher wohnt oder das Verbrechen begangen oder der Täter ergriffen wird, das Obengesagte missachtet oder unterlässt, soll ihn die gleiche Strafe wie den Verbrecher treffen. Jener aber, der Unrecht oder Schaden erlitten hat, soll das Recht haben, jeden der Unsrigen vor dem im Folgen-den beschriebenen Gerichtshof oder Konsistorium [parlamento seu consistorio] gerichtlich zu verfolgen und zu verklagen.

4. [Abwehr von Angriffen] Zum Vierten ist unser Wille: Falls jemand, der dieser unserer Vereinigung, Liebe und Brüderschaft nicht angehört, und der von uns weder gereizt noch herausgefordert worden ist, einen der Unsrigen mit Krieg überzieht oder solches versuchen sollte – was indessen kaum zu befürchten sein dürfte, solange unsere Freundschaft und Liebe Bestand haben wird –, dann soll unsere im Folgenden beschriebene Versammlung [congregatio] namens aller in diesem Bunde Zusammengeschlossenen auf unser aller Rechnung, selbst wenn dies von unserem bedrängten Bündnispartner nicht gefordert wird, unverzüglich ihre offiziellen Gesandten zur Beilegung des Streits und Wiederherstellung des Friedens an einen den Beteiligten genehmen Ort entsenden. Dort soll in Gegenwart der Konfliktparteien oder ihrer mit ausreichender Vollmacht versehenen Gesandten mit aller Kraft und Sorgfalt versucht werden, die Streitenden, soweit dies auf gütlichem Wege geschehen kann, zu Eintracht und Frieden zurückzuführen bzw. sie dazu zu bewegen, Schiedsrichter auszuwählen oder ihr Recht vor dem zuständigen Richter, dem Gerichtshof oder Konsistorium [parlamento seu consistorio] in nachfolgend beschriebener Weise zu suchen. Falls jedoch wegen dem, der den Krieg begann, aus von diesem zu vertretenden Gründen Friede und Einigkeit auf dem oben angeführten Wege nicht erreicht werden können, dann werden wir übrigen alle in einmütiger und gemeinschaftlicher Gesinnung unserem unterdrückten und sich verteidigenden Bündnispartner zu seiner Verteidigung beistehen und dazu Mittel aus dem Zehnten unserer Königreiche und jenem Teil der Einkünfte, Gewinne oder Erträge unserer Untertanen, die man als Haushalts- oder Lebensführungsausgaben während dreier Tage eines Jahres durchschnittlich auszugeben pflegt, bereitstellen und dies in dem Umfang und so lange, wie es von dieser unserer Versammlung oder ihrer Mehrheit beschlossen und angeordnet werden wird als erforderlich und angemessen zu dem Zwecke, unserem überfallenen Bundesgenossen den Frieden zu sichern.

5. **[Friedensvermittlung bei Kriegen unter christlichen Nachbarstaaten]** Und damit Zerwürfnisse und Kriege – schon der bloße Gedanke daran verursacht bei den Betroffenen viele Schmerzen – besser abgewehrt werden können und damit auch zwischen den übrigen Christgläubigen, die nicht Glieder dieses Bundes sind, der Friede gefestigt werde, setzen wir fest und ordnen an, dass, wenn etwa andere, unserem Bündnis nicht angehörige christliche Fürsten und Herren untereinander in Auseinandersetzungen und Kriege geraten, unsere unten beschriebene Vereinigung [*congregacio nostra subscripta*] in unserem Namen und auf unsere Kosten Gesandte abordnen soll, damit sie einvernehmlich oder auf dem Rechtswege [*amice vel in iure*] – wie oben dargelegt – zwischen den streitenden Parteien Eintracht stiften. Falls jedoch die Parteien oder eine von beiden diesen Weg ablehnen und von Krieg und Gewalt nicht absehen wollen, dann soll der, welcher den Kampf begonnen hat oder davon nicht lassen will, mit Mitteln und Wegen zur Ordnung gebracht werden, wie im vorigen Kapitel dargelegt wurde.

6. **[Verfolgung der Friedensbrecher]** Auch wollen wir, dass jene, die es wagen sollten, unseren gegenwärtigen Frieden [*pacem nostram presentem*] in irgendeiner Weise zu verletzen, in keinem unserer Königreiche, Fürstentümer, Herrschaften, Territorien und Bezirke, Burgen, Städte, Dörfer und festen Plätzen aufgenommen, Geleit erhalten, unterstützt oder geschützt werden oder sonst eine wie auch immer begründete Vergünstigung erhalten sollen. Vielmehr sollen sie ohne Rücksicht auf irgendeinen Geleitsbrief als Störer des allgemeinen Friedens entsprechend dem Grade ihres Verbrechens oder Verschuldens, so wie es jeder von ihnen verdient, festgesetzt, ergriffen und abgestraft werden.

7. **[Vorrang des Friedensbündnisses]** Außerdem wollen wir und machen mit dem Text der vorliegenden Urkunde allen unseren Amtleuten und Untertanen zur Pflicht, dass sie niemals und nirgends – weder gemeinsam noch einzeln – jemandem Schutz und Geleit gewähren und ihm unter keinen Umständen einen allgemeinen oder speziellen Geleitsbrief bewilligen oder ausstellen, ohne vorher eingehend und ausdrücklich vorzubehalten, dass dieser Schutz- oder Geleitsbrief jenen, dem er ausgestellt ist, vor den Bestimmungen unseres vorliegenden Friedensvertrages [*contra presentis nostre pacis edicta*] nicht schützen oder bewahren wird, sondern dass dessen ungeachtet, falls er einer Friedensstörung verdächtigt oder angeklagt würde, diesbezüglich gegen ihn ohne weiteres, wie oben ausgeführt, und auch auf dem Rechtswege verfahren werden kann.

8. **[Verbot der Verbündung mit einem Friedensbrecher]** Wer sich aber mit einem Verletzer des vorliegenden Friedens [*violatorem pacis presentis*] absichtlich verbündet oder ihm – unter welcher erfundenen Ausflucht auch immer – Rat und Hilfe oder Unterstützung angedeihen läßt, ihn aufzunehmen, selbst zu beschützen oder zu verteidigen oder ihm einen Schutzbrief gegen unser gegenwärtiges Bündnis [*contra presentem nostram unionem*] auszustellen wagen sollte, den soll die gleiche Strafe erwarten wie den Schuldigen.

9. **[Errichtung eines Gerichtshofes]** Aber weil die Pflege des Friedens ohne die Gerechtigkeit und die Gerechtigkeit ohne die Pflege des Friedens nicht möglich ist, weil Gerechtigkeit aus dem Frieden erwächst und bewahrt wird, und weil wir und unsere Untertanen ohne diese nicht bestehen können, verbinden wir die Sache des Friedens mit der Gerechtigkeit. Weil aber das Gesetz, welches das Gerichtsverfahren ordnet, in der Zeitenfolge vielen Veränderungen zum Schlechtern unterworfen war, ist es dazu gekommen, dass allmählich alles in Verfall geriet. Weil auf diese Weise der Gebrauch die Rechtsordnung umformt, sind wir der Meinung, dass die gegenwärtige Gerichtsordnung völlig verworren ist. Es ist deshalb erforderlich, unter Berücksichtigung der Zeitläufe, der Gewohnheiten, Gebräuche und natürlichen Rechtszustände sowie der unterschiedlichen Verfassungen unserer Provinzen, Königreiche und Fürstentümer, neue Rechtsnormen zu erlassen [*nova iura producere*] und den neuen Missbräuchen mit neuen Gegenmitteln entgegenzuwirken, wodurch ehrbare Menschen belohnt und Übertreter mit Hilfe schwerer Strafen dauernd niedergehalten werden. Damit wir sämtliche Einzelfälle ordnungsgemäß erledigen, haben wir uns entschlossen, als erste Aufgabe ein Generalkonsistorium

[*generale consistorium*] zu errichten, welches im Namen unser aller und namens unserer gesamten Versammlung [*omnium nostrorum et tocius congregationis nostre nomine*] an jenem Orte tagen soll, wo die Versammlung selbst jeweils tagen wird, damit von hier aus wie von einer Quelle Ströme der Gerechtigkeit überallhin ihren Lauf nehmen. Dieser Gerichtshof wird sowohl bezüglich Anzahl und Qualifikation seines Personals als auch hinsichtlich der Statuten so eingerichtet werden, wie es unsere unten beschriebene Vereinigung oder deren Mehrheit beschließen und anordnen wird.

10. [**Zügiges Gerichtsverfahren**] Und damit durch diesen Gerichtshof [*in eodem iudicio*] den Streitigkeiten ein Ende gemacht wird, damit sie nicht ewig dauern, bestimmen wir, dass der Richter [*iudex*] selbst und seine Beisitzer [*assessores*] dem Erfordernis der Rechtslage gemäß den Rechtsuchenden ihr Urteil zu fällen und Gerechtigkeit zu verschaffen bestrebt sein sollen, einfach und verständlich, ohne Kunstgriffe und Juristengetöse, frei von Spitzfindigkeiten, Täuschungen und Verschleppungen.

11. [**Zuständigkeit des Gerichtshofes für interne Streitfälle**] Für den Fall, dass von neuem irgendwelche Differenzen oder Streitfälle zwischen uns Königen, Fürsten und den anderen Partnern dieses Bündnisses [*in federe isto*] entstehen sollten, wünschen wir, dass der eine dem anderen rechtmäßig vor unserem genannten Gerichtshof [*coram dicto iudicio nostro*] zu antworten und mit ihm zu verhandeln gehalten sein soll, wobei jene Satzungen, Anordnungen und Auflagen befolgt werden müssen, welche von unseren Gesandten und Prokuratoren oder ihrer Mehrheit in der Versammlung selbst, wie oben ausgeführt, beschlossen und festgelegt werden.

12. [**Beitrittsmöglichkeit für außenstehende christliche Staaten**] Auch wollen wir, dass unsere Versammlung [*congregatio nostra*] umfassende und uneingeschränkte Befugnis haben soll, jene christlichen Könige, Fürsten und Magnaten, die bisher unserem Bündnis [*huic unioni*] noch nicht angehören, in unseren Frieden, unser Bündnis, unsere Liebe und Bruderschaft [*ad presentem nostram pacem, unionem, caritatem et fraternitatem*] aufzunehmen und sich für uns in unserem Namen,

so als ob wir selbst handeln würden, zu verpflichten, und umgekehrt auch deren Verpflichtungen mit geeigneten Verbriefungen entgegenzunehmen, wobei hinzuzufügen ist, dass alsbald nach vollzogener Aufnahme unsere Versammlung uns allen diesen Akt anzeigt, damit wir in die Lage versetzt werden, den Neueingetretenen mit gebührender brüderlicher Liebe zu begegnen.

13. [**Finanzierung eines Abwehrkrieges gegen die Türken**] In Anbetracht dessen, dass diese Vereinigung, dieser Vertrag und dieser Liebesbund [*unio, intelligencia et caritas*] vorwiegend zu Ruhm und Ehre der göttlichen Majestät, der heiligen römischen Kirche sowie des katholischen Glaubens und fernerhin dazu begründet und beschlossen ist, jenen Christgläubigen möglichst schnell Hilfe leisten zu können, die vom Beherrscher der Trojaner [*gemeint: Türken*] als allergefährlichstem Widersacher des christlichen Namens unterdrückt werden, versprechen und geloben wir, oben genannte Könige und Fürsten, unserem Herrn Jesus Christus, seiner glorreichen Mutter, der Jungfrau Maria, sowie der heiligen römischen Kirche, dass wir das christliche Bekenntnis und alle unterdrückten Gläubigen vor dem schändlichen Herrscher der Trojaner [*gemeint: Türken*] verteidigen und beschirmen werden. Wir wollen dies bewirken mit gemeinsamen Kräften und mit anteilig zu ermittelnden und festzusetzenden Finanzmitteln, zu deren Sicherstellung und Aufbringung wir zum einen alle Zehnten, welche an Kirchen, kirchliche und geistliche Personen in unseren Königreichen, Fürstentümern und Herrschaften zu entrichten und zu zahlen sind, in Anschlag bringen, zum anderen jenen bereits erwähnten Anteil von drei Tagen pro Jahr von allen Einkünften, Gewinnen und Erträgen, die wir und unsere Untertanen einnehmen. Auch werden wir, wenn solches von unserem Bündnis für notwendig erachtet werden wird, von der Bekämpfung des Feindes nicht ablassen, so lange er nicht aus den Grenzlanden der Christen vertrieben sein wird oder bis in allgemeinem Einverständnis über einen abzuschließenden Friedensschluss verhandelt werden wird, der indessen nur unter der Bedingung geschlossen werden darf, dass die Sicherheit der an den Grenzen wohnenden Christen als gewährleistet betrachtet werden kann.

14. [Organisation des Türkenkrieges] Weil darüber hinaus mit Bedachtsamkeit und Sorgfalt alles vermieden werden muss, damit sich nicht Unvorsichtige ins Unglück stürzen, halten wir es für richtig, in einstimmigem Beschluss unserer Versammlung oder mit seiner Mehrheit [*communi sentencia tocius congregationis nostre vel maioris partis eiusdem*] festzulegen, zu welchem Zeitpunkt es zweckmäßig sein wird, den Feind anzugreifen, mit welchen Land- und Seestreitkräften und unter wessen Befehl der Krieg geführt werden soll, welche Maschinen oder Kriegsapparate einzusetzen notwendig ist, und an welchem Ort sich die vereinten Landtruppen sammeln sollen, um gegen die Türken zu ziehen. Ferner ist festzulegen, in welcher Weise die Streitkräfte gegen entsprechende Bezahlung Verpflegung erhalten können, desgleichen Unterkünfte in Städten, Dörfern oder an anderen geeigneten Orten. Weiterhin ist festzulegen, wie für eine einheitliche Münze [*de communi moneta*] gesorgt werden kann, vermöge derer für die Truppen auf dem Marsche, im Quartier und bei der Rückkehr Schwierigkeiten vermieden werden. Auch für den Fall, dass es gelingen sollte, ein Gebiet den Händen oder der Verfügungsgewalt der Feinde auf irgendeine Weise zu entreißen, muss in gemeinsamem Beschluss festgelegt werden, wie künftig zugunsten des christlichen Bekenntnisses und zur höheren Sicherheit der Gläubigen besser vorgesorgt und entschieden werden kann, damit nicht der Feind durch Unvermögen oder Schwäche derer, die gerade wieder ihren Besitz erlangt haben, ermuntert werde, den Gläubigen neue, die vorausgegangenen noch übertreffende Beeinträchtigungen zu bereiten.

15. [Beginn der Beitragszahlungen] Außerdem wollen wir, dass – sobald es beschlossen sein wird – jeder der Unsrigen in seinem Königreich, Fürstentum oder Herrschaftsbezirk die oben erwähnte Geldmittelbeschaffung zügig zu betreiben beginnt, gemäß Verfahrensweise und Ordnung, die von der Vereinigung selbst oder ihrer Mehrheit [*a congregacione ipsa vel maiori eius parte*] zu dem Zwecke festgelegt werden wird, damit dieses gottgefällige Werk unverzüglich in Angriff genommen und den Gläubigen Christi geholfen werden kann.

16. [Gründung eines ständigen Gesandtenkongresses mit fünfjähriger Tagungsperiode] Damit ferner alles Vorstehende und Nachfolgende insgesamt und im einzelnen ordnungsgemäß erfüllt wird, verpflichten wir uns und geloben, dass jeder von uns seine Gesandten, bedeutende und angesehene Männer, versehen mit umfassenden und besiegelten Vollmachten am Sonntag „Reminiscere" des Jahres nach der Geburt des Herrn 1464 [*26. Februar 1464*] in die Stadt Basel in Deutschland entsenden wird, welche dort während eines Zeitraums von fünf aufeinander folgenden Jahren ununterbrochen tagen sollen. Sie alle bilden in unserem Namen und im Namen der anderen Mitglieder oder der noch Beitretenden eine Körperschaft, eine Einheit, ein wahrhaftes Kollegium [*corpus, universitatem seu collegium verum*], begründen dieses und repräsentieren es. Nach Ablauf dieses fünfjährigen Basler Tagungszeitraumes soll die Versammlung für einen unmittelbar anschließenden Fünfjahreszeitraum in der Stadt N in Frankreich und für den dritten Fünfjahreszeitraum in der Stadt N in Italien abgehalten und veranstaltet werden, und dies unter denselben Regeln und Bedingungen, wie es weiter oben bezüglich Basels vereinbart und festgelegt wurde. Auch danach soll weiterhin stets alle fünf Jahre im Wechsel auf diese Weise und so lange verfahren werden, bis die Versammlung selbst oder ihre Mehrheit etwas anderes beschließen und entscheiden wird. – Diese Versammlung [*ipsa congregatio*] soll auch einen eigenen und speziellen Rat [*unum quoque proprium et speciale consilium*] haben, dessen Vorsitzender, Vater und Haupt N, dessen Glieder wir, die übrigen Könige und Fürsten der Christenheit, sein wollen. Ferner soll das genannte Kollegium [*dictum collegium*] über uns alle und unsere Untertanen sowie jene, die sich anzuschließen wünschen, die freiwillige und streitige Gerichtsbarkeit haben, und die volle Gerichtshoheit so ausüben, wie es diesbezüglich die Vereinigung ihrer Mitglieder festlegen wird. Endlich soll sie ein eigenes Wappen [*arma*] und ein Siegel [*sigillum*] führen, eine gemeinsame Kasse [*archam communem*] und ein öffentliches Archiv [*archivum publicum*] haben, einen Syndikus, einen Fiskal, Beamte und sämtliche sonstigen Rechte, die einem rechtmäßigen und ordnungsgemäßem Kollegium zugehören und zustehen.

17. [**Berücksichtigung der regionalen Gewohnheiten**] Und damit jeder Provinz ihre eigenen Rechte erhalten bleiben, ordnen wir an, dass in unserer Versammlung die höheren Ämter mit Kandidaten aus derjenigen Nation besetzt werden, in der die Versammlung jeweils ihren Sitz hat. Diese Personen sollen die Sitten und Gewohnheiten [*moresque et habitudines*], die in der betreffenden Nation ihre Entstehung und ihren Ursprung haben, kennen und anwenden.

18. [**Beitragszahlungen und deren Eintreibung**] Damit ferner unserer Versammlung die notwendigen und nötigen Zahlungs- und Unterhaltsmittel zur Erhaltung des Friedens, zur Wahrung des Rechts, zur Abordnung von Gesandten und Boten in allerlei Regionen sowie zur Befriedigung auch anderweitiger Notwendigkeiten nicht fehlen, versprechen und geloben wir, dass jeder von uns den zehnten Teil aller Gelder – sei es an den von ihm oder in seinem Namen erhobenen Zehnten, sei es am wertmäßigen Aufkommen von drei Tagen pro Jahr an anderen Einkünften und Erträgen, wie oben dargestellt – zu dem von der Vereinigung selbst oder ihrer Mehrheit festzulegenden Zeitpunkt an das öffentliche Archiv [*ad archivum publicum*] durch die Geldverwalter und durch den Rat der genannten Vereinigung ohne jegliche Verzögerung senden und übergeben wird. Falls jemand dies nicht tun sollte, so kann und muss ihn der Syndikus oder Geldverwalter dieser Versammlung [*sindicus seu procurator fiscalis eiusdem congregationis*] sofort vor dem Gerichtshof [*coram parlamento seu iudicio*] anklagen und die Zahlung samt Bußgeld und Zinsen gerichtlich betreiben. Er muss uns andere unter Hinweis auf unseren Eid ermahnen und auffordern, dass wir das fragliche Geld nebst Buße und Zinsen mit Waffengewalt vom Säumigen und seinen Untertanen eintreiben und abzwingen, das, wie oben ausgeführt, zur Bestreitung gemeinsamer Bedürfnisse der Vereinigung [*in usus communes congregationis*] beizusteuern ist.

19. [**Stimmführung und Stimmgewichtung in der Versammlung**] Weiter erklären und wollen wir, dass wir, König von Frankreich, zusammen mit den anderen Königen und Fürsten Galliens eine, wir aber, Könige und Fürsten Germaniens, eine weitere und wir, Doge von Venedig gemeinsam mit den Fürsten und Städten Italiens eine dritte Stimme [*vocem*] in der Vereinigung selbst haben und ausüben. Falls aber der König von Kastilien sowie andere Könige und Fürsten der spanischen Nation dieser unserer Vereinigung, Freundschaft und Bruderschaft beitreten sollten, so werden sie in ähnlicher Weise eine Stimme in der Versammlung, in der Korporation und im Kollegium haben. Wenn aber zwischen den Gesandten der Könige und Fürsten ein und derselben Nation gegenteilige Stellungnahmen über irgendeine Sache abgegeben und beschlossen werden sollten, dann gilt, dass das, was von der Mehrheit beschlossen und erklärt wurde [*quod a maiori parte dictum et conclusum sit*], in dem gleichen Maße verbindlich sein soll, als ob es von jener Nation selbst einstimmig beschlossen und festgelegt [*unanimi assensu iudicatum et decretum*] worden wäre. Sofern sich bei der Abstimmung Stimmengleichheit [*equales persone numero in voto*] ergeben sollte, erhalten jene Abgesandte das Übergewicht, die im Vergleich zu den anderen Vertretern ihrer Herren diese an Verdiensten und Ansehen übertreffen. Und falls sie auch bezüglich Ansehen und Verdiensten gleich sein sollten, dann bleibt den anderen in diesem Bündnis vereinigten Nationen die Entscheidung überlassen, welcher Meinung sie sich anschließen wollen.

20. [**Eine Nation – eine Stimme**] Um jegliche Zweifel auszuschließen, wird festgelegt, dass, falls einer von uns Königen und Fürsten mehrere Bevollmächtigte zur genannten Versammlung entsenden sollte, diese alle dort innerhalb ihrer Nation eine einzige Stimme [*unicam … vocem*], nämlich die des sie Entsendenden, haben sollen.

21. [**Bitte an den Papst um Unterstützung des Bundes, um Mithilfe bei der Streitschlichtung und insbesondere um Organisation des Baus einer Kriegsflotte in Italien**] Und weil ferner die Schrift verheißt, dass jenem, der den Glauben Christi fördert, verbreitet und verteidigt, ein Platz im Himmel sicher ist, wo die Seligen sich der Ewigkeit erfreuen, darf erhofft werden, dass alle übrigen Christen bei einem so heiligen, frommen und notwendigen Unternehmen mit bereit-

willigen Herzen Hand anlegen werden. Wer es indessen ablehnt, zu diesen Zeiten Hilfe gegen die Türken zu leisten, erweist sich damit unzweifelhaft als Förderer des Unglaubens und als Beschützer der Feinde des Kreuzes Christi. Deshalb beschließen wir, dass wir alle einmütig durch hoch stehende Gesandte beim Summus Pontifex mit aller uns möglichen Hingabe und Nachdrücklichkeit unter Wahrung jener Verfahrensweisen und Formen, welche die vorstehend beschriebene Versammlung festlegen wird, erwirken wollen, dass Seine Heiligkeit anerkennt, dass die oben erwähnte Erhebung der Zehnten zur Sicherung des Friedens der Christen, zur Verteidigung der Getreuen Christi und zur Bekämpfung der Feinde des Kreuzes Christi vorgesehen ist. Er möge als Vater und Hirte der Gläubigen aus der Hochherzigkeit seiner Güte zugestehen und anordnen, dass den ihm genau und förmlich zu benennenden Eintreibern [*executoriubus*] der Gelder öffentliche und amtliche Bullen mit Androhung schwerster Strafen ausgehändigt und übermittelt werden, damit die erwähnten Zehnten in der Weise und zu den Bedingungen, wie sie ihm in unserm Namen vorgelegt werden, gegeben, abgeführt und bezahlt werden. Auch soll er gebeten werden, dass er Kriege und Zwistigkeiten zwischen geistlichen Fürsten und zwischen denen, die nicht diesem Bündnis angehören, und dass er vor allem jene Kriege, welche der Bekämpfung der Türken [*bella in Turcos*] und Bewahrung des oben dargestellten Friedens in irgendeiner Weise hinderlich sein könnten, beseitige beziehungsweise dass er einen Legaten, einen ehrlichen und erfahrenen Mann von einwandfreiem Lebenswandel, mit uneingeschränkter Vollmacht in jede solche Provinz entsendet, welcher deren Sitten, Sprache und Gebräuche kennt und versteht, der dort gebührende Hingabe und Fleiß aufwendet, um die zerstrittenen Parteien freundschaftlich auszugleichen. Sofern diese hierzu nicht gewillt sein sollten, so möge der Gesandte die schwebenden Streitigkeiten kraft des ihm übertragenen Auftrages auf dem Rechtswege beenden und entscheiden. Auch möge Seine Heiligkeit die übrigen Fürsten und Städte Italiens zusammenrufen und sie unter Androhung göttlicher Zensuren und schwerer Strafen ermahnen und auffordern, dass sie – selbst den Türken näher benachbart als andere Völker – sich gemeinsam mit den übrigen Christen zum Bau einer Hochseeflotte [*ad instruendam classem maritimam*] bereitfinden und hierzu angemessene Beiträge zu Gottes Ehre und Ruhm sowie zur Verteidigung der Gläubigen zusammentragen und beisteuern mögen, damit dieses Vorhaben der Glaubensverteidigung den erhofften Erfolg in umso preiswürdigerer Form erreiche.

22. [Regelung der Mitgliedschaft im Bund bei Herrschaftswechsel] Darüber hinaus haben wir, um diesen Frieden und diese Einrichtung [*pax et ordinatio ista*] ungeschmälert zu bewahren, beschlossen und gelobt, dass es keinem der Erben oder Nachfolger eines aus unserem Kreise in die himmlische Heimat Abberufenen gestattet sein soll, in Königtum, Fürstentum, Herrschaft nachzufolgen oder hierzu zugelassen zu werden, wenn er nicht vorher alles vorstehend und nachstehend Geschriebene im ganzen sowie in allen Einzelheiten mit unverbrüchlicher Treue zu halten versprochen hat und zwar – zur Sicherheit unserer Versammlung – in Form von öffentlichen und besiegelten Urkunden, die auch zum Gebrauche eines jeden der Unsrigen zu überlassen sind.

23. [Künftige Beschlüsse] Wenn unsere beschriebene Versammlung [*dicta nostra congregatio*] oder deren Mehrheit über das vorstehend Gesagte hinaus etwas regeln, festlegen oder beschließen sollte, das zur Bewahrung von Frieden und Gerechtigkeit [*pro conservacione pacis et iusticie*] sowie zur Verteidigung der Christgläubigen in irgendeiner Weise förderlich oder nützlich erscheinen wird, werden wir dies als Ganzes und im Einzelnen berücksichtigen und sorgsam beachten. Wir wollen das tun, was wahrhaftig und ehrlich das Band der Brüderlichkeit [*fraternitatis vinculum*] stärkt und festigt, das in der vorliegenden Vertragsurkunde in den einzelnen Abschnitten und ihrem Inhalt, in Punkten, Klauseln, Artikeln, Sätzen und auch insgesamt in allen Abschnitten enthalten ist.

Zu dessen Zeugnis und Bekräftigung hat jeder von uns Königen und Fürsten das Siegel seiner Majestät dem Vorstehenden beifügen lassen. Gegeben und vollzogen etc.

C. Literatur

1. Zur Einführung

Bartoš, František M., Návrh krále Jiřího na utvoření svazu evropských států, in: Jihočeský sborník historický 12 (1939), S. 65–82.

Faye, Jean-Pierre, L'Europe une. Les Philosophes et l'europe, avec préface de Jacques Delors, Paris 1992.

Hansen, Rainer, Martin Mair. Ein gelehrter Rat in fürstlichem und städtischem Dienst in der zweiten Hälfte des 15. Jahrhunderts (Diss. Univ. Kiel, Mikrofiche-Ausg.), Kiel 1993.

Helmrath, Johannes, Pius II. und die Türken, in: Bodo Müller u.a. (Hg.), Europa und die Türken in der Renaissance, Tübingen 2000, S. 79–138.

Heymann, Frederick G., George of Bohemia, King of Heretics, Princeton (New Jersey) 1965.

Joachimsen, Paul, Gregor Heimburg, Bamberg 1891 (Nachdr. Aalen 1983).

Jorga, Nicolae, Un auteur de projets de croisades Antoine Marini, in: Études d'histoire du Moyen Âge dédiées à Gabriel Monod, Paris 1896 (Nachdr. Genf 1975), S. 445 ff.

Kavka, František u.a. (Hg.), The Universal Peace Organization of King George of Bohemia. A Fifteenth Century Plan for World Peace 1462/1464, Prag 1964, u.a. mit den Beiträgen von:

Václav Vaněček, Historical Significance of the Peace Project of King George of Bohemia an the Research Problems Involved, S. 9–68;

Jiří Kejř, Édition „Tractatus pacis" et editorial Note, S. 69–82.

Kapras, Jan, The Peace League of George Poděbrad, King of Bohemia, Prag 1919.

Jiří Kejř, Mírový projekt krále Jiřího z Poděbrad, in: Právněhistorické studie 9 (1963), S. 249–271.

Le Goff, Jacques, Die Geburt Europas im Mittelalter, München 2007.

Liermann, Hans, Studien zur Geschichte des corpus christianum in der Neuzeit, in: Zeitschrift für Rechtsgeschichte (Kanonistische Abteilung) 71 (1938), S. 486–529.

Macek, Josef, Jiří z Poděbrad, Prag 1967.

Macek, Josef, Art. „Georg v. Podiebrad", in: Lexikon des Mittelalters 4 (1989), S.1275 f.

Markgraf, Hermann, Über Georgs von Podiebrad Project eines christlichen Friedensbundes zur Vertreibung der Türken aus Europa und Herstellung eines allgemeinen Friedens innerhalb der Christenheit, in: historische Zeitschrift 31 (1869), S. 245–304.

Matschke, Klaus-Peter, Das Kreuz und der Halbmond: Die Geschichte der Türkenkriege, Düsseldorf 2004.

Mertens, Dieter, Europäischer Friede und Türkenkrieg im Spätmittelalter, in: Heinz Duchdardt (Hg.), Zwischenstaatliche Friedenswahrung in Mittelalter und Früher Neuzeit (Münstersche historische Forschungen 1), Köln 1991, S. 45–90.

Odložilík, Otakar, The Hussite King. Bohemia in European affairs 1440–1471, New Brunswick (New Jersey) 1965.

Schwitzky, Ernst, Der europäische Fürstenbund Georgs von Podiebrad, Marburg 1907.

Seltenreich, Günther, Georgs von Podiebrad Plan eines europäischen Fürstenbundes, Heidelberg 1953.

Tamborra, Angelo, Giorgio Podiebrad e il progetto di organizazione europea di Antonio Marini (1460–1464), in: Comuintà Internazionale 4 (1949), S. 284–301.

Vaněček, Václav, Eine Weltfriedensorganisation nach den Vorschlägen des böhmischen Königs Georg von Podiebrad und nach den Ideen des Johannes Amos Comenius (Sitzungsberichte der Deutschen Akademie der Wissenschaften zu Berlin, Klasse für Philosophie, Geschichte, Staats- und Wirtschaftswissenschaften, Jahrgang 1962, Nr. 3), Berlin 1963.

Vaněček, Václav (Hg.), Cultus Pacis. Ètudes et documents du «Syposium Pragense Cultus Pacis 1464 – 1964» (Éditions de l'Académie tchéchoslovaque des Sciences), Prag 1966, u.a. mit den Beiträgen von:

Jiří Kejř, Manuscrits, éditions et traductions du projet, S. 75–82;

Frederick G. Heymann, International Relations in Mid-fiftheenth Century Europe and Their Significance for the Peace Plan of King George, S. 83–95;

Victor L. Tapié, Le projet pacifique de Georges et la politique franaise, S. 111–118;

Vladimír Outrata, Some Legal principles Reflected in the Project and Their Historical Perspective, S. 119–126;

František Šmahel, Problèmes rattachés aux recherches sur le projet pacifique du roi Georges, S. 155–165.

Weizäcker, Wilhelm, Fürstenbund und Völkerbund, in: Prager juristische Zeitschrift 10 (1930), S. 234–245.

Ziegler, Karl-Heinz, Völkerrechtsgeschichte, München 1994, S. 131.

2. Zur Übersetzung

Der Text des Friedensplans ist in lateinischer Sprache verfasst. Die maßgebliche Edition des „Tractatus pacis toti christianitai fiendae" stammt von Jiří Kejř, in: Václav Vaněček (Hg.), Cultus pacis, a.a.O., S. 69–82. Der vorliegenden Übersetzung liegt diese Vorlage zugrunde, wobei ältere Übersetzungen zu Rate gezogen worden sind (in chronologischer Reihenfolge):

Jacob Ter Meulen, Der Gedanke der internationalen Organisation in seiner Entwicklung 1300 – 1800, Den Haag 1917, S. 110–120 (Auszug);

Rolf Hellmut Foerster, Die Idee Europas 1300–1946, München 1963, S. 43–50 (Auszug);

Hans-Jürgen Schlochauer, Die Idee des Ewigen Friedens. Ein Überblick über Entwicklung und Gestaltung des Friedenssicherungsgedankens auf der Grundlage einer Quellenauswahl, Bonn 1953, S. 67–71 (Auszug);

Ernst Reibstein, Völkerrecht. Eine Geschichte seiner Ideen, Bd. 1, Freiburg – München 1958, S. 206–211 (Auszug);

Gerhard Messler, Das Weltfriedensmanifest König Georgs von Podiebrad. Ein Beitrag zur Diplomatie des 15. Jahrhunderts (Studien und Dokumente 10/11), Kirnbach 1973, S. 37–49 (vollständig bis auf Artikel 17).

Zeitreise mit Karikaturen

50 kommentierte Jahresereignisse aus dem Leben Europas

W. Christian Lohse[1]

Wie Michel für Deutschland und Marianne für Frankreich sind Europa und der Stier zu Symbolfiguren eines gemeinsamen Europa geworden. Zur 50-jährigen Geschichte der EU haben wir über 200 Karikaturen zusammengetragen, die dieses Motiv enthalten. Aus dieser Sammlung wurden für jedes Jahr ein Ereignis mit einer oder zwei zugehörigen typischen Zeichnungen ausgewählt. Nebenstehend sind die 29 Karikaturisten und auf den folgenden Seiten ihre 64 ausgewählten Werke in zeitlicher Reihenfolge zusammengestellt.

Wir danken den Karikaturisten bzw. ihren Rechtsnachfolgern für die großzügige Erlaubnis zur Ausstellung und Veröffentlichung[2]. Den Betrachtern wünschen wir viel Freude mit europäischen Erkenntnissen an den humorvollen tiefgründigen Zeichnungen und unseren Kommentaren.

1958	Herbert Kolfhaus
1959	Horst Haitzinger
1960	Hanns Erich Köhler
1961	Hans-Joachim Gerboth
1962	Gerhard Schünemann
1963	Wolfgang Hicks
1964	Gerhard Schünemann und Peter Leger
1965	Josef Partykiewicz
1966	Gerhard Schünemann
1967	Hanns Erich Köhler
1968	Wolfgang Hicks
1969	Peter Leger
1970	Walter Hanel
1971	Gerd Wukasch
1972	Walter Hanel
1973	Oskar (Hans Bierbrauer)
1974	Wolfgang Hicks
1975	Peter Leger
1976	Josef Blaumeister
1977	Peter Leger
1978	Peter Leger
1979	Horst Haitzinger
1980	Hanns Erich Köhler
1981	Klaus Pielert und Peter Leger
1982	Peter Leger
1983	Walter Hanel
1984	Walter Hanel
1985	Horst Haitzinger
1986	Walter Hanel
1987	Barbara Henniger
1988	Peter Leger
1989	Luff (Rolf Henn) und Peter Leger
1990	Horst Haitzinger
1991	Bernd Bruns
1992	Klaus Böhle und Felix Mussil
1993	Burkhard Mohr
1994	Horst Haitzinger
1995	Rainer Ehrt
1996	Fritz Wolf und Burkhard Mohr
1997	Burkhard Mohr und Oliver Schopf
1998	Nik Ebert und Jürgen Tomicek
1999	Horst Haitzinger
2000	Burkhard Mohr und Dieter Hanitzsch
2001	Walter Hanel und Burkhard Mohr
2002	Reiner Schwalme
2003	Thomas Plaßmann
2004	Ironimus (Gustav Peichl) und Horst Haitzinger
2005	Horst Haitzinger
2006	Grafikatelier Menke
2007	Dieter Hanitzsch

[1] Ich danke Carolin Hagl und Anja Schmid für ihre kreative Mitarbeit bei der Bild- und Textbearbeitung

[2] In vereinzelten Ausnahmefällen war es leider nicht möglich, mit dem Zeichner Verbindung aufzunehmen. Wir bitten sie bzw. ihre Rechtnachfolger, sich der Erlaubnis der übrigen stillschweigend anzuschließen oder mit uns Kontakt aufzunehmen.

Dezentralisierte europäische Hauptstadt

Herbert Kolfhaus

„Woran hängt's denn jetzt schon wieder?"

Anfang Januar 1958 beschlossen die Außenminister der neuen EWG, die Institutionen der Gemeinschaft an einem Ort zu konzentrieren. Kein Bewerber um die Ehre der europäischen „Hauptstadt" erreichte den erforderlichen einstimmigen Zuschlag. Daher wurden die Gemeinschaftsorgane provisorisch auf verschiedene Städte verteilt. Rat und Kommission erhielten ihren Sitz in Brüssel, der Gerichtshof in Luxemburg und das Parlament in Straßburg. Die pragmatische Dezentralisierung erwies sich als dauerhaft und übernahmefähig. Das Parlament tagt teilweise auch in Brüssel. Die Zentralbank erhielt 1994 ihren Sitz in Frankfurt/Main.

Drohende Teilung Europas

Horst Haitzinger

„Man sieht zur Rechten wie zur Linken ein Stück Europa niedersinken!"

Haitzinger beklagt die Europa zerteilende und vernichtende Unnachgiebigkeit von Bundeskanzler Konrad Adenauer und des britischen Premierministers Harold Macmillan bei der Verfolgung ihrer Interessen. Großbritannien lehnte die im EWG-Vertrag vereinbarte Übertragung von Hoheitsrechten an europäische Institutionen und das Ziel einer europäischen Zollunion (siehe 1968) mit gemeinsamen Außenzöllen strikt ab. Es wünschte nur Handelsfreiheit mit ungehindertem Zugang zum westeuropäischen Markt und wollte das System der Vorzugszölle im Commonwealth mit seinen überseeischen Gebieten nicht antasten.

Spagat und Brücke zwischen EU und EFTA

Hanns Erich Köhler

„Setzt Europa in den Sattel – Reiten wird es schon können."

Als Reaktion auf die EWG-Gründung im Jahre 1957 und als Konkurrenz zu den sechs EWG-Mitgliedern hatten Dänemark, Norwegen, Österreich, Portugal, Schweden und die Schweiz unter Führung von Großbritannien (siehe 1959) in Stockholm im Jahre 1960 die aus damals sieben Mitgliedern bestehende European Free Trade Association (EFTA) gegründet. Der Vertrag trat am 3.5.1960 in Kraft. Seit 1994 ist der Spagat durch den Brückenschlag zwischen den EG- und EFTA-Staaten im Abkommen über den gemeinsamen Europäischen Wirtschaftsraum (EWR) entbehrlich. Dieser hat allerdings nach dem EU-Beitritt vieler EFTA-Gründerstaaten nur noch Bedeutung für Norwegen, Island und Liechtenstein. Die Schweizer stimmten Ende 1992 mit 50,3% gegen eine Beteiligung am EWR.

1961

Erste erfolglose Beitrittsanträge

Hans-Joachim Gerboth

„Europas verlängerter - - - Ar - - -m!"

Die EWG ist auf Erweiterung angelegt. Die ersten Beitrittsanträge aus dem Jahre 1961 stammen von Irland, Dänemark und Großbritannien, die im ersten Bild hinter Bundeskanzler Konrad Adenauer und Frankreichs Staatspräsidenten Charles de Gaulle zusteigen wollen. Im zweiten Bild wird die EWG durch de Gaulle als Stier und Adenauer als Europa repräsentiert. Sie vermissen bei dem mit Milcheimer und Melkabsicht erschienenen britischen Premierminister Harold Macmillan den Willen zur politischen Zusammenarbeit. Die Beitrittsverhandlungen scheiterten aufgrund des Vetos von de Gaulle im Jahre 1963.

„Du musst nicht immer so wirtschaftlich denken, Harold – außerdem ist es ein Stier!"

Zuckerbrot und Peitsche – die EU geht ihren eigenen Weg

Gerhard Schünemann

„Oh, er will ihn abstechen!"

Die beiden Zeichnungen verdeutlichen das gewonnene Selbstvertrauen der Europäischen Union. So lässt sich der Europa-Stier weder durch die bedrohliche Haltung des sowjetischen Regierungschefs Nikita Chruschtschow mit seiner Planwirtschaft noch durch die Liebkosung des US-Außenministers Dean Rusk betören.

„So willig leckt er die Hand nicht mehr"

Assoziierungs-Abkommen mit AKP-Staaten

Wolfgang Hicks

Die Afrikanerin möchte als Anhalterin von Europa auf dem Stier mitgenommen werden. Die Staaten Afrikas, der Karibik und des Pazifikraumes (AKP-Staaten) sind durch Assoziierungsabkommen mit der EU verbunden. Das erste Abkommen wurde zur wirtschaftlichen Entwicklungszusammenarbeit mit 18 französischsprachigen Staaten 1963 in Jaunde (Kamerun) abgeschlossen. Nach jeweils fünfjährigen Verlängerungen und Erweiterungen (ab 1975 in Lomé in Togo) gilt heute das im Jahre 2000 in Cotonou (Benin) mit 77 Staaten auf 20 Jahre vereinbarte Abkommen, das erstmals auch politische Ziele enthält.

Die Lasten der gemeinsamen Agrarpolitik (GAP)

Peter Leger und Gerhard Schünemann

„Brüssel: Endlich setzt sich Europa nur noch aus den nationalen Landwirtschaftsinteressen zusammen"

GAP war von Anfang an ein Hauptziel der EWG. So genannte Marktordnungen für bestimmte (aus Legers Skulptur ersichtliche) landwirtschaftliche Produkte sollten durch einheitlich subventionierte und produktionssichernde Garantiepreise (siehe 1980) die gemeinsame Lebensmittelversorgung und die angemessene Lebenshaltung der Landwirte sichern. Die unterschiedliche landwirtschaftliche Struktur der EWG-Mitglieder führt häufig zu gegensätzlichen nationalen Interessen mit gravierenden Konflikten bei der Verteilung der Subventionen, die den Jahresetat der EG früher mit 70% und heute mit knapp 50% stark belasten.

„Kein Vorwärtskommen"

Integrationsbremser de Gaulle

Josef Partykiewicz

„Nur eine kleine Korrektur"

Im Jahre 1965 stand die ab 1966 im EWG-Vertrag vorgesehene Einführung von Mehrheitsentscheidungen im Ministerrat bevor. Außerdem machte die Kommission unter ihrem ersten Präsidenten, dem deutschen Walter Hallstein, Vorschläge zur Agrarfinanzierung und Einführung von eigenen Einnahmen der Gemeinschaft. Die dafür erforderliche Übertragung von weiteren Hoheitsrechten an die EWG wollte Charles de Gaulle verhindern. Als Künstler ersetzt er den Stier des integrierten Europa durch eine Milchkuh mit der wirtschaftsbezogenen Aufschrift EWG und will dies als geringfügige Korrektur seiner Politik verkaufen.

Alte und neue Europavisionen von der Ausdehnung Europas

Gerhard Schünemann

„De Gaulle: Schau Europa, das wird die Weite sein, die ich Dir geben will!"

Nach Charles de Gaulles Vorstellungen sollte ein friedlich geeintes Europa als dritte Kraft neben die USA und die Sowjetunion treten und von der Atlantikküste bis zum russischen Ural-Gebirge reichen. Seine damals als Luftschloss erscheinende Vision ist heute nicht mehr unrealistisch. Nach seinem Rücktritt im Jahre 1969 war der Weg für einen britischen Beitritt frei. Eine unmittelbare Grenze der EU zu Russland existiert bereits in Finnland, Polen und den Baltischen Staaten. Ihre Verlängerung durch einen Beitritt Weißrusslands und der Ukraine erscheint nur in naher Zukunft noch ausgeschlossen.

„Auf das Aufblasen versteht er sich"

10 Jahre EWG im Schatten de Gaulles

Hanns Erich Köhler

„Das EWG – Jubiläum
Und um es kurz zu sagen, meine lieben Mitarbeiter – wer hätte das von uns gedacht?!"

Zum 10-jährigen Jubiläum enthüllt Charles de Gaulle als Festredner ein Europadenkmal, dessen Stier seine Gesichtszüge trägt. Die anderen Mitgliedstaaten sind nur als Fahnen tragende Veranstaltungsteilnehmer dargestellt und werden von ihm als seine Mitarbeiter bezeichnet. Der Text zur Zeichnung geißelt diesen Herrschaftsanspruch de Gaulles als Widerspruch zur vertraglichen Gleichberechtigung aller Mitgliedstaaten.

1968

Vorzeitige Zollunion

Wolfgang Hicks

„Kleine Wunder schon heute – große ab 1970"

Das im EWG-Vertrag bis 1970 angestrebte Ziel einer Zollunion wurde bereits am 1.7.1968 vorzeitig erreicht. Dieses kleine Wunder bejubelt Europa auf ihrem galoppierenden Stier, der Zollschilder und Schlagbäume durchbrochen hat. Für die Zukunft ab 1970 hofft der Zeichner auf weitergehende Fortschritte.

1969

Entspannungspolitik zwischen EG und USA

Peter Leger

„Atlantische Öffnung…"

Im Jahre 1969 begannen Amtsperioden von Bundeskanzler Willy Brandt und US-Präsident Richard Nixon. Beide betrieben aktive (Welt-) Friedenspolitik und bemühten sich auch um eine Verbesserung der damals angespannten Beziehungen zwischen der EG und den USA. In der zweiten Hälfte des Folgejahres lag die Ratspräsidentschaft bei Deutschland. In dieser Zeit steckte Willy Brandt im Stierfell und konnte für die EG handeln.

1970

Einführung des Eigenmittelsystems

Walter Hanel

Durch eine Änderung des EWG-Vertrags im Jahre 1970 wurde ein gemeinsamer Haushalt eingeführt und das reine Beitragssystem auf das so genannte Eigenmittelsystem umgestellt. Europa thront jetzt auch auf einer eigenen Kasse. Die nur noch an den Außengrenzen der EWG erhobenen Zölle (siehe 1968) wurden ihr als eigene Einnahmen zugewiesen. Für den restlichen Finanzbedarf von ca. 85 % blieb es zwar bei Finanzzuweisungen der Mitgliedstaaten, ihre Zahlungen waren jedoch von den Mehrwertsteuereinnahmen und dem Bruttosozialprodukt der Mitgliedstaaten abhängig. Eine eigene allgemeine EU-Steuer gibt es bis heute nicht.

Normung als notwendiger Zwang

Gerd Wukasch

Zu den Hauptzielen der Römischen Verträge gehörte ein gemeinsamer Markt. Sein Funktionieren erfordert auch gemeinsame technische Normen. Das erkennt jeder beim Erwerb eines ausländischen Elektrogeräts, dessen Anschluss nicht in die heimische Steckdose passt. Ursprünglich bevorzugte die EG die Vereinheitlichung durch den Erlass eigener Normungsvorschriften. Wegen der Schwerfälligkeit und Detailperfektion ihrer Gesetzgebung setzt sie seit Mitte der achtziger Jahre auf wirtschaftlichen Vereinheitlichungszwang durch europäische und nationale Normungsausschüsse.

Europahymne nach Beethoven und Schiller

Walter Hanel

1972 wählte der Europarat die Melodie des Schlusschors „Ode an die Freude" aus Ludwig van Beethovens Neunter Symphonie in einer Instrumentalfassung Herbert von Karajans zur Europahymne. Im Jahre 1986 übernahm sie die Europäische Gemeinschaft ebenso wie die blaue Fahne mit dem goldenen Sternenkranz als offizielles Symbol. Heute wird auch Friedrich Schillers Text mit der Botschaft „Alle Menschen werden Brüder" gesungen, wie es dem Jubiläumsemblem „gemeinsam seit 1957" entspricht.

Europas Undank ist der USA Lohn

Oskar (Hans Bierbrauer)

„Europas Stier"

Im April 1948 beschloss der US-Kongress Einzelheiten seines im Vorjahr beschlossenen Europäischen Wiederaufbauprogramms (ERP = European Recovery Program), das als Marshall-Plan-Hilfe in die Geschichte eingegangen ist. Zu ihrer Koordinierung wurde im gleichen Monat die Organisation für europäische wirtschaftliche Zusammenarbeit (OEEC = Organization for European Economic Co-operation) gegründet. 25 Jahre später geriet die US-Währung unter Abwertungsdruck, weil die Länder mit starken europäischen Währungen wie sfr, DM und £ den $ attackierten, indem sie die Wechselkurse freigaben.

Wenig erfolgreicher Neuverhandlungswunsch Großbritanniens

Wolfgang Hicks

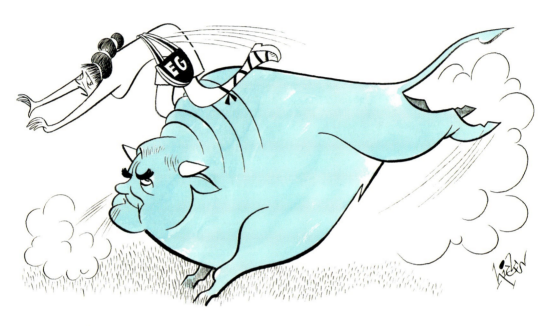

„Europa und der britische Stier"

Großbritannien war der EWG am 1.1.1973 beige-treten. Nach einem Regierungswechsel forderte die neue Labour-Regierung unter Premierminister Harold Wilson im Jahre 1974 neue Verhandlun-gen über die von der konservativen Vorgänger-regierung akzeptierten Beitrittsbedingungen. Die 11-monatigen Nachverhandlungen brachten zwar keinen großen Substanzgewinn, aber die Aussicht auf umstandsbedingte finanzielle Erleichterungen. Die britische Bevölkerung entschied sich 1975 in einer Volksabstimmung für den Verbleib in der Gemeinschaft. Es kam nicht zum Abwurf der EG durch den Stier mit Wilsons Gesichtszügen.

Europäer auf Ihrem Rind
Peter Leger

„Wer reitet so spät durch Nacht und Wind? Es sind die Europäer mit ihrem Rind."

…
sie galoppieren durch Felder und Wiesen,
sind auch noch tapfer im Wald der Krisen.
Europa, was birgst du so bang dein Gesicht?
Nationen, seht ihr die Nöte denn nicht?
Ihr redet und zeigt alle durcheinand',
gemeinsam erreicht ihr das Ziel Hand in Hand.

Europa ist müde

Josef Blaumeister

„Allez hopp, Europa!"

Im Jahre 1976 gab es keine spektakulären Ereignisse. Die damals neun Mitgliedstaaten wollen als Dompteure das schlafende Europa wieder zu Aktivitäten ermuntern. Im Gegensatz zu Legers folgenden Zeichnungen für 1977 beurteilt Blaumeister die Mitgliedstaaten nicht als Bremser, sondern als Antreiber. Die wenigen Zuschauer könnten auf das geringe Europainteresse der Bürger hinweisen.

20-jähriges EWG-Jubiläum

Peter Leger

„20 Jahre Rom – Vertrag"

Zwanzig Jahre nach Unterzeichnung des EWG-Vertrags zeichnete Leger die Mitgliedstaaten als Schnecken vor einem Kampfwagen. Das wehende Kleid und die ziehenden Schnecken zeigen ironisch den Gegensatz zwischen dem europäischen Wunschbild und den nationalen Interessen, die durch die Schneckenhäuser dargestellt sind. Die Zugtiere symbolisieren ein zwar langsames aber stetiges Vorwärtskommen, über das sich Europa auf dem Spielzeugstier sehr freut.

„...und sie entführten mich doch!"

Europäisches Währungssystem (EWS)

Peter Leger

Während der deutschen Ratspräsidentschaft im zweiten Halbjahr 1978 fasste der Europäische Rat auf Initiative von Bundeskanzler Helmut Schmidt in Bremen und Brüssel wichtige Beschlüsse zur Errichtung des EWS. Es begrenzte Wechselkursschwankungen, um die Geldwertstabilität der nationalen Währungen zu erhalten. Das EWS bildet eine Grundlage der WWU und ein Zwischenstadium zwischen dem unverwirklichten WWU-Plan des luxemburgischen Premierministers Pierre Werner aus dem Jahre 1971 und dem zum Euro führenden Delors-Plan (siehe 2002). Bis 1990 blieb Großbritannien dem EWS ebenso fern wie heute der Eurozone.

Erste Direktwahl zum Europäischen Parlament (EP)

Horst Haitzinger

„Europawahlen Juni 1979"

Im Juni 1979 durfte Europa erstmals zur Wahlurne gehen, um die Abgeordneten des EP selbst zu wählen. Bis dahin hatten die nationalen Parlamente aus ihren Reihen die Mitglieder für die „parlamentarische Versammlung" ausgewählt. Diese Abgeordneten besaßen daher ein Doppelmandat. In der ersten Direktwahl wurden 326 Sitze für die fünfjährige Wahlperiode vergeben. Die relativ hohe Wahlbeteiligung lag in Deutschland bei 65% und entsprach etwa dem EG-Durchschnitt. Sie schwankte zwischen mehr als 91% in Belgien und weniger als 33% in Großbritannien.

Ungeliebter Butterberg

Hanns Erich Köhler

„Hm – so hatte ich mir ja unser Miteinander nicht vorgestellt."

Die den Landwirten durch Agrarmarktordnungen gewährten Preis- und Abnahmegarantien (siehe 1964) führten zu Produktionsanreizen und Überproduktionen. Denn die Steigerungsraten vieler Agrarprodukte lagen weit über den Konsumsteigerungen. Der Produktionsüberschuss von Milch und ihre Verarbeitung zu Butter ließ auch den von Europa auf der heiligen Kuh beklagten so genannten Butterberg mit hohen Lagerkosten entstehen. Seit 1984 wird er durch eine erstmals für Milch eingeführte Quotenregelung bekämpft, d.h. die Garantien gelten nur für eine festgelegte Produktionsmenge (sog. Milchquote).

1981

Griechenlands Beitritt

Klaus Pielert und Peter Leger

„Allez hopp!"

Mit dem Beitritt Griechenlands am 1.1.1981 begann die Süderweiterung der EWG. Die bereits im Jahre 1977 von Spanien und Portugal gestellten Beitrittsanträge führten wegen der schwierigen Beitrittsverhandlungen erst ab 1.1.1986 zur Mitgliedschaft. Pielert hat Deutschland und Frankreich durch ihre Symbolfiguren Michel und Marianne und die übrigen sieben alten Mitglieder durch Kürzel bezeichnet. Leger kommentiert den Beitritt als Umkehrung der antiken Europafabel. Nicht der göttliche Stier holt die Königstochter Europa nach Kreta (Griechenland), sondern eine Beamtin entführt Griechenland in die EG.

„Geschichtsrevision: Europa entführt den griechischen Stier"

Unterschiedliche Nettozahlerbelastung

Peter Leger

„Europäischer Lastenausgleich"

So genannte Nettozahler sind Mitgliedstaaten, deren Finanzzuweisungen an die EU höher sind als die an sie zurückfließenden Fördergelder. Größter Nettozahler ist Deutschland. Sein Bundeskanzler Helmut Schmidt trägt als deutscher Michel die Hauptlast des EG-Stiers und der EU-Mitglieder. Großbritannien und Frankreich sind zwar auch Nettozahler. Premierministerin Margaret Thatcher trägt jedoch nur den Schwanz. Sie hat 1984 auf dem Gipfel von Fontainebleau einen heute noch geltenden Beitragsrabatt auf die britischen Einzahlungsbeiträge durchgesetzt. Staatspräsident François Mitterrand gehört sogar zu den Reitern.

1983

Machtwechsel auf europäisch

Walter Hanel

„Pferdewechsel auf europäisch"

Unter den EU-Mitgliedstaaten wechselt die Ratspräsidentschaft halbjährlich nach einem festgelegten Turnus. Den automatischen Wechsel symbolisieren die Stufen, die den Auf- und Abstieg in den Sattel erleichtern. Zu Beginn des Jahres 1983 übernahm Deutschland die Ratspräsidentschaft unter dem ankommenden Helmut Kohl. Er hatte nach der Bundestagswahl im Jahre 1982 den abgestiegenen Helmut Schmidt als Bundeskanzler abgelöst. Kohl war auch insofern Nachfolger von Schmidt, als Deutschland zuletzt unter ihm die Ratspräsidentschaft (siehe 1978) innegehabt hatte.

Wahlmüdigkeit durch finanziell bedingte EU-Verdrossenheit

Walter Hanel

„Wenn ich mir vorstelle, dass ich sie auch noch am 17. Juni wählen soll!"

Im Jahre 1984 fand die zweite Direktwahl zum Europäischen Parlament statt. Die befürchtete Wahlmüdigkeit trat nur teilweise ein. Im EU-Durchschnitt blieb die Wahlbeteiligung mit über 60% fast konstant. Dagegen ging sie in den alten Mitgliedstaaten überwiegend zurück, besonders stark in Deutschland von 65% (siehe 1979) auf 57%.

Hanel fragt hintergründig, ob dieser Rückgang auf die Verdrossenheit der Bürger über die Finanzprobleme der EG oder auf die Tatsache zurückzuführen ist, dass die Wahl in Deutschland am damaligen Nationalfeiertag „Tag der deutschen Einheit" stattfand.

1985

Europäischer Fortschrittsglaube

Horst Haitzinger

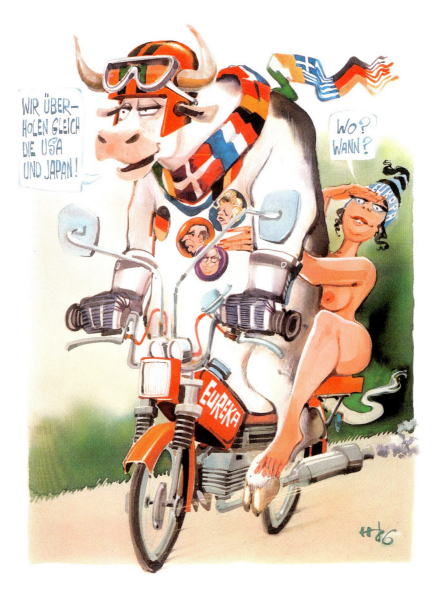

Mit dem im Jahre 1985 beschlossenen Förderprogramm für Wissenschaft und Technik EUREKA wollten Kohl, Thatcher und Mitterrand den Anschluss an Japan und die USA herstellen. Der Ausruf des Stiers passt auch auf den im Jahre 2000 beschlossenen so genannten Lissabonprozess, wonach die EU innerhalb von zehn Jahren zum „wettbewerbsfähigsten und dynamischsten wissensbasierten Wirtschaftraum der Welt" werden soll. Beide Ziele erscheinen derzeit nur schwer erreichbar, sodass sich Europas Frage „wo und wann" immer noch stellt und auch heute noch nicht beantwortet werden kann.

EG-Reformen nur mit Teilerfolgen

Walter Hanel

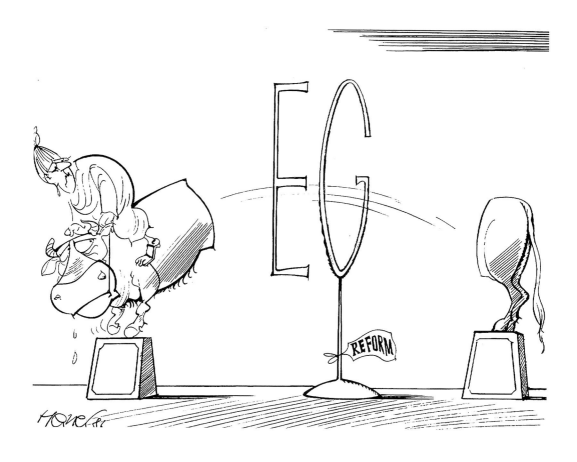

Die im Februar 1986 unterzeichnete Einheitliche Europäische Akte (EEA) enthielt die erste EG-Reform. Sie erfüllte jedoch nicht die in sie gesetzten Erwartungen, sondern zeigt die in der EU bis heute oftmals eintretende Einigung auf dem kleinsten gemeinsamen Nenner. Gleiches dürfte auch für die Reformen in den Verträgen von Maastricht (1992), Amsterdam (1997) und Nizza (siehe 2000) gelten, bei denen zahlreiche so genannte *left overs* – wichtige Reformprojekte, die nicht angepackt werden konnten – übrig blieben. Hanels Zeichnung könnte auch zum Symbol des Verfassungsvertrags (siehe 2005) und aller künftigen EG-Reformen werden.

1987

EU-Umweltengagement

Barbara Henniger

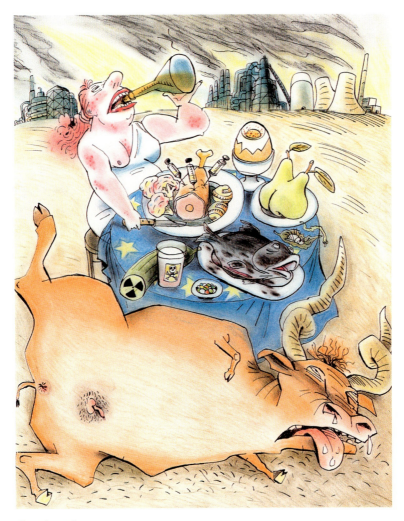

„Euroschmaus"

Der gedeckte Tisch zeigt die Lebensmittelschädigungen durch Umweltzerstörung. Die Industrielandschaft im Hintergrund verweist auf die Verantwortlichen. Selbst mit ungesunden Speisen frönt Europa ihrer Fresssucht. Sie kümmert sich nicht um ihren kontaminierten verkümmernden Stier. Der ersichtlich notwendigen Förderung des Umweltbewusstseins trug die Ausrufung des EU-Umweltjahres 1987 Rechnung. Europas Engagement für die Umwelt ist während der deutschen Ratspräsidentschaft auch nach 20 Jahren noch lebendig. Die Ablehnung der nicht ausreichenden UN-Resolution im Mai 2007 zeigt dies besonders deutlich.

Der Weg bleibt das Ziel

Peter Leger

„… und bewegt sich doch!"

Europa paradiert mit dem Ergebnis ihrer 30-jährigen Arbeit unter dem Arm vor ihren Bürgern. Diese zeigen auf Transparenten ihre unterschiedliche Meinung und Haltung zu dem Erreichten. Trotz der skeptischen Zwischenbilanz strebt das Reiterpaar stolz und locker weiter voran. Auch wenn die mediengesteuerte öffentliche Meinung nach 50 Jahren kaum anders lauten dürfte, bleibt für Europa der eingeschlagene pragmatische Weg das entwicklungs- und anpassungsfähige Ziel eines gemeinsamen Europa.

1989

Steuerharmonisierung

Luff (Rolf Henn) und Peter Leger

„Hü!"

Die Ende der achtziger Jahre geführte Diskussion über die ab 1993 geplante Grenzöffnung für den EU-Binnenmarkt machte eine Harmonisierung (= Angleichung) der nationalen Steuersysteme, insbesondere der Verbrauchsteuern (Tabak-, Alkohol-, Energie- und Mehrwertsteuer) erforderlich. Das von Luff 1989 als unbrauchbarer Schrott dargestellte unterschiedliche Steuerrecht der Mitgliedstaaten hat Leger als hinderliche Schranken gekennzeichnet, die für das Zollrecht längst (siehe 1968) geöffnet waren. Bei den heute durch EU-Recht harmonisierten Verbrauchsteuern sind die Grenzkontrollen durch bürokratische Hindernisse ersetzt.

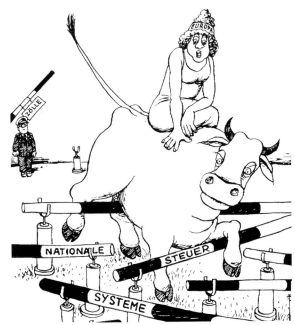

Rinderwahnsinn

Horst Haitzinger

„Europa, verfolgt von britischer Wahnsinnskuh"

Ins Jahr 1990 fallen wichtige Maßnahmen zur Bekämpfung von BSE (Bovine Spongiforme Enzephalopatie). In Großbritannien wurde die Herstellung von Futtermitteln aus Tiergeweben verboten. Das EP forderte von der Kommission Aufklärung über die Risiken der Übertragbarkeit des Rinderwahnsinns auf Menschen. Dagegen löste damals die bloße Erwägung eines Verbots von Rindfleischexporten aus Großbritannien bei Premierministerin Margaret Thatcher massive Drohungen aus. Sogar das erst im März 1996 zum Verbraucherschutz tatsächlich verhängte Verbot kritisierte Londons Agrarminister noch als unverhältnismäßig.

Mehrfacher Hilferuf durch Flüchtlingsströme

Bernd Bruns

„Ach, Europa!"

Das Nachkriegseuropa erlebte im Jahre 1991 seine größte Flüchtlingswelle. Ursache war der Zerfall Jugoslawiens und die daraus resultierenden ethnisch bedingten Kriegshandlungen und Verfolgungen. Den Hilferufen der Flüchtlinge stehen die abwehrenden Hilferufe des scheinbar überforderten Europa gegenüber. Die Zeichnung passt auch für die jüngste Vergangenheit, wenn „Jugoslawien" durch „Afrika" ersetzt wird. Die damals von Deutschland und heute von den südeuropäischen Staaten an die übrigen EU-Staaten gerichteten Aufnahmeappelle verhallen ähnlich unerhört wie die der Menschen an den Seegrenzen der EU.

Vorübergehende dänische Ablehnung des Maastricht-Vertrags

Klaus Böhle und Felix Mussil

„Ein Kälbchen entflieht der heiligen Kuh"

In einem Referendum stimmten die Dänen am 2.6.1992 mit der knappen Mehrheit von 50,7% gegen den Vertrag über die Europäische Union. Diese Ablehnung ließ sich als Austrittswunsch aus der EG oder als Widerstand zur Erzwingung einer Vertragsänderung deuten. Die Änderung gelang Ende 1992 mit der Folge der Zustimmung der Dänen in einem zweiten Referendum im Folgejahr. Ähnliche Flexibilität aller Beteiligten wiederholte sich nach der vorübergehenden irischen Ablehnung des Vertrags von Nizza und lässt auch auf eine Lösung nach dem Votum der Franzosen und Niederländer gegen den Verfassungsvertrag hoffen.

EU-Öffnung für Staaten Mittel- und Osteuropas (MOE)

Burkhard Mohr

„Lust auf Europa"

In der Antike machte sich Zeus als Stier die phönizische Königstochter Europa gefügig, um Kinder zu zeugen. Am 22.6.1993 nahm der Europäische Rat in Kopenhagen Stiergestalt an und dachte ebenfalls an Nachwuchs. Beim dortigen Gipfeltreffen eröffneten die EU-Mitglieder den MOE-Staaten die Beitrittsmöglichkeit und legten die Aufnahmekriterien, die so genannten Kopenhagener Kriterien, fest. Sie fordern vom Beitrittskandidaten eine demokratische Grundordnung, eine funktionierende Marktwirtschaft und die Übernahme des sog. acquis communautaire, d. h. des gesamten Rechtsbestandes der EU.

1994

Berichtigung eines umstrittenen Wahlplakats

Horst Haitzinger

Haitzinger hatte für das EP ein Plakat entworfen, auf dem eine spärlich bekleidete Europa fröhlich für eine hohe Wahlbeteiligung im Juni 1994 warb. Die Europasprecherin der SPD, Heidemarie Wieczorek-Zeul, bewertete das Plakat gegenüber der Parlaments-Vertretung in Berlin als geschmacklos. Dieser Protest führte zur fast vollständigen Ver-

nichtung der bereits hergestellten Plakate. Ihr erzürnter Schöpfer spielte daraufhin mit dem Gedanken, die Europa seines missbilligten Entwurfs durch die protestierende Politikerin zu ersetzen und ihre Keuschheit durch eine gepanzerte Rüstung zu dokumentieren.

Eurokorps und NATO

Rainer Ehrt

„Euro – Gespann"

Seit 1995 existiert ein einsatzfähiges Eurokorps. Es besteht aus ca. 50.000 Soldaten und wurde als Kern einer europäischen Armee gegründet. Das schwächlich dargestellte Eurokorps ist an der Satteldecke erkennbar. Es zieht die (an ihrem Emblem am Rad erkennbare) mächtige NATO. Heute hat sich seine Aufgabe geändert. Es dient der EU und der NATO als Krisenreaktionskorps (sog. schnelle Eingreiftruppe).

1996

Noch immer wirkungsvoller Elysée-Vertrag

Fritz Wolf und Burkhard Mohr

„Rodeo"

Der Begriff Kerneuropa kennzeichnet ebenso wie „Europa der zwei Geschwindigkeiten" oder „Europa á la carte" den Umstand, dass sich an manchen Integrationsschritten der EU, z.B. der Einführung des EURO, (zunächst) nur ein Teil der Mitgliedstaaten beteiligt. Zu einem Hoffnungsträger und Integrationsmotor sind die regelmäßigen deutsch-französischen Konsultationen geworden. Sie beruhen auf dem von Konrad Adenauer und Charles de Gaulle schon 1963 im Pariser Elysée-Palast abgeschlossenen Deutsch-Französischen Freundschaftsvertrag. Ihre Nachfolger auf den Bildern waren 1996 Helmut Kohl und François Mitterrand sowie 2000 Gerhard Schröder und Jacques Chirac.

„Der deutsch-französische Motor"

Beschäftigungspakt

Burkhard Mohr und Oliver Schopf

„Europas eigentlicher Wahnsinn"

Die von Mohr im Jahre 1996 als hilflos gebrandmarkte Beschäftigungspolitik erhielt mit der Aufnahme eines Abschnitts „Beschäftigung" in den 1997 unterzeichneten Vertrag von Amsterdam erstmals Konturen. Er schreibt dem Rat einen Jahresbericht zur Beschäftigungslage in Europa und beschäftigungspolitische Empfehlungen an die Mitgliedstaaten in Form von Leitlinien vor. Diese entfalten zwar keine Rechtspflichten für die Mitgliedstaaten, fördern aber eine flexible Koordinierung. Daneben fordert Schopf mit „Euro(s und Aer)bic" auch Leistungsbereitschaft und finanzielle Unterstützung der Betroffenen.

Stoibers erfolgreiches Mahnen

Nik Ebert und Jürgen Tomicek

„Tragende Rolle"

„Tut mir leid, Herr Stoiber – ich hab`s eilig …"

Mitte der neunziger Jahre kam es zwischen Bundeskanzler Helmut Kohl und Bayerns Ministerpräsidenten Edmund Stoiber zu offenen Meinungsverschiedenheiten. Stoiber lehnte das von Kohl propagierte bundesstaatlich vereinte Europa ab. Außerdem forderte er die strikte Erfüllung der Euro-Stabilitätskriterien oder die Verschiebung der dritten Stufe der WWU (siehe 2002). Obwohl Stoiber auf den Bildern gegenüber Kohl das Nachsehen hat, setzte er seine Vorstellungen durch. Der Zustimmung Bayerns am 24. April 1998 im Bundesrat zur Euro-Einführung war „grünes Licht" der Deutschen Bundesbank vorausgegangen.

Vorzeitiger Kommissionswechsel

Horst Haitzinger

„…und noch ne Bombe!"

Während der deutschen Ratspräsidentschaft unter Bundeskanzler Gerhard Schröder stellte ein Untersuchungsausschuss des EP Günstlingswirtschaft einzelner KommissarInnen fest. Da Präsident Jacques Santer kein Entlassungsrecht besaß, vermied er das drohende Misstrauensvotum des Parlaments durch den Rücktritt aller Kommissionsmitglieder. Die ungeregelten Folgen eines solchen Schrittes waren auf dem Berliner Gipfeltreffen des Europäischen Rats im März 1999 zusätzlich zu lösen. Dies gelang durch eine fast vollständige Neubesetzung der Kommission unter Präsident Romano Prodi, der das EP im Mai zustimmte.

Mühevolle Reformierung der EU-Institutionen

Burkhard Mohr und Dieter Hanitzsch

„Der nächste wichtige Gipfel findet in Nizza statt"

„Eurodeo in Nizza"

Noch vor der Osterweiterung sollte der Europäische Rat in Nizza die innere Organisation der EU-Organe im Hinblick auf die Beteiligung kleiner und großer EU-Mitglieder reformieren. Insbesondere waren Größe und Zusammensetzung von Kommission und Parlament, Stimmengewichtung im Rat und Parlament sowie die Ausweitung von Ratsbeschlüssen mit qualifizierter Mehrheit neu zu regeln. Die Bilder zeigen die immer wieder vom Scheitern bedrohten mühevollen und zähen Verhandlungen und die deutschen Versuche von Bundeskanzler Gerhard Schröder, den französischen Staatspräsidenten Jacques Chirac zu Kompromissen zu bewegen.

Verminderung der Bürokratie durch Rechtsvereinfachung

Walter Hanel und *Burkhard Mohr*

Paragraphen können die Herrschaft des Rechts positiv und/oder der Bürokratie negativ symbolisieren. Der nur aus einem §-Zeichen bestehende Stier kennzeichnet die EU als Rechtsgemeinschaft mit einheitlichem Recht. Der §-Zopf beklagt das ständige Anwachsen dieses Gemeinschaftsrechts und die daraus entstehende Bürokratie. Im Jahre 2001 erarbeitete die Kommission im Hinblick auf die bevorstehende Osterweiterung Vorschläge für eine Rechtsbereinigung durch Vereinfachung und Reduzierung des geltenden Gemeinschaftsrechts sowie für eine verbesserte, insbesondere beschleunigte EU-Rechtsetzung.

Verwirklichung der WWU durch Euro-Bargeld

Reiner Schwalme

Die Ersetzung des DM-Bargeldes durch das Euro-Bargeld in der so genannten Eurozone vollendete im Jahre 2002 die Währungs- und Wirtschaftsunion (WWU). Sie bildet die endgültige Verwirklichung des 1989 in Madrid vom Europäischen Rat angenommenen Drei-Stufenplans des Kommissionspräsidenten Jacques Delors, der seinerseits auf dem Wernerplan aus dem Jahre 1970 und dem EWS (siehe 1978) aufbaute. In Madrid einigte sich der Europäische Rat auch auf die Errichtung einer Europäischen Zentralbank zur Lenkung der Einheitswährung. Am gleichen Ort gab er im Jahre 1995 den Namen „Euro" bekannt.

2003

Zustimmung und Ablehnung des Irak-Kriegs

Thomas Plaßmann

„Irak – Krieg….Europa bezieht Stellung"

Die EU-Staaten vertraten zu dem im Jahre 2003 begonnenen Krieg der USA gegen den Irak nicht nur unterschiedliche, sondern gegensätzliche Auffassungen. Großbritannien, Spanien und Italien unterstützten neben einigen Beitrittsstaaten demonstrativ die Kriegführung der USA. Demgegenüber setzten Deutschland, Frankreich und Belgien auf eine ausschließlich friedliche Beilegung des Konflikts. Diese Haltung brachte ihnen die nicht als Kompliment gedachte und zum Wort des Jahres gewählte Bezeichnung „altes Europa" des US-Verteidigungsministers Donald Rumsfeld ein.

Türkeibeitritts-Perspektiven

Ironimus (Gustav Peichl) und Horst Haitzinger

„Auf halbem Weg"

„Entführung aus dem Serail"

Im Dezember 2004 beschloss der Europäische Rat auf Empfehlung der Europäischen Kommission die Aufnahme von Beitrittsverhandlungen mit der Türkei. Die beiden Zeichnungen zu diesem Zwischenergebnis zeigen die zwischenzeitlich etwas verflogene Freude in der Türkei und die heute sogar noch verstärkte Sorge in der EU. Realisten rechnen selbst in ferner Zukunft nicht damit, dass die für einen Beitritt erforderliche Einstimmigkeit unter allen EU-Mitgliedern erreichbar ist.

2005

Erweiterungstempo verhindert Integrationsvertiefung

Horst Haitzinger

„Überhöhtes Tempo!"

Im Jahre 2005 zeigte sich ein fataler Zusammenhang zwischen dem Beitritt von zehn Mitgliedstaaten und der Einigung über den Verfassungsvertrag. Beide Ereignisse waren im Vorjahr als große Erfolge gefeiert worden. Franzosen und Niederländer verhinderten das Inkrafttreten dieses Vertrags durch Volksabstimmungen. Ihre Ablehnung wird auch als Votum gegen die vorangegangene Erweiterungspolitik gewertet. Die von Haitzinger befürchtete Abkoppelung ist nicht eingetreten. Die Berliner Erklärung (siehe 2007) stellt die innere Festigung der EU durch eine bis 2009 „erneuerte gemeinsame Grundlage" in den Vordergrund.

Babylonische Sprachverhältnisse in der EU

Grafikatelier Menke

Nach der allerersten EWG-Verordnung vom 15.4.1958 gab es für die damals sechs Mitgliedstaaten vier Amtssprachen. Die letzte Änderung dieser Verordnung im Jahre 2006 führte zu 23 Amtssprachen. Selbst irisch und maltesisch sind Amtssprachen, obwohl dort auch Englisch Landessprache ist. Die Gleichberechtigung aller Amtssprachen dient zwar der kulturellen Vielfalt, führt aber auch zu einem gigantischen Dolmetscher- und Übersetzungsaufwand. Denn das gesamte Gemeinschaftsrecht ist in allen Sprachen im Amtsblatt der EU zu veröffentlichen. Dies symbolisiert der Turm zu Babel in der Hand Europas.

2007

Freundschaft zwischen Putin und Merkel

Dieter Hanitzsch

„Angie auf dem Stier"

Am 25.3.2007 feierten die 27 EU-Mitglieder unter Führung ihrer Ratspräsidentin Angela Merkel den 50. Geburtstag des EWG-Vertrags und formulierten ihre künftige gemeinsame Europapolitik in der Berliner Erklärung (siehe 2005). Über die Mauer neben dem Brandenburger Tor gratuliert der russische Präsident Wladimir Putin als Außenstehender mit Europaflagge und Grußformel „Freundschaft" (= Druschba). Mit diesem Gruß verbanden die sowjetischen Vorgänger Putins ihre „brüderliche" Umarmung der früheren Ostblockpolitiker, die dies als russische Vormachtgeste empfanden.

Projekte des Instituts für Kunsterziehung der Universität Regensburg (in Auswahl)

2001 Wettbewerb für die Wandgestaltung der Cafeteria im Neubau des Siemensentwicklungszentrums Regensburg.
Leitung: Akad. Dir. Manfred Nürnberger, Akad. Rat Josef Mittlmeier.
Ausführung als gestische Malerei auf Leinwand (8 Formate zu je 4x3 m) durch die Studentin Simone Straßer (Siegerin des Wettbewerbs), im Auftrag der Standortleitung der Siemens-Vdo-Automotive. Fertigstellung im September 2001. Gefördert durch das Bonusprogramm des Bayerischen Staatsministeriums.

2001 Naturstudium – Bilanz der Zugriffe
Ausstellung von Lehrenden und Studierenden des Instituts für Kunsterziehung (Universität Regensburg und Oberpfälzer Künstlerhaus, Kebbelvilla Schwandorf) mit Katalog, ISBN 3–9808020–1–9.
Förderung:
Oberpfälzer Künstlerhaus (Schwandorf)
Verein der Freunde der Universität Regensburg

2002/2003 „Brot"
Zielgruppen und themenbezogenes Projekt mit Studierenden des Instituts für Kunsterziehung. Ausstellungen und Dokumentation in Zusammenarbeit mit der Hofpfisterei GmbH (Ludwig Stocker, München) zum Thema „Brot".
Leitung: Akad. Rat Josef Mittlmeier

2003 „Kunstgarten – Gartenkunst"
Kunstprojekt mit Ausstellung im Albert-Plagemann-Kreislehrgarten des Obst- und Gartenbauvereins und des Landratsamtes Regensburg im August 2003.
Leitung: Akad. Rat Josef Mittlmeier

2003 „Rudersport & Uferzonen"
Ausstellung von Ergebnissen zweier thematisch gebundener Lehrveranstaltungen im Regensburger Ruderklub.
Leitung: Akad. Dir. Manfred Nürnberger und Hans Prüll

2003/2004 Plastisches Gestalten
I. Rodins Lehre zu >plans< und >modelé<.
II. Zu Rodins >Bürger von Calais<.
III. Zum Fragmentarischen in der Kunst Rodins.
IV. Technische Grundlagen für den Betonguss.
Veröffentlichung des Instituts für Kunsterziehung. Prof. H. Leber zusammen mit Wiss. Assistentin S. Starzinger.

Beigeschlossen zur Ausstellung des Instituts für Kunsterziehung im Foyer der Zentralbibliothek der Universität Regensburg, 4.12.2003 – 10.01.2004. Regensburg: Erhardi Druck. Förderung: Universitätsstiftung pro arte

2004 Brückenbauen
Kunstpädagogisches Projekt mit dem Förderzentrum Regensburg, Mai – Juli 2004
Leitung: Akad. Dir. Manfred Nürnberger

2004 Künstlerische Wandgestaltung im Atrium des Johannesstifts der Evangelischen Wohltätigkeitsstiftung Regensburg durch die Studierenden
Betreuung: Akad. Dir. Manfred Nürnberger

2004 *zeichnen wahrnehmen erklären*
Von der Wahrnehmungstheorie zur gestalterischen Praxis
Veröffentlichung des Instituts für Kunsterziehung.
AOR Josef Mittlmeier, Akad. Dir. Manfred Nürnberger und OSR Karl-Ludwig Schleicher.
Ausstellung des Instituts für Kunsterziehung im Foyer der Zentralbibliothek der Universität Regensburg, 2.12.2004–15.01.2005. Regensburg: Erhardi Druck. Förderung: Universitätsstiftung pro arte

2005 Auge und Bild – Delacroix´ frühes Meisterwerk >Szenen aus dem Massaker von Chios< und seine kunsttheoretischen Aussagen
Veröffentlichung des Instituts für Kunsterziehung, Prof. H. Leber.
Ausstellung des Instituts für Kunsterziehung im Foyer der Zentralbibliothek der Universität Regensburg, 1.12.2005 – 12.1.2006.
Regensburg: Erhardi Druck. Förderung: Universitätsstiftung pro arte

2006 „Bewegung"
Künstlerische Gestaltung des Verwaltungsgebäudes des Sportzentrums der Universität Regensburg. Studierende fertigten dazu mehrfarbige Holzschnitte zum Thema „Bewegung".
Leitung: Wiss. Ass. Susanne Starzinger

2006 „Transmissionen"
Ausstellung ehemaliger Studierender der vergangenen 25 Jahre zur Verabschiedung des Lehrstuhlinhabers Prof. H. Leber.

2007 „Stadtzeichner"
Zeichenwettbewerb im Rahmen des Naturstudiums, finanziert mit Mitteln der Regensburger Kulturstiftung der REWAG
Leitung: AOR Josef Mittlmeier, Akad. Dir. Manfred Nürnberger

Europa als Thema der Kunstgeschichte

Barbara Mundt

Der Dichter Moschos aus dem griechischen Syrakus berichtet uns, dass Kypris oder Aphrodite, die Göttin der Schönheit und der Liebe, eines schönen, lange vergangenen Tages den Göttervater Zeus mit den Pfeilen ihres Sohnes Eros traf, als er just auf die Erde blickte und dort ein hübsches junges Ding auf einer Blumenwiese spielen sah. Dieser Blick entriss das bis *dato* unauffällige Mädchen dem Grau der namenlosen Geschichte und beglückte für immer die Nachwelt mit dem Mythos „Europa". Zeus nämlich entbrannte in Liebe, „verbarg seine göttliche Gestalt, verwandelte sich und ward ein Stier". (Moschos)

> „Er, der Vater und Lenker der Götter – sonst schwingt seine Rechte
> den dreizackigen Blitz, und sein Nicken erschüttert den Erdkreis –,
> Nunmehr wird er ein Stier und mischt sich unter die Herde,
> Brüllt und spaziert, ein prächtiges Tier, auf dem Teppich der Wiese.
> Weiß ist die Farbe wie Schnee, [...]
> die Miene ist friedlich. Es staunt die Tochter Agenors,
> Wie er so prächtig stolziert und ohne mit Angriff zu drohen.
> Aber so zahm er sich zeigt, sie scheut sich zuerst, ihn zu streicheln;
> Doch bald naht sie und bietet Blumen dem glänzenden Haupte.
> Freudig sieht's der Verliebte [...] (Abb. 1)
> Und sieh, nun wagt es gar die Prinzessin,
> Sich auf den Rücken des Stieres zu setzen – sie kennt ihren Träger
> Nicht –: doch von Land, vom trockenen Ufer entschreitet allmählich
> Sachte der Gott mit trügenden Schritten zuerst in das Wasser,
> Geht dann tiefer hinein und entführt durch das Meer seine Beute.
> Angstvoll bemerkt es die Jungfrau: sie schaut zurück nach der Küste,
> Hält mit der Rechten umklammert ein Horn, auf dem Rücken des Stieres
> Ruht die Linke, es flattert das Kleid und bauscht sich im Winde."

(Ovid, Metamorphosen, hrsg. u. übers. v. H. Breitenbach, Zürich 1958)

Bei Moschos ist es vor allem der ambrosische Duft des schönen Stiers, der das Mädchen anzieht, dem er den Hals leckt und das er „in Zauber", in Trance versetzt. Lukian und Moschos beschreiben besonders reizvoll, wie die Meerfahrt des Zeus mit seiner Reiterin von anderen göttlichen Wesen heiter begleitet wird: geflügelte Eroten, Nereiden und Tritonen, die auf ihren tieftönenden Muscheltrompeten eine Hochzeitsmusik ertönen lassen. Bei diesem Dichter fürchtet sich Europa nur vor den nassen Wellen; wer ihr Reittier ist, ahnt sie längst, denn als sie fern vom heimatlichen Ufer sind und nichts mehr wahrzunehmen ist als der Himmel und das unendliche Meer, fragt die Prinzessin ihren Entführer: „Wohin bringst Du mich, Gottstier?" und dieser antwortet:

„fürchte dich nicht vor dem Meeresgewoge. Ich bin Zeus selbst, auch wenn ich aus der Nähe ein Stier zu sein scheine [...] Sehnsucht zu Dir hat mich getrieben. [...] Kreta wird dich nun aufnehmen, das auch mich selbst aufzog; dort wird deine Hochzeit sein. Von mir wirst du berühmte Söhne gebären."

Er also liefert auch einen Beleg für die seit der Antike bestehende seltsame Verknüpfung zwischen der Geliebten des Göttervaters und dem geographischen Begriff, dem Erd-Teil Europa. Welche Gründe dafür bestehen – dafür scheinen allerdings stringente rationale Erklärungen ebenso zu fehlen, wie mythologische oder literarische, für die es nur Ansätze gibt.

Eine antike Quelle – Hippias von Elis – benennt am Ende des 5. vorchristlichen Jahrhunderts drei Töchter des mächtigen Meergottes Okeanos mit den Namen Europa, Asia und Lybie (= Afrika), und er präzisiert ohne Weiterungen, dass jede dieser Töchter einem Erdteil ihren Namen gab. Hippias könnte damit eine Antwort auf die Frage nach der Entstehung der Welt zeittypisch umschreiben: Die Kontinente sind mit göttlicher Hilfe aus dem Meer emporgestiegen. Als einen Erdteil sah Homer das mittlere Festland-Griechenland, das er

Abb. 1: Europa wird bräutlich geschmückt. J.M. Liotard, Kupferstich nach einem Gemälde von Carlo Cignani, Venedig, 1743

bereits „Europa" nannte. Ost-, West- und Süd-küste fielen ins Meer ab, und man hatte die Küsten zu Schiff umrundet; unbekannt blieb zunächst die nördliche Küste. Herodot wusste, dass sie nicht so rasch zu erreichen war und meinte, Europa erstrecke sich über Griechenland hinaus nach Norden bis zur Donau und im Osten bis nach Südrussland.

Was haben diese geographischen Bestimmungsversuche mit der Fabel von Europa und dem Stier zu tun? Zeus entführt die Tochter des Königs von Phönikien, das wäre heute Syrien; Europa wird gelegentlich nach der Stadt Sidon als Sidonierin bezeichnet. Das heißt, sie stammt aus Vorderasien, und von dort bringt der Stier sie ziemlich weit nach Westen auf die Insel Kreta. Sie landet dort zwischen Breitengraden, auf denen weiter im Norden etwa Bukarest, Riga oder Helsinki liegen, Städte eindeutig europäischer Länder. In der Dichtung des Moschos weissagt Zeus der ängstlichen Jungfrau: „Von mir wirst Du berühmte Söhne gebären, die alle Herrscher über die Menschen sein werden", und sie wird tatsächlich

auf Kreta Mutter dreier Söhne des Zeus. Als Halbgötter, Heroen, haben sie durch Geburt das Zeug zu großen Taten, wie es die Eroberung und Beherrschung eines Erdteils zweifellos wäre. Herodot, der griechische Historiograph des 5. Jahrhunderts, weiß zu erzählen, dass Europas Nachkommen aus Verehrung für sie einem Drittel der Welt ihren Namen übertragen hätten und ihn damit unsterblich machten.

Karl Philipp Moritz' Götterlehre (1791) hebt Europas Sohn Minos heraus, „der den Völkern Gesetze gab und über sie mit Macht und Weisheit herrschte." Bevor es zu einer solchen Kulturtat kommen konnte, legte Zeus mit der späteren Mutter seiner Söhne eine weite Strecke zurück. Sehen wir diese lange Strecke statt nur räumlich auch zeitlich, so wird die ostwestliche Meerfahrt des Zeusstiers gleichnishaft. Es waren ja die Königreiche des nahen und fernen Ostens, die in uralten Zeiten Hochkulturen entwickelten, deren Errungenschaften nach und nach Kreta und Griechenland erreichten, das wiederum zur kulturellen Wiege Europas wurde.

Soweit die Spekulationen über eine Verbindung des geographischen Namens mit der Geliebten des Zeus. Für die Kunstgeschichte sind sie unerheblich, denn die Okeanos-Töchter, die zu Kontinenten werden, bildeten in der Antike offenbar keinen Stoff für vertiefende Dichtungen, und so blieb auch jeder Anreiz für die bildenden Künstler aus.

Erst in der Renaissance, nachdem von Europa aus Seefahrer die Erdteile (Ost)Asien und Afrika ein wenig erforscht hatten und dazu noch Amerika entdeckten, bildete sich eine Ikonographie für die Erdteile heraus. Erst nämlich, als man den Kontinenten dank der Berichte von Eroberern, Forschern und Fabulierern Landschaften und Landesprodukte, Pflanzen, Tiere und Menschen spezieller Stammesindividualität zuordnen konnte, mochten die Künstler sich mit ihnen abgeben. (Abb. 2) Im 18. Jahrhundert schließlich sind die personifizierten Erdteile geradezu populär geworden. So bringt fast jede Porzellanmanufaktur bezaubernde Statuetten heraus: Amerika im Schmuck einer indianischen Federkrone, Asia mit Turban, Weihrauchgefäß und oft auch mit warenbeladenem Kamel, Afrika dunkelhäutig, mit Elefant und Palme. Europa ist die gekrönte Königin, und sie wird schon durch ihre porzellanweiße Haut vor den anderen hervorgehoben. Ihr Attribut ist ein wohl dressiertes Pferd, und oft treten Symbole für andere Errungenschaften der Zivilisation und Kultur hinzu, durch die sie sich vermeintlich über die anderen Kontinente heraushebt: Ackerbau und Viehzucht, Kriegskunst, Wissenschaft und bildende Kunst.

Europa als Personifikation eines Erdteils, eines Kulturkreises, bleibt dennoch ein begrenztes Thema. Keine Rede von heutiger „Hinterfragung", Renaissance und Barock kennen auch nur selten einen Brückenschlag zur Europa mit dem Stier – erst im 19. Jahrhundert kommt es in politisch ausgerichteten Karikaturen zu Überschneidungen. Wenn aber der „Erdteil" oder bestimmte Länderunionen, als Europa verstanden, seither durch die Stierreiterin Europa versinnbildlicht werden, so hat das formale Gründe. Denn im Gegensatz zur statuarischen Erdteil-Europa ist die mythologische Frau auf dem Stier über alle Zeiten hinweg als überaus dankbares künstlerisches Motiv erkannt und interpretiert worden. Nicht die geographisch-politische, sondern die Europa der aus unerhörten Begebenheiten lebenden Fabel hat über Jahrhunderte Bilder in unvergleichlicher Fülle visueller Auslegungen hervorgebracht. Immer reizte diese kontrastierende Kombination:

das Paar aus Gott und Mensch, aus Stier und Frau zu künstlerischer Gestaltung, führte es zum Ausdruck spannungsvoller Beziehungen weiter: Begehrlichkeit und Jungfräulichkeit begegnen sich, Naturhaftigkeit und Zivilisation, Macht und Ergebung, Kraft und Zartheit, Hoffnung und Verzagtheit, Angst und Glück etc.

Grundlage der Gestaltung ist in den ersten Jahrhunderten immer die klassische Dichtung. Am Ende des Mittelalters sorgen die Humanisten für Übersetzungen der griechischen Texte ins Lateinische, das alle Gebildeten verstehen, wenig später auch ins Vulgärsprachliche, und schaffen damit die Voraussetzung für Interpretationen durch die bildenden Künstler. Die Übersetzungen gehen einher mit der Entwicklung der Buchkunst: Gerade eben noch vor 1500 erscheinen in Brüssel und Venedig die ersten Ovidausgaben, für die jede Textseite einschließlich einer Illustration in einen Holz-

Abb. 2: Allegorie der vier Erdteile mit Europa im königlichen Hermelin. Joachim Sandrart, Kupferstich für Merians „Neue Archontologia", 17. Jahrhundert

Abb. 3: Stierreiterin. Triumphzug Europas. Holzschnitt-Illustration zu F. Colonnas Hypnerotomachia Poliphili, Venedig 1499 (Kunstbibliothek Berlin, Inv. Nr. GRIS 1066)

block geschnitten wird. (Abb. 3) Die Erfindung des Buchdrucks und des Kupferstiches ermöglichen mehr Flexibilität, die in Kupfer gestochenen Illustrationen können größere und detailliertere Schilderungen vermitteln. Der Kupferstich als Mittel der Gemälde-Reproduktion ermöglicht die weite Verbreitung von Bilderfindungen großer Meister.

Was erfährt der Maler und Bildhauer seit 1500 aus den klassischen Dichtungen von Europa? Ausreichendes als Basis, und zugleich wenig genug, um selbst kreativ zu werden. Europa ist die Tochter des nicht weiter interessierenden Königs von Phönikien; nur Moschos nennt zudem den mächtigen Meeresgott Oceanos als einen ihrer göttlichen Urahnen. Alle Dichter wissen, dass sie sehr jung ist und sehr reizvoll sein muss, um eines Gottes Gefallen zu finden. Sie pflegt sich mit ihren Gespielinnen in der Natur aufzuhalten und ist wohl auch deshalb ohne Angst vor dem großen zugelaufenen Tier. Das ist alles – schon ihre Charakterzüge werden von den Dichtern unterschiedlich geschildert: Der eine lässt sie bei ihrer Entführung furchtlos bleiben, der andere ängstlich jammern, der dritte gar wütend agieren. Ovid verfolgt die Geschichte von A bis Z beschreibend, Moschos und Lukian verbreiten sich über Begleitumstände, Horaz konzentriert sich auf Europas Befindlichkeit. Und gerade das bildet doppelten Anreiz für die Maler, Holzschneider, Stecher, Bildhauer und Kunsthandwerker, die Vielzahl möglicher individueller Auslegungen weniger, reizvoller „Fakten" über das Mädchen, das letztlich rätselhaft bleibt.

Von Zeus, bei den römischen Dichtern zu Jupiter latinisiert, weiß man mehr, er hat eine festgelegte „Biographie". Schon bei Homer ist er der höchstrangige der großen Götterfamilie, der Göttervater, dessen Befehle galten. Er ist furchtbar in seinem Zorn, Blitze schleudernd, begleitet von dem majestätischen König der Lüfte, dem Adler. Seine Gemahlin ist Hera (Juno), die ihm zwar Kinder schenkt und im Olymp neben ihm thront, keineswegs aber seinen Bedarf an weiblichen Gespielinnen deckt. Eifersüchtig verfolgt sie die zahllosen Eskapaden ihres Gemahls. Obgleich sie im antiken Verständnis Ausdruck seiner Kraft und bezwingenden Macht sind, sucht er sie angst- und taktvoll vor Hera zu verbergen und flüchtet sich in täuschende Gestalt: Er wird zur Wolke, als er Semele besucht, zum goldenen Regen bei Danae usw. Aus den Verbindungen von Zeus mit irdischen Mädchen gehen halbgöttliche Geschöpfe – Heroen – hervor, von denen viele ihrerseits wieder zu wichtigen Gestalten der Mythologie geworden sind, wie die schöne Helena, Tochter des Zeus, der als Schwan zu Leda kam.

Für die Werbung um Europa aber bedient sich der Gott einer ganz besonderen Metamorphose: Er wird zum Stier.

Bei dieser Verwandlung ist es nicht ungewöhnlich, dass selbst die arglose Europa noch während ihrer Meerfahrt – wie Moschos berichtet – ihr Reittier erkennt und alsbald fragt: „Wohin führst du mich, Gottstier?" Nahm Zeus Stiergestalt an, blieb er seiner Göttlichkeit und seiner königlichen Macht nahe – selbst für Europa ziemlich leicht durchschaubar. Denn Stiere spielten in den Frühkulturen im ganzen Orient und darüber hinaus eine zentrale Rolle als heilige, ja göttliche Tiere. Die noch heute wirksame Scheu der Inder vor den „heiligen" Kühen geht auf die fruchtbaren Stiergötter der Indus-Frühkultur zurück. Die alten Ägypten verehrten im Apiskult einen jungen Stier, der sich wie das Reittier der Europa durch besondere Kraft auszeichnete. Nach Kreta aber wurde aus dem Orient noch in vorgriechischer Zeit ebenfalls ein Stierkult übernommen, zu dem Kampfspiele gehörten, bei denen die Jugend die Stiere reiten und „bei den Hörnern packen" musste, um selbst Kraft aus ihnen zu beziehen. Es ist der Aspekt der Kraft, der Potenz, der Fruchtbarkeit, der in den alten griechischen Fabeln den Stier zum Sinnbild der Gottheit werden ließ.

Es zieht Zeus mit Europa nach Kreta, der Stätte des aus dem Osten gekommenen uralten Stierkultes und jener Insel, auf der er den Nachstellungen seines Vaters Chronos zum Trotz zum Weltenbeherrscher heranwuchs, in einer Höhle verborgen. Auf Kreta konnten Stier, Gott, König und Mensch am glaubhaftesten eins sein, und so meint Ovid:

„Als sie das Ufer erreicht hatten, stand Jupiter plötzlich ohne seine Hörner da, und er hatte sich vom Stier in den Gott verwandelt. Der Stier steigt auf zum Himmel, die Sidonierin wird Jupiters Geliebte und der dritte Teil der Erde trägt ihren Namen." (Abb. 4)

Abb. 4: Europa und Zeus auf Kreta. J.Matham, Kupferstich nach Hendrick Goltzius, Haarlem um 1580 (Kupferstichkabinett Berlin)

Bildformen

Viele klassische Dichter vermittelten den Europa-Stoff; unter ihnen erfreuten sich die Metamorphosen und die eben zitierten „Fasti" des römischen Dichters Publius Ovidius Naso, Ovid, seit seiner Wiederentdeckung durch die Humanisten bei den bildenden Künstlern einer besonderen Beliebtheit.

Früh haben sich zwei grundsätzlich verschiedene Fassungen der Nachschöpfung in der bildenden Kunst herausgebildet: Zum einen wird die Fabel mit vielen Figuren, eingebettet in das von den Dichtern beschriebene Umfeld der Landschaft mit Strand und Meer dargestellt, zum anderen auf die kurze Formel des auf dem Stier reitenden Mädchens reduziert.

In sehr früher Zeit, im 6. vorchristlichen Jahrhundert, nehmen sich die griechischen Vasenmaler der Fabel an. Hoheitsvoll thront Europa auf dem Reittier oder schwebt an seiner Seite. Sie ist dargestellt als die von einem Gott begehrte und damit in der Vorstellung der antiken Welt geehrte und ausgezeichnete „glückliche Heroine". Bei Horaz beruhigt Venus die verängstigte Prinzessin: „Weißt Du nicht, dass Jupiter dein Gemahl ist? Lass das Schluchzen, lern, wie man trägt mit Würde ein so großes Glück!" Aus dem 5. vorchristlichem Jahrhundert hat man reizvolle Terracotta-Statuetten der Stierreiterin in großer Zahl in Böotien in Mittelgriechenland gefunden, wo der Europa-Kult vermutlich zuerst aufgekommen ist. Man weiß, dass dort Europa in Symbiose mit Demeter, der Göttin der Fruchtbarkeit verehrt wurde, und so kann man in den kleinen Terracotten Votivgaben, eine Art Heiligenfigürchen sehen. Wie auf den Vasenbildern sitzt die Heroine auf dem Stier oder aber schwebt neben ihm.

Als mit dem Ende des römischen Reichs die antike Bildwelt zunächst einmal unterging, verschwand auch das Thema der Europafabel. Aus der byzantinischen Kultur entwickelte sich eine rein christliche Ikonographie, die das Mittelalter beherrschte. Erst an dessen Ende entdeckte man den heidnischen Kosmos nach und nach wieder. Gelehrte Geistliche begannen die alten Themen auf eine Weise zu interpretieren, die den christlichen Glauben nicht beleidigte. So wurde 1342 ein „Ovidius moralizatus" herausgegeben. Darin versinnbildlicht die Jungfrau Europa die Seele, die sich unbewusst nach Gott sehnt, Zeus aber den Gottessohn, der irdische Gestalt annimmt und ihr Rettung bringt. Auf einer Illumination in einer sehr frühen Handschrift des „Ovide moralisé" sieht

Abb. 6: Europa auf dem Stier. Nicolo da Urbino, Majolikateller um 1525 (Kunstgewerbemuseum Berlin)

Abb. 5: Stierreiterin. Bronzegruppe, Carl Milles, 1924, eine Summe 5er Stierreiterinnen aus Antike und Renaissance

man eine geradezu klassische Stierreiterin, die als eine von Gott in den Himmel geholte Seele gedeutet wird.

Um 1500 aber haben die italienischen Humanisten die Beschäftigung mit der Antike als legitim durchgesetzt; die Renaissance hat das Mittelalter abgelöst. Kultivierte Fürsten beginnen antike Kunst zu sammeln und die Bildhauer entwickeln Stein- und Bronzeplastik nach dem Vorbild der Antike. Kleinbronzen verbreiten die alten Themen in neuer Gestalt, und Europa mit dem Zeus-Stier erfreut sich großer Beliebtheit. Die Renaissance-Künstler formulieren das Thema mit großer Phantasie und geistiger Eigenständigkeit innerhalb der antiken Vorgaben neu, und ihre Varianten wirken bis ins 20. Jahrhundert fort. Es gibt die hieratisch auf dem Reittier thronende Person, die einer Priesterin auf einem Opferstier gleicht, die dahinjagende Europa, die Tändelnde und die Anschmiegsame und viele mehr, der Stier wird ruhend und friedfertig, sich vielsagend langsam erhebend, dahintänzelnd, das Wasser durchpflügend und mit dumpfem, kühnem, begierigem oder zärtlichem Ausdruck wiedergegeben. (Abb. 5)

Eine der grandiosesten Versionen des Themas stellt eine um 1500 in Padua geschaffene Bronze dar, die sich in Budapest befindet. Sie stellt die Stierreiterin auf ungewöhnliche Weise dar: Wie eine Furie hockt Europa auf dem brüllenden Tier, das sie gerade mit einem Stachel geschlagen zu haben scheint, einer Waffe, die ursprünglich in ihrer nach oben zurück gerissenen Hand steckte. Eine Ode des römischen Dichters Horaz aus dem 1. vorchristlichen Jahrhundert, die selten als Inspirationsquelle Verwendung fand, erklärt das Bildwerk als psychologische Auseinandersetzung mit der geraubten Jungfrau. Laut beklagt Europa auf dem Ritt über das Meer sich besinnend, den Leichtsinn, der sie getrieben hat, dem Locken des Stieres zu vertrauen.

„Weh, wie kam ich hierher / und wohin mit mir jetzt! / Ein Tod reicht nicht aus, meine Schuld zu büßen – / muss ich wach beklagen der Sünde Schande? / Hält nicht ein Traum nur / schuldlos mich umfangen? Warum auch hieß er / Mich dem Meere vertraun, statt auf grünen Auen Blumen zu pflücken? / Schaffte doch wer den verhassten Stier mir jetzt / Oh, wie wollt ich ihn mit dem Stahl zerfleischen! / Zürnend dem noch jüngst so geliebten Scheusal brechen die Hörner!"

Einen ganz andersartigen Nachklang der antiken Stierreiterin sieht man in einem Majolikateller des Meisters Nicola da Urbino, um 1525 gemalt (Abb. 6). Das Weiß des Tellergrundes ist durch Ornamentbordüren in starkem Blau hervorgehoben, die einen dreifachen Rahmen um die rund gefasste Szene im Fond bilden. Sie zeigt das friedvolle Bild eines ruhig trabenden weißen Stiers, auf dem bäuchlings, von nichts als von ihrem wehenden Haar bekleidet, Europa wie schwebend ruht. Die Gruppe zeigt die Konzentration einer Skulptur, keine Landschaft, keine Begleitfigur stört die Zweisamkeit. Vielleicht war dennoch ein bestimmter Stich dem Maler zur Hand, und zwar das wenig ältere Blatt des sogenannten Meisters IB mit dem Vogel, das einem von der Antike faszinierten Künstler in der Nachfolge Mantegnas zugeschrieben wird. Bei ihm ist das Hauptmotiv zwar eingebunden in eine Landschaft aus wogendem Meer, von Schiff bestandenem Ufer, einer Stadt auf einem Hügel usw., doch findet sich hier die gleiche Konzentration der an den vorderen Bildrand gerückten Gruppe auf sich selbst wieder. In beiden Fällen keine unsichere, vielleicht ängstliche Europa, sondern eine selbstsicher über dem Tier ruhende nackte Schöne, die mit dem Stier gemeinsam demselben Ziel zustrebt. Diese „Entführung" wird als gemeinsame Handlung vorgestellt. Gottheit, Mensch und Natur bilden eine Einheit. Ovids Fabel hat nur eine Anregung gegeben, die künstlerische Lösung ist eine andere, selbständige.

Die Stierreiterin blieb fortan eine beliebte Kurzformel des Europamotivs bis in unser Jahrhundert hinein: sei es als dekorative Großplastik in Schlossparkanlagen, sei es als Tafelzier. Und sie hätte in KPM-Porzellan noch 1905 die Hochzeitstafel des letzten kaiserlichen Kronprinzen Deutschlands geziert, wäre der von ihr und einem etruskischen Reiter angeführte „Hochzeitszug" von Kaiserinmutter nicht als zu indezent abgelehnt worden. (Abb. 7)

Die isolierte Reiterin ist aber, wie gesagt, nur die eine von zwei Möglichkeiten der bildenden Kunst, sich mit Zeus und Europa auseinanderzusetzen. Früh gewinnt daneben eine narrative Interpretation des Themas an Beliebtheit. Boccaccio hat in seiner Schrift „Von den fürnehmbsten Weibern" Ovids Bericht rationalisiert und auch christianisiert: Europa wird nicht von einem heidnischen Gott in Stiergestalt entführt, es ist vielmehr ein kretischer König, der unter stiergeschmückter Flagge zu Schiff den Raubzug vollführt und Europa in seiner Heimat zur Gemahlin nimmt. Dieses Textes von Boccaccio, um 1360 verfasst, der auf Fulgentius (um 500 n. Chr.) zurückgeht, bediente sich übrigens Mattia Verazi als Quelle, als er das Libretto zu Salieris Oper „Europa riconoscuta" verfasste, mit der 1778 und nach langer Restaurierung abermals 2004 die Scala von Mailand eröffnet wurde.

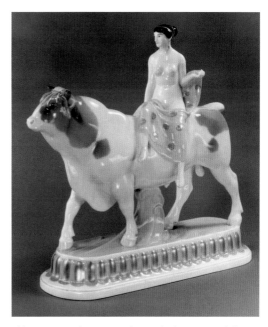

Abb. 7: Europa als Braut aus dem Hochzeitszug von Adolf Amberg, 1905, Königliche Porzellanmanufaktur Berlin 1909 (Kunstgewerbemuseum Berlin)

Ein Holzschnitt in der in Ulm 1473 gedruckten deutschsprachigen Ausgabe zeigt das Paar im Schiff von Phönikien aus in See stechen und auf Kreta einander zugewandt an Land schreiten. Hier klingt bereits eine Bildform an, deren Beliebtheit im 16. Jahrhunderts kulminiert, das so genannte Simultanbild. Im Süden ist es vor allem über eine mit Holzschnitten illustrierte Ausgabe von Ovids Metamorphosen aus dem Jahr 1497 verbreitet worden. (Abb. 8) Im humanistisch geprägten Italien, besonders in Venedig, Padua und Florenz, schätzte und las man Ovid als wichtigstes Kompendium antiker Mythen. Die illustrierte Ausgabe von Venedig wurde ihrem Verleger Zoane Rosso aus den Händen gerissen, so dass man in rascher Folge Nachdrucke und Varianten publizieren musste. (Abb. 8)

Der Vorteil der Simultandarstellung besteht darin, dass mehrere Passagen in einem Bild nacherzählt und auf einer Textseite gleichzeitig angesehen werden können. Mindestens fünf Szenen, in einem liegenden Oval angeordnet, lassen sich in der Holzschnitt-Illustration von 1497 unterscheiden. Links oben erteilt Zeus Merkur den Auftrag, die Rinder zum Ufer zu treiben, was dieser 2. links unten flöteblasend tut. Eine 3. Szene zeigt Europa und zwei Gefährtinnen mit dem gelagerten Stier beschäftigt, den 4. die Königstochter rechts im Bild bereits bestiegen hat. Im Hintergrund durchteilt schließlich 5. der Stier mit seiner Reiterin die Wellen, Kretas Türme bereits im Blick.

Die gedruckten Ovid-Ausgaben, die bald auch in französischer und deutscher Übersetzung folgten, sind deshalb so wichtig, weil ihre Illustrationen nicht nur den Leser freuten und bildeten, sondern Kunsthandwerkern aller Art als Vorlagen dienten. Simultanbilder eigneten sich z.B. in Friesgestalt für die langrechteckigen Vorderwände der Aussteuer- oder Hochzeitstruhen, die man gern mit prächtigen Malereien aufwertete. Die Europa-Fabel, an deren Ende die Vereinigung von Zeus und Europa steht, war verständlicherweise für den Anlass besonders beliebt. Hochzeitsgeschenke und Sammelobjekte anspruchsvoller Kunstliebhaber waren auch die wirkungsvollen Majoliken, die seit dem frühen 16. Jahrhundert zur Spezialität so mancher Stadt in Toskana und Umbrien wurden.

Abb. 8: Simultanbild zur Europa-Fabel, Holzschnitt-Illustration zu P. Ovidii Metamorphoses, Venedig 1497 (Kunstbibliothek Berlin)

Die Majolikamaler schufen auf weißglasierter Irdenware lebendige Bilder von hohem Reiz, und wenn sie auch graphische Blätter als Vorlagen verwendeten, so erhielten ihre Werke durch die leuchtende Farbigkeit doch ein ganz anderes prachtvolles Gesicht.

Die Illustratoren der Jahrzehnte um 1500 haben es verstanden, aus den Schilderungen der klassischen Dichter wirkungsvolle Bildmotive zu isolieren, kompositorische Möglichkeiten zu erproben und schließlich größere Künstler zur Beschäftigung mit dem Thema anzuregen. Zu Beginn des 16. Jahrhunderts nehmen sich Maler des Stoffes an, denen nichts ferner liegt als eine Textillustration. Einige der großartigsten Werke stammen von Venezianer Malern; wie für sie geschaffen ist das Thema von dem Ritt über das Meer, dessen Erscheinung unter dem hohen Himmel, vor den Bergketten der *terra ferma* ihnen so vertraut ist.

1562 übersandte Tizian eine „Europa sopra il tauro" als letztes Bild eines von König Philipp II. bestellten Ovid-Zyklus nach Spanien; heute ist es in Boston (Abb. 9). Wir haben ein Simultanbild vor uns – links am fernen Strand sind die aufgeregten Gefährtinnen zu sehen – aber den Blick fesselt doch nur die Gruppe aus Stier und wild agierender Frau auf seinem Rücken, die rechts einen großen Teil der Leinwand einnimmt. Nur ein göttlicher Wille kann Europa in dieser Pose, die in der Kunstgeschichte als „Pathoshaltung" bezeichnet wird, auf dem Rücken des Tieres halten, sie hat sich schon lange verzweifelt gebärdet, gestrampelt, gestikuliert - davon sind die Kleider verrutscht und gelöst, ein großes Stück Stoff flattert im Fahrtwind. Drama also, deutlich auch in der Position der Gruppe ganz vorn im Bild und fast schon aus dem rechten Bildrand hinausschießend, weil der Stier so rasche Fahrt macht. (Abb. 9)

Tizian selbst nennt das Europabild wie seine anderen Ovidinterpretationen für Philipp II. eine „poesia". Und es ist wohl auch nicht alles nur Drama und Verzweiflung. Da ist Ovids Stier: „Weiß ist die Farbe wie Schnee, den keinerlei Füße zertraten, [...] / [...] die Hörner [...] künstlich gedrechselt, [...] es wohnt auf der Stirn keine Drohung; das Auge / Schreckt nicht, die Miene ist friedlich." Und Europa? Viele Interpreten haben sich um Deutung bemüht, allen fällt die ambivalente Gestik des Mädchens auf, die zwar einerseits Verzweiflung andeuten, andererseits aber auch an die Haltung erinnern, in der in Tizians Danae den Gott Zeus als Goldregen empfängt. Einfühlsam

Abb. 9: Europa wird über das Meer getragen. Tizian (Tiziano Vecelli), Venedig um 1560 (Bildarchiv Foto Marburg)

schreibt der Kunsthistoriker Erwin Panofsky, es stehe ja einem sterblichen Mädchen, das von einem Gott davongetragen wird, wohl an, neben Furcht auch Verzückung zu zeigen (englisch „rapture") – Europa ist im doppelten Sinne der deutschen Sprache von diesem Stiere „hingerissen". Eine interessante Deutung hat Maurice Shapiro vorgeschlagen, danach ist Tizians Darstellung von der Philosophie der Stoiker beeinflusst und Europa auf der Suche nach dem Glück noch nicht erfolgreich. Das Heil liegt im stoischen Gleichmut, den zu erlangen vier Empfindungen erschweren, nämlich Furcht, Freude, Begierde und Schmerz. Diese Interpretation bezieht die Wesen rund um die Stiergruppe ein: Der Stachelfisch vorn unterhalb Europas bedeutet die Furcht, der links auf einem Delphin herumtobende Putto Freude und der über

ihm fliegende, mit Pfeil und Bogen sowie dem Gürtelband Europas bewaffnete Putto die Begierde. Der Bogen selbst bedeutet Schmerz.

Eine Komposition, so rätselhaft wie die Gestalt der Europa letztlich selbst, von grandioser malerischer Qualität, unvergesslich nicht zuletzt durch die wunderbare Farbigkeit der Landschaft, der Natur, von der das ungleiche Paar behütend umfangen wird.

Kupferstiche haben Tizians aufregende Poesia verbreitet und manchen späteren Künstler beeinflusst. Bei Guido Reni findet sich der zum Himmel gewandte Blick von Tizians Europa in einer barockisierten ekstatischeren Variante etwa hundert Jahre später wieder, in einer, im übrigen gänzlich anderen, reizvoll intimen Komposition. Man glaubt Moschos' Europa zu hören: „Wohin bringst

Abb. 10: Europa und Stier. F.Bartolozzi, Kupferstich nach Guido Reni, 2. Hälfte 17. Jahrhundert (Kupferstichkabinett Berlin)

Du mich, Gottstier?" und das zierliche Tier antwortend „Sehnsucht zu Dir hat mich getrieben [...]". (Abb. 10)

Nicht Tizian jedoch, sondern Paolo Veronese hat von den venezianischen Malern die folgenreichste erzählerische Komposition geschaffen. (Abb. 11) Auch er bedient sich der simultanen Darstellung mehrerer Phasen der Handlung: Man sieht Gefährtinnen und man sieht Europa aufsitzend und ein weiteres Mal winkend auf großer Fahrt. Den Blick aber fesselt die grandiose Darstellung, die mehr als die linke Hälfte des Bildes einnimmt. Ein bezauberndes junges Mädchen, mit gut erzogen gesenktem Blick, ist darauf bedacht, sich auf dem lagernden Stier in eine elegante Sitzposition zurechtzurücken. Eine Dienerin hilft ihr, die bauschigen Falten des stoffreichen Seidenrockes über das raue Fell zu ziehen, mit einer zweiten zupft sie das verzogene Mieder wieder in Position. Über der Gruppe lässt Veronese Putten mit Kränzen fliegen, üppige Früchte im Laub leuchten. Hinter Europa und dem Tier aber heben zwei weitere Gefährtinnen die Hände mit aufwärts gerichtetem Blick dahin, wo sie ein schmales Bauwerk erblicken, eine Pyramide, deren Unterteil und deren Spitze

von Bäumen verdeckt sind. Ikonologische Lexika des 17. Jahrhunderts lehren uns die Pyramide als Symbol des Zeus erkennen. Wer sich, wie die reiche und schöne Europa, mit irdischem Tand beschäftigt, der nimmt den Gott nicht wahr, nur dem zum Höchsten gewendeten Blick offenbart sich die Spitze der Schöpfung, Jupiter selbst. Europa, die sich bräutlich schmücken lässt, ahnt noch nicht, für wen. Erst beim Ritt über das Meer wird die Erkenntnis ihr dämmern.

Veroneses Gemälde von 1576/80 sollte als Allegorie einer ehelichen Verbindung verstanden werden. Es wurde zu einer Hochzeit in der vornehmen Familie Contarini bestellt. So trägt Europa hier kostbare Seidengewänder und feinen Schmuck; ihr Gesicht mag dem der Contarini-Braut gleichen. Veronese malt die Geschichte einer Huldigung: Vor der jungen und schönen Tochter aus fürstlichem Hause nimmt der mit hohen Würden ausgezeichnete Prätendent demütige Haltung, ja Gestalt an und „küsst, bis sie kommt, die ersehnte Wonne, die Hände des Mädchens" – hier ist es sogar das Füßchen.

Diese Beziehung aber, die Pyramide im Hintergrund sagt es deutlich, steht unter dem Schutz des höchsten Gottes.

Veroneses Interpretation der Poesia von der Prinzessin Europa, die bräutlich geschmückt und in arkadischer Landschaft von Liebesgöttern umschwärmt wird, fand raschen und dauerhaften Anklang. Auf sie gehen noch fast 200 Jahre später die Gemälde des französischen Louis Quinze zurück, bei denen das Bild der vom göttlichen Stier verführten Europa in eins verschmilzt mit dem der Toilette der sich schön machenden Venus. Boucher hat das Motiv mit unübertrefflichem Schmelz als höfische Szene ausgemalt, und sein Gemälde ist von der Manufacture Royale in Beauvais zu einem wandgroßen Bildteppich verwandelt worden: Ein ganz in Blumengirlanden versinkender Stier mit weichem Maul und feuchten Augen liegt inmitten mehrerer Mädchen, die mit weiteren Kränzen und Blüten nahen. Kokett und untätig hat sich die leicht geschürzte Götterbraut auf ihm niedergelassen, ein Amorknabe fliegt ihr auf den Schoß. Von Jupiters seltsamem Abenteuer sind die Geschöpfe des Meeres angezogen worden, die man im seichten Uferwasser spielen sieht; „die Nereiden tauchten aus dem Wasser auf [...] und klatschten vor Freude in die Hände. Auch die Tritonen und alle anderen Meeresbewohner [...], tanzten in Reigen um das Mädchen herum [...]".(Lukian)

Abb. 11: Europa wird geschmückt. Veronese (Paolo Cagliari), Gemälde-Kopie des 16./18. Jahrhunderts. Privatbesitz Würzburg

Die galante Auslegung des Themas gehörte zu einer Serie von neun Götterliebschaften, die Boucher im Auftrag der Marquise de Pompadour entwarf, und die das Leben am Hof von Versailles idealisieren sollte. Die Götterliebschaften wurden zur erfolgreichsten, mehrfach wiederholten Folge von Bildteppichen der Manufaktur im 18. Jahrhundert. Sie wirkte, wie einzelne Motive aus Bouchers Bildern im Kunsthandwerk aller Art nach, von der Bronzeuhr über das Porzellan bis zur Lackdose und zur Taschenuhr in Emailmalerei. (Abb. 12)

Neben solchen charmanten Galanterien französischer Meister finden sich aus anderen Ländern ganz andere Auslegungen der Fabel – hier sei nur noch eine pikant-zweideutige, und doch auch gutmütige holländische Interpretation genannt. Ein Amsterdamer Maler der Rembrandt-Zeit, Dirk Bleker, zeigt Europa im Damensitz hoch auf mächtigem Stier schwanken, den zwei Mädchen vom hochgelegenen Ufer nach vorn ins seichte Wasser

Abb. 12: Europa auf dem Stier, mit blitzeschleuderndem Zeus-Adler und Amorknaben, Malerei nach Motiven von François Boucher auf einer Schüssel der Königlichen Porzellanmanufaktur Berlin, um 1783 (Kunstgewerbemuseum Berlin)

treiben. Die rätselhafte Variante der üblichen Bild-formen offenbart sich als Paraphrase der hollän-dischen Redensart „mit einem Fuß in den Bach getreten" zu sein, einer Umschreibung für den Verlust der Jungfräulichkeit. Die beiden Mädchen raffen die Röcke, sie stehen bereits mit beiden Füßen fest in den Fluten und sind nun freundlich-sachlich dabei auch Europa auf ihrem Stier zur Jungfernfahrt zur verhelfen.

Genug der Beispiele, es gäbe noch eine unend-liche Zahl schönster Bilder zu zeigen. Hier aber und heute sollte der Ausflug zu Dichtung und bil-dender Kunst dem politischen Thema ja nicht mehr hinzufügen, als einen bunten Tupfer. Wenig scheinen Vasenmalerei und Bildhauerarbeiten, Holzschnittillustrationen und große Gemälde mit der Geschichte und der Aktualität, den Erfolgen und den unendlichen Schwierigkeiten auf dem Weg zu einem politisch und geistig geeinten Europa zu tun zu haben. Und doch: Jahrhunderte-lang schon haben sich Künstler darum bemüht, der schönen rätselhaften Europa der Mythen Ge-stalt zu verleihen, dagegen dauert der Einsatz für ein geeintes Europa der Nationen erst eine verschwindend kurze Spanne Zeit. Die Kunst beweist uns auch: Europa hat beileibe nicht nur ein Gesicht, ein Erscheinungsbild – Künstler haben schier unerschöpfliche Varianten ihres Charakters, ihres Temperamentes, ihrer Vorstel-lungen, Ängste, Hoffnungen, ihrer Schönheit ent-deckt. Die Maler erkannten, wie sehr sie um-schwärmt und umschmeichelt werden will, mit Blumengirlanden und goldenen Kutschen ver-wöhnt. Und sie zeichneten auch ihren Meister deutlich, als ein sanftes, liebenswertes Geschöpf von göttlicher Geduld, der in der klugen Gewiss-heit ruht, dass sein Moment doch kommen wird, zu dem er kräftig und willensstark Europa sachte, sachte davontragen wird auf den Ritt zu jenem Ufer, an dem sie ihr Glück finden und unsterblich werden wird.

In diesem Sinne: glückliche Fahrt, Europa! (Abb. 13)

Abb. 13: Entführung der Europa. Aristide Maillol, Holzschnitt-Illustration zu den Carmina des Horaz, Paris 1939 (Privatbesitz Berlin)

„Europa" in der Antike: Vom Mythos zum Erdteil

Eva C. Huller*

Blickt man auf ‚Europa' in der Antike, so muss zwischen der mythischen Figur ‚Europa' und der geographischen Bezeichnung für den Erdteil ‚Europa' differenziert werden. Erstmals namentlich genannt ist ‚Europa' zusammen mit ‚Asia' in Hesiods *Theogonie*, etwa 700 v. Chr., doch sind hier nicht Erdteile, sondern zwei Göttinnen, Töchter des Okeanos und der Thetys, gemeint.[1] Ebenfalls bei Hesiod, im *Frauenkatalog*, wird die tyrische Fürstentochter Europa zum ersten Mal namentlich erwähnt, erst im 6. Jahrhundert vor Christus ist ‚Europa' als Bezeichnung für den ganzen Erdteil belegt. Ursprünglich haben Erdteil und mythische Figur wohl nichts miteinander gemein.[2] Jedoch verfließen mit der Zeit die beiden getrennten Bereiche und in der Folge werden narrative, aber auch wissenschaftliche Verbindungsversuche zwischen geographischem Raum und mythischer Heroin hergestellt; ebenso alt sind auch die Ansätze, die Etymologie von ‚Europa' zu klären.

Der vorliegende Aufsatz will einen Überblick über die verschiedenen Verwendungen von Europa geben, das heißt die Frage nach der Etymologie, der geographischen Bedeutung und der Frage nach einer europäischen Identität, aber auch nach den Transformationen eines Mythos, der gerade in der Ikonographie bis in die Gegenwart wirkungsmächtig ist.

I. Etymologie

Für Varro, den gelehrten Grammatiker und Etymologen des ersten Jahrhunderts vor Christus, steht in *De lingua latina* 5,32 die Herkunft der Bezeichnung des Erdteils ‚Europa' unbestritten fest: Er sei nach der von einem Stier entführten Tochter Agenors benannt worden: *Europa (erg. dicta) ab Europa Agenoris, quam ex Phoenice Manlius scribit taurum exportasse*. Diese Auffassung findet sich mehr oder weniger explizit formuliert beispielsweise auch bei Moschos, Horaz und Ovid, die Verbindung zwischen mythischer Figur und Erdteil ist also durchaus verbreitet. Allerdings ist dieser etymologische Zusammenhang schon in der Antike nicht immer so gesehen worden; auch

der aktuelle Stand der Forschung geht davon aus, dass sich beide Namen aus unterschiedlichen Quellen entwickelten, jedoch im Genauen nicht zu klären sind.[3]

Von Herodot ist, noch vor dem Jahr 450 v. Chr., die früheste Überlegung zur Etymologie des Erdteils überliefert: Der ‚Vater der Geschichtsschreibung' lehnt dabei die Verbindung zwischen Mythos und Erdteilsbenennung ab, da die Europa des Mythos nur nach Kreta und somit nicht auf den Kontinent Europa gekommen sei:

Von Europa aber weiß kein Mensch, […] wer ihm den Namen Europa gegeben hat, wenn wir nicht annehmen wollen, dass von der Tyrierin Europa das Land seinen Namen bekommen hat. […] Aber diese Europa stammte offenbar aus Asien und ist nie in das Land gekommen, das man heute in Griechenland Europa nennt. Sie ist nur von Phönikien nach Kreta und von da aus nach Lykien gekommen.[4]

Daher wäre die Etymologie beider Namen getrennt zu untersuchen, doch ist er in keinem Fall endgültig zu erklären. Wohl schon hellenistisch ist der Versuch, das erste Element des Namens auf griechisch εὐρύς, ‚breit' mit indoeuropäischer Wurzel *ewer-, zurückzuführen. Führte man das zweite Element des Namens auf den Stamm ³p, ‚sehen', zurück, wäre Europa die ‚Weitsehende' oder ‚Breitäugige'. Allerdings stößt dies ebenso auf sprachwissenschaftliche Probleme wie ein anderer Ansatz mit der Rückführung des ersten Elementes auf εὐρής, ‚modrig, düster', was Europa zur ‚düster Blickenden' erklärte.[5] Auch der Bezug auf den Ereboj, die ‚Unterwelt', ist unwahrscheinlich.

Die phönikische Herkunft der mythischen Europa lässt semitische Wurzeln des Namens denkbar scheinen: Doch ist der Versuch, ihn auf die semitische Wurzel *crb* zurückzuführen, die etwa im hebr. *ereb* als ‚(Sonnen)untergang' bzw. ‚Abend' belegt ist, sprachwissenschaftlich ebenfalls zurückgewiesen: Auch hier ist die phonetische Erklärung ungelöst.[6] Milano weist noch auf εὐρωπώϛ, ‚finster', ‚abendlich' und daraus abgeleitet ‚untergehend' und ‚westlich', hin, was eine Verbindung zum Semitischen semantisch als nicht völlig unwahrscheinlich erscheinen lässt.[7] Es wäre auch die einzige Möglichkeit, den Erdteil und die phönikische Königstochter auf die gleichen sprachlichen Wurzeln zurückzuführen und würde der uralten Gliederung der Welt nach dem Lauf der Sonne in Morgen- und Abendland entsprechen. Doch ist die Konstruktion linguistisch problematisch. So gilt, dass der Name zwar formal griechisch anmutet, seine vorgriechischen Wurzeln jedoch nicht sicher zu identifizieren sind.[8]

II. Die Expansion eines geographischen Begriffs und die Frage nach einer ‚europäischen Identität'

Was die Frage nach der geographischen Verwendung des Begriffs ‚Europa' angeht, ist in der historischen Entwicklung eine eindrucksvolle Erweiterung des damit bezeichneten Gebiets zu konstatieren: Bei der ersten Erwähnung im homerischen Apollon-Hymnos, der wohl in die zweite Hälfte des 7. Jh. v. Chr. zu datieren ist – also erst nach den frühesten Zeugnissen des Mythos bei Homer und Hesiod –, bezeichnet ‚Europa' nur den Teil des griechischen Festlands, der nicht die Peloponnes ist, also Mittelgriechenland, Thrakien und Makedonien;[9] bis in die Spätantike ist die Bezeichnung ‚Europa' für Thrakien nachweisbar.[10] Auch bei Herodot findet sich diese Verwendung, doch erweitert er auch die Bedeutung:[11] Wo er die geographische Ausdehnung und Lage Europas mit der Asiens vergleicht, kommt er zu dem Schluss, dass Europa größer sei;[12] er muss also ein größeres Gebiet als Thrakien, nämlich das gesamte Gebiet bis zum Atlantik miteinbezogen haben. Erstmals löst Anaximander von Milet ‚Europa' eindeutig von Griechenland und bezeichnet damit das Gebiet nördlich des Mittelmeers.[13] Anaximanders Schüler Hekataios stellt dann im ausgehenden 6. Jahrhundert Asia und Europa gegenüber, wenn er den beiden Büchern der *Periegesis* zu seiner Erdkarte die Titel ‚Asia' und ‚Europa' gibt.[14]

Diese radikale Ausweitung des Begriffs mag durch die griechischen Kolonisierungen zwischen dem 8. und 6. Jh. v. Chr. zu erklären sein, wodurch auch die neuen Gebiete und so die Regionen bis hin zum Atlantik langsam unter dem Begriff Europa zusammengefasst wurden. Die genaue geographische Abgrenzung nach Süden mit dem Mittelmeer und nach Westen mit dem Atlantik ist dabei ohne Schwierigkeit; die genaue Natur des Nordens war lange unbekannt. Problematisch ist jedoch die Festsetzung der Ostgrenze und so die Abtrennung zu Asien; hierfür werden etwa der Tanais (Don), der Phasis (Rion), die Maiotis (Asowsches Meer) oder der Kimmerische Bosporus herangezogen.[15]

So existiert eine um das Mittelmeer zentrierte Dreiteilung der Welt in Africa/Libya, Asia und Europa; oft aber findet sich auch unter Verzicht auf Africa nur die Zweiteilung der Welt in ‚Orient' und ‚Okzident'; die Welt ist damit in Europa und Asia gegliedert: Im Hintergrund der Dominanz der Zweiteilung steht einerseits die Trennung der Welt in den Bereich des Sonnenauf- und Sonnenuntergangs, andererseits aber eine auf kriegerische Auseinandersetzungen der Griechen mit den Persern zurückgehende Antithetik in der griechischen Sicht der Welt.

Die Frage, ob die Antike bereits so etwas wie das Bewusstsein europäischer Identität besaß, ist umstritten.[16] Schon allein durch die Verwendung des Begriffes, der seine Bedeutung nur langsam auf den gesamten Kontinent ausweitet, ist dies schwierig. Immerhin gibt es so etwas wie eine politische Identität nicht; Griechenland umfasst selbst mit den Kolonien nicht annähernd das gesamte mit ‚Europa' bezeichnete Gebiet, das Imperium Romanum ist mit seinen auch weit in Africa und Asien gelegenen Provinzen eher um das Mittelmeer zentriert zu verstehen als ‚europäisch'.

Eine Identität in anthropologischem und in der Folge auch kulturellem Sinn entwickelt sich allerdings in Selbstverständniserklärungen der Griechen im Zug der Perserkriege.[17] Durch die Polarisierung zu Asien wird einerseits eine Abgrenzung zu den Feinden hergestellt, andererseits auch eine Begründung für den griechischen Herrschaftsanspruch gegeben. Dafür wird der Krieg gegen die Perser in eine bis in mythische Zeit zurückreichende Tradition gestellt, die den trojanischen Krieg und sogar noch ihm vorausgehende Ereignisse wie den Raub Ios, Europas und Medeas beinhaltet.[18]

Der Gegensatz der Erdteile dient dabei primär politischen Zwecken, indem eine griechisch-europäische Identität in Abgrenzung zum militärischen Feind konstruiert wird, ohne dass damit zunächst eine kulturelle Identität begründet wäre. Ideell wird dies aber insofern aufgeladen, als die Auseinandersetzung zum Kampf zwischen westlicher Freiheit und östlicher Despotie erklärt wird. Herodot stellt die Freiheit als europäische politische Erfindung Asien gegenüber, wo despotische Tyrannis herrsche.[19] Aus der Freiheit Europas wird dann in einem anthropologischen Transfer die Tapferkeit und militärische Leistungsfähigkeit der Europäer erklärt.[20] Geradezu eine anthropologische „Europa-Idee" wird daraus in der 420 v. Chr. entstandenen, unter dem Namen des Hippokrates überlieferten Schrift *De aeribus aquis locis*, insb. 12ff.,[21] in der aus den natürlichen Gegebenheiten die Charaktere der Bevölkerung erklärt werden und so auch eine Differenzierung zwischen Europa und Asien vorgenommen wird. Den Europäern wird dabei wegen der klimatisch und geographisch bedingten schwierigeren Lebensumstände Tapferkeit und Fleiß und damit die physische und psychische Überlegenheit über die anderen Völker zugewiesen, während die geographischen und klimatischen Annehmlichkeiten die Asiaten zwar schön und gut ernährten, aber auch verweichlichten. Aristoteles entwickelt dies in der *Politik* fort und löst dabei die Griechen aus dem Kontext Europas: Als Volk in der Mitte zwischen Europa und Asia besäßen sie die Tapferkeit der Völker Europas und die geistige Leistungsfähigkeit der Asiaten, was so die Überlegenheit der Griechen erklärte.[22]

Diese Antithetik zwischen Asien und Europas erweist sich als höchst wirkungsmächtig: Der Tragödiendichter Aischylos erklärt die Perser zur ,gesamten Macht der in Asien Geborenen', die nach Europa zögen,[23] die Schriftsteller Thukydides, Isokrates und Theopomp zeigen, dass das Konzept der Zweiteilung der Welt bis in die Makedonenzeit wirksam war.[24] Als schließlich die Makedonen unter Philipp begannen, Asien und damit die Perser zu unterwerfen, spricht Isokrates von der notwendigen Vorherrschaft Europas über das barbarische Asien.[25] Diese wird durch die Eroberungszüge Alexanders durchgesetzt, doch verschwimmen mit der Ausdehnung des Reiches bis nach Indien die ideologisch aufgeladenen Grenzen. Ein politischer Gegensatz besteht seit dem Hellenismus, da das Alexanderreich und später auch das römische Reich sich bis weit nach Asien erstrecken, nicht mehr, auch wenn immer wieder bei Auseinandersetzungen mit kleineren Herrschaftsgebieten im Osten diese Vorstellung zitiert wird. Der Geograph Strabo spricht im 1. Jh. n. Chr. in den *Geographica* von der Überlegenheit Europas, da es sowohl politisch als auch anthropologisch den anderen Völkern überlegen sei; die kriegerische Expansion des römischen Reiches kann er so als Kulturleistung feiern.[26]

Nahezu topisch existiert außerdem bei den Römern eine Differenzierung zwischen Ost und West: Dem Östlichen haftet immer der Ruf des Verweichlichten, Prunkvollen und Luxuriösen an, der dem sittenstrengen und kargen Leben im Westen gegenübergestellt wird; dies geht so weit, dass Quintilian dies in der *Institutio* (12,10,16ff.) auch auf die Rhetorik überträgt und attizistischen und asianischen Stil anthropologisch und geographisch begründet. Propagandistisch wird der Gegensatz im Lebensstil insbesondere in der Auseinandersetzung um die Nachfolge Caesars zwischen Octavian und Antonius instrumentalisiert, ohne jedoch grundsätzlich ideologisch zu werden;[27] allerdings findet sich, wenn römische Autoren diesen Gegensatz thematisieren, meist nicht die Bezeichnung ,Europa', sondern ,Italia', das Pars pro toto für den gesamten Westen steht.[28]

Eine richtige Idee von Europa, die zur Identitätsstiftung der ganzen europäischen Bevölkerung gedient hätte, da sie auf bestimmten Werten oder kulturellen Leistungen beruhte, existierte allerdings in der Antike nie; auch die verschiedenen religiösen Richtungen hielten sich nie an geographische Grenzen, sodass es eine modernem Verständnis entsprechende „europäische Identität" nicht gab.[29]

III. Europa – Transformationen eines ,einfachen' Mythos

Die „Arbeit am Mythos" von Europa reicht einerseits weit zurück und macht das Geschehen zum Gemeingut im Bildungswissen der Antike – Ovid kann in *Fasti* 5,604 einfach von einer *fabula nota* sprechen –, andererseits sind zum Europa-Mythos allein nur wenige Texte vollständig überliefert, und diese entstanden erst in hellenistischer Zeit. Dass der Mythos sehr populär war, beweisen die zahlreichen bildlichen Darstellungen; die früheste Abbildung der auf dem Stier reitenden Europa ist ins 7. Jh. zu datieren. Der Europa-Mythos zählt überhaupt zu den Mythen, bei denen die „Arbeit am Mythos" in der bildenden Kunst die literarische „Arbeit am Mythos" beeinflusst.[30] Früh steht jedoch der narrative Kern fest, der traditionsbildend bis in die Neuzeit wirkte. Abstrahiert lässt sich das Geschehen wie folgt zusammenfassen:[31]

In Phönikien, dem heutigen Libanon, geht Europa, Tochter des phönikischen Königs, mit ihren Freundinnen ans Meer, um zu spielen und Blumen zu pflücken.[32] Dort erblickt sie Zeus und er verliebt sich augenblicklich in sie. In den populären Fassungen verwandelt sich der Gott selbst in einen Stier und tritt den Mädchen in dieser Gestalt entgegen. Diese spielen mit ihm, bis Europa es sogar wagt, auf den Stier zu steigen. Sofort läuft dieser weg zum Meer und trägt das Mädchen nach Kreta.[33] Dort verwandelt sich der Stier wieder in Zeus und zeugt mit Europa den Minos, Rhadamanthys und Sarpedon.[34] Manche Fassungen des

Geschehens berichten noch, sie habe dann den kretischen König Asterion geheiratet.

Schon außerhalb des eigentlichen Europa-Mythos steht, dass Europas Vater seine Söhne aussendet, die Tochter zurückzuholen, und ihnen verbietet, ohne ihre Schwester heimzukehren. So gründet Europas Bruder Kadmos, als seine Suche fehlschlägt, aus der Not heraus Theben und kehrt nicht mehr in seine Heimat zurück. Der Europa-Mythos wird damit Teil der Vorgeschichte des thebanischen Sagenkreises und kann so auch in den weiteren Kreis der Dionysos-Mythen einbezogen werden. Zudem wird, indem Kadmos eine wichtige griechische Stadt gründet, auch der Siedlungszug von Asia nach Europa eindeutig gemacht; Kadmos' Schwester Europa gelangt ja nur bis nach Kreta und damit nicht auf das europäische Festland.

1. Die vorhellenistischen Zeugnisse

Dass die Fabel alt ist, beweist, dass sie bereits in der *Ilias* wie selbstverständlich vorausgesetzt wird; dort spricht Zeus in einem Katalog seiner Liebschaften von der *Tochter des weitberühmten Phoinix, /die mir gebar den Minos und den gottgleichen Rhadamanthys*.[35]

In knapper Form, ohne jede Ausschmückung, wird das gesamte Geschehen von Hesiod im *Frauenkatalog* erzählt: die Verwandlung des Zeus in einen Stier, die Begegnung mit Europa auf der Wiese, der Seeweg nach Kreta und die Geburt von Minos, Rhadamanthys und Sarpedon. Eine Besonderheit dieser Fassung ist, dass Zeus Europa eine Kette zum Geschenk macht. Auch lyrische Fassungen existierten: Fragmente von Stesichoros, Simonides und Bakchylides weisen darauf hin, dass der Europa-Mythos von ihnen behandelt wurde.[36]

Von den Tragikern wird der Stoff nur en passant behandelt: Immerhin findet sich in Aischylos' *Die Karer oder Europa* aus der ersten Hälfte des 5. Jahrhunderts, die entgegen dem Titel den Schwerpunkt auf Europas Sohn Sarpedon legen, eine Rede Europas, von der 24 Verse erhalten sind. Diese thematisiert aus der Perspektive Europas die Entführung durch Zeus; allerdings ist dies sehr knapp dargestellt, der Schwerpunkt liegt auf dem Ende, der Geburt dreier Kinder als Überleitung zu Sarpedon; das Geschehen des Dramas ist bereits Teil der Nachgeschichte des narrativen Kerns des Mythos von Europa: Diese hat Kreta verlassen und lebt in Lykien; im Moment des Monologs wird Europa von der Sorge um ihren Sohn Sarpedon gequält, da er auf der Seite Trojas gegen die Griechen kämpft.

Schon früh beginnt man auch, das mythische Geschehen des Frauenraubs von Asien nach Kreta zu rationalisieren und den Gott aus dem Geschehen zu eliminieren. Belegt ist dies erstmals bei Herodot am Beginn der *Historien* (1,1f.). Dort wird die Entführung Europas als Rache der Griechen an den Phönikiern erklärt, nachdem diese Io nach Ägypten entführt hätten. Hier findet sich auch erstmals die Konfrontation zwischen ,Europa' und ,Asien' im militärischen Sinne, indem die Konflikte der Griechen mit den Persern eine Erklärung finden. Kritisch gegenüber dem phantastischen Geschehen ist auch Palaiphatos, dessen 15. *Unglaubliche Geschichte*, wohl aus dem 4. Jh. v. Chr., das Geschehen dadurch erklärt, dass ein Kreter mit dem sprechenden Namen Tauros die tyrische Königstochter entführt habe.

2. Moschos – die erste vollständig überlieferte Geschichte

Die früheste ausführliche und vollständige Darstellung des Geschehens ist erst in dem aus dem 2. Jh. v. Chr. stammenden, 166 Hexameter umfassenden *Europa*-Epyllion des Moschos von Syrakus überliefert.[37] Hier wird der Mythos ohne Rationalisierungsversuche in eleganter und zugleich einfacher Weise dargestellt. Das Epyllion besitzt dabei einen ausgeprägt intertextuellen Charakter: Stilistisch zeigt es generell eine enge Anlehnung an Homer, so dass vordergründig weniger die für den Hellenismus charakteristische poetische Originalität als das Prinzip der Imitatio berühmter ,klassischer' Texte vorliegt.[38] Innerhalb der Traditionsgeschichte des Europa-Mythos kommt der *Europa* des Moschos in jedem Fall hohe Bedeutung zu, da sie das erste vollständig überlieferte literarische Dokument des Mythos ist, das zugleich auf die folgenden Transformationen des Mythos gewirkt hat.[39]

Zu dem oben genannten Handlungskern des Mythos tritt hier zu Beginn ein von der Liebesgöttin Aphrodite gesandter Traum Europas; da dieser außer bei Moschos in keiner weiteren Fassung des Mythos überliefert ist, ist der Dichter selber als Erfinder dieses Elements anzusehen. In dem Traum treten weibliche Personifikationen der Erdteile Asia und Europa auf (v. 8–15):

es schien ihr, als stritten sich zwei Erdteile um sie, Asien und der gegenüberliegende; sie hatten die Gestalt von Frauen; die eine von ihnen sah aus wie eine Fremde, die andere glich einer Einheimischen, und (diese) klammerte sich fester an (sie als) ihr Kind, wobei sie sagte, sie hätte sie selbst geboren und aufgezogen. Die andere aber zog (das Mädchen) mit der Gewalt ihrer starken Hände (zu sich), ohne dass es sich sträubte, denn sie sagte, nach dem Willen des ägishaltenden Zeus sei ihr Europa als Ehrengabe bestimmt.[40]

Mit Asia, dem Herkunftsland Europas, ist dabei die eine Frau namentlich genannt, während die zweite Frau nur als die ‚gegenüberliegende‘ bezeichnet ist. Für den wissenden Leser ist klar, dass im weiteren Verlauf des Geschehens, das Europa nach Kreta führen wird, diese Leerstelle mit dem Namen des Kindes gefüllt werden wird. So tritt Moschos indirekt dafür ein, mythische Figur und Name des Erdteils in Zusammenhang zu sehen. Im Ringen beider Frauen und der Passivität Europas in dem Streit zeigt sich, dass Europa beiden zugewandt ist; Asia ist gleichsam ihre ‚Mutter‘, während sie sich zu der anderen Frau hingezogen fühlt, wie sie dies später auch gegenüber Zeus tut.[41] Die Lösung von der Mutter Asia weist auch darauf voraus, dass Europa bei Moschos später kaum Heimweh verspürt. Der Traum steht in seiner Motivik in einer langen Tradition: Das Motiv der Auseinandersetzung zweier Frauen, welche die Erdteile Europa und Asien personifizieren, findet sich auch im Traum Atossas in den *Persern* des Aischylos, in dem der Untergang der persischen Flotte prophezeit wird. Das Motiv ist hier verbunden mit dem Traum einer jungen Frau von ihrer eigenen Zukunft, den man aus der Epik kennt: Der Traum Nausikaas in der *Odyssee* und Medeas in den *Argonautica* des Apollonios Rhodios.[42] Als Europa erwacht, ist sie von dem Traum kurz verwirrt, blickt aber sogleich mit gewisser Zuversicht darauf. Sie erkennt in ihm eine göttliche Ankündigung ihrer Zukunft: *Mögen mir nur die Götter den Traum zum Guten erfüllen!*

Als weiterer Verweis auf das weitere Geschehen, den Europa allerdings nicht erkennt, ist die wohl ebenfalls von Moschos erfundene Ekphrasis des Korbes zu lesen,[43] mit dem Europa im Anschluß an den Traum zur Küste geht, um Blumen zu sammeln (v. 44ff.): Auf ihm ist mit der Geschichte der Io – die Verbindung zu diesem Mythos stellte bereits Herodot her – Zeus' Liebe zu ihr unter veränderten Vorzeichen vorweggenommen: Im Io-Mythos wird die Geliebte des Gottes vom

Menschen zum Rind, in der Europa-Fabel verwandelt sich der Gott selbst in das Tier.[44]

Dann folgt das Spiel am Strand, die Täuschung und Entführung durch Zeus sowie die Seefahrt unter Begleitung der Seegötter. Dieses Seecortège nimmt großen Raum ein; durch seinen Prunk macht es die Überfahrt zu einem Hochzeitszug. In seiner Freude spiegelt sich auch die auffällige Gelassenheit Europas wider, die mit Ausnahme von v. 111f. und v. 132ff., als sie ihre Heimat nicht mehr sieht, den Stier nach dem Ziel fragt. Nur kurz klagt sie, ihre Heimat und Eltern verlassen zu haben; dann äußert sie wie zu Beginn nach dem Traum die Hoffnung auf ein glückliches Ende und bittet zuversichtlich Poseidon als Gott des Meeres um eine glückliche Fahrt (v. 149–152). Noch auf dem Meer gibt sich Zeus in der Antwort zu erkennen; die Rede dürfte wiederum eine Erfindung des Moschos sein.

Indem Moschos eine doppelte Trennung Europas von ihren Eltern nennt, erst von Asia, dann von ihren leiblichen Eltern, wird der Mythos auch zur Geschichte der Emanzipation der Tochter und der Initiation einer jungen Frau. Zwischen Europa und dem Stier herrscht eine deutliche sexuelle, wenn auch unbewusste Anziehung vor, die wohl als Erfindung des Moschos anzusehen ist[45] und damit dem Epyllion seinen eigenständigen wie hellenistischen Charakter verleiht.[46] Moschos' Europa zeigt sich durchaus selbstbewusst und überschreitet die traditionelle Frauenrolle; über die erotischen Situationen, die im Grunde bereits mit dem Traum beginnen, ist sie nie entsetzt, sondern sucht, „Naivität mit Koketterie gepaart"[47], geradezu die Begegnung mit Zeus; allerdings ist dies nicht der Emanzipation, sondern einem typisch hellenistischen, ironisch-spielerischen Umgang mit dem Mythos zuzuschreiben.

Es folgt die Ankunft auf Kreta und die Rückverwandlung des Zeus; in *einem* Vers fasst Moschos noch Brautlager und Mutterschaft Europas zusammen, ohne jedoch die Namen ihrer Kinder zu nennen; seine Gestaltung des Mythos ist ganz konzentriert auf Europa, deren Geschichte in ihrem Kern hier zu Ende ist.

3. Europa als Spiegel für Galatea: Horaz, c. 3,27

Aus der Perspektive der geraubten Europa nimmt Horaz das Geschehen im c. 3,27, das 23 v. Chr. herausgegeben wurde, in den Blick. Die Ode beginnt in den ersten sechs Strophen mit der Variation der Gattung Propemptikon, eines Abschiedsgedichts anlässlich einer Reise; gerichtet ist es an Galatea, die vom lyrischen Ich vor einer Reise gewarnt wird, es handelt sich also vielmehr um ein ,Dyspemptikon'[48]. Mit teils elegischen Topoi argumentiert hier ein Liebhaber, der zwischen guten Wünschen für die Reise, Warnung vor der wilden See und der impliziten Klage, zurückgelassen zu werden, schwankt.

Als Beispiel für das schlimme Ende einer Fahrt über das Meer, durch die zugleich die Geliebten verlassen werden, wird dann, „in der Tat überraschend"[49], ab der siebten Strophe der Mythos von Europa angeführt. Kompliziert ist dabei das genaue Tertium comparationis, schließlich verlässt Europa nur unter Zwang ihre Heimat und Eltern, während Galatea freiwillig den Liebenden zurücklässt.[50]

Die Erzählung des mythischen Geschehens beginnt entsprechend dem Ende der Apostrophe an Galatea mit einem Bericht über die Seereise und die Grauen der nächtlichen See. Von Europa und dem Stier erfährt man nichts; Europas Körperhaltung und das Verhalten des Stiers, was durch den großen Einfluss der bildenden Kunst ein nahezu topisches Element in Transformationen des Europa-Mythos ist, bleiben ungenannt; lediglich die angespannte psychische Verfassung Europas – *palluit audax* (v. 28) – wird indirekt angesprochen. Von dem lustigen Meeresvolk, das bei Moschos Europa begleitet, findet sich keine Spur, stattdessen wird eine schroffe Antithetik zwischen der idyllischen Vergangenheit am Strand – zweimal wird das Motiv des Blumenpflückens (v. 29 und 44) aufgenommen – und der Gegenwart der finsteren Nacht und dem unheimlichen Meer hergestellt: *nuper in pratis – nocte sublustri*. Die Einsamkeit auf dem Meer – *nihil astra praeter / vidit et undas* (v. 31f.) – zitiert Moschos, v. 133, wird hier aber ganz im Kontext der Warnung an Galatea eingesetzt, wodurch sich überhaupt die ernste Stimmung des Geschehens erklärt; die Topoi der Idylle und der spielerische Beiklang des Epyllions von Moschos fehlen bei Horaz.

Bei der Ankunft am Strand Kretas gibt sich Jupiter nicht sofort zu erkennen, sondern der Stier verschwindet offenbar einfach.[51] Die v. 34–66 sind ein langer Klagemonolog der am Strand von Kreta gerade angekommenen – *quae simul centum tetigit potentem /oppidis Creten* – und von dem Stier verlassenen Europa, der voller Selbstvorwürfe ist. Einen Monolog Europas kennt auch Moschos, v. 135–152, doch die Konzentration auf das Motiv

der verlassenen Geliebten ist in der Tradition des Europa-Mythos neu und bleibt in der Folge auch singulär.[52] Dabei weist nicht nur der Ort, sondern auch der Stil Einfluss von Catulls c. 64 und Ariadnes Klage am Strand von Naxos auf,[53] was dieser Gestaltung des Europa-Mythos neben heroischtragischen Zügen[54], die durch die Einsamkeit und den pathetischen Stil und Inhalt ihrer Worte hervorgerufen werden, auch leise parodistische Züge einträgt.[55]

Auffällig an der Gestaltung des Geschehens durch Horaz ist, dass Europa sich selbst die Schuld an ihrer Einsamkeit gibt: Ihre *pietas* sei von *furor* besiegt worden, sie spricht von *culpa* und *vitia*; außerdem nennt sie sich zweimal *inpudens* und *vilis*, da sie ihren Vater und ihre Heimat verlassen habe. Diese Selbstbezichtigung weist insbesondere durch *furor*, *impudens* und *vilis* darauf hin, dass sie sich selbst beschuldigt, sich im Liebeswahn zu schnell gefügt zu haben; damit überschritt sie die traditionellen Verhaltensgrenzen einer guten Tochter und Frau, eine Transgression ihrer Rolle, die Fraenkel vornehm als „nicht ladylike"[56] bezeichnet. Vorwürfe an den Stier treten in den Hintergrund, mit *credidit* erklärt sich Europa selbst zur leichtgläubig Handelnden und allein verantwortlich für ihre Lage. Dass sie sich aber am Höhepunkt des tragischen Monologs pathetisch den Tod wünscht, übersteigt ihr Vergehen bei weitem und verleiht dem Ganzen Ironie.

Deutlich ist darin die von dem lyrischen Ich mit dem mythischen Beispiel verfolgte Absicht zu spüren: Es warnt Galatea, die offenbar einem anderen Mann folgt, davor, von diesem verlassen zu werden; daraus erklärt sich auch die elegische Stimmung und der Einfluss Catulls.[57] Ein Raub Europas wenigstens teilweise gegen ihren Willen, wie es der Tradition entspricht, stünde im Widerspruch zu Kontext und Absicht der mythischen Einlage.

Am Ende baut Horaz durch den Auftritt der Venus, die das Geschehen scheinbar inszeniert hat, eine weitere, teils ironische Distanz, zu dem Geschehen auf.[58] Der Auftritt der Liebesgöttin ist so überraschend wie vorher nicht motiviert; er könnte auf Catulls c. 64 zurückgehen, doch auch auf Moschos, wo die Liebesgöttin Europa den anfänglichen Traum sendet und Zeus in Liebe zu Europa verfallen lässt.[59] Dass Zeus bei Horaz nicht selbst spricht, weist darauf hin, dass er in diesem Moment abwesend ist.

Venus, *perfidum ridens* (v. 66), ist nicht ohne Spott gegenüber Europa, die sie auffordert, *ira* und *rixa*, also eine rein jähzornige Meinungsverschiedenheit, zu mäßigen, die nur auf ihr Nicht-Wissen zurückgingen: Als Grund führt sie an, dass sie die *uxor invicti Iovis* sei und *tua sectus orbis nomina* tragen werde, dass sie also die Gattin Jupiters sein und der Hälfte der Welt ihren Namen geben werde. Die Ode endet also mit der Engführung von mythischer Figur und der Benennung des Kontinents. Hier löst sich Horaz auch vom vorausgehenden parodistischen Spott und aus dem engeren Bezugsrahmen zu Galatea; hier kehrt seine Darstellung des Mythos zu der Fassung, wie sie Moschos, insb. v. 165f. darstellt, zurück.

4. Drei Transformationen Ovids

Ovid nimmt den Europa-Mythos dreimal auf: Zweimal in den *Metamorphosen* – 2,836–3,2 und 6,103–7 – sowie in den *Fasti* 5,605–18 zum 14. Mai. Er setzt jeweils verschiedene Akzente, die bestimmt sind durch den jeweiligen Kontext: Die erste Stelle in den *Metamorphosen* bildet den Übergang von den ersten beiden Büchern, die Liebesgeschichten der Götter gewidmet sind, zum thebanischen Sagenkreis; die zweite Stelle ist die Beschreibung eines Webwerks Arachnes. In den *Fasti* wird der Europa-Mythos zur Begründung des Sternbilds ,Stier' und so eines Katasterismos. Eine Chronologie der Entstehung kann nicht festgestellt werden, da die *Fasti* und *Metamorphosen* zeitgleich etwa zwischen 2 und 8 n. Chr. entstanden.

Der Europa-Mythos als Liebesepyllion und mythisches „Scharnier" (met. 2,836–3,2)

Im zweiten Buch der *Metamorphosen* bildet der Europa-Mythos einerseits den Abschluss des zweiten Buches, damit aber andererseits die Überleitung zu Europas Bruder Kadmos und zum Thebanischen Sagenkreis, der das dritte Buch der Metamorphosen prägt.[60]

In dieser ersten und längeren Stelle in den *Metamorphosen* wird das gesamte Geschehen des Mythos zwischen heimatlichem Strand und Kreta skizziert, der Weg über das Meer aber erstaunlich kurz gefasst. Die Episode beinhaltet zwei Verwandlungen, wobei die in das Geschehen integrierte temporäre Metamorphose des Jupiter in einen Stier das Hauptgewicht trägt; sie wird aber wie die Rückverwandlung so kurz geschildert, dass sie unter den anderen Verwandlungssagen eine Sonderrolle einnimmt;[61] die erste Nennung des Europa-Mythos ist weniger wegen der Metamorphose als wegen des auf diese Weise ermöglichten Übergangs von einem Sagenkreis zum anderen bewusst ans Ende des zweiten Buches gestellt worden.

Ovid konzentriert sich zu Beginn lange auf den Göttervater, der sich spontan in Europa verliebt, Merkur als Helfer herbeiruft und sich in einen prachtvollen Stier verwandelt. Bis v. 858 reicht diese Passage, die nicht ohne Ironie ist: Der Erzähler kommentiert die Metamorphose mit spottender Kritik: *nec in una sede morantur / maiestas et amor* – ,würdiges Ansehen und Liebe vertragen sich nicht': Amor macht selbst aus dem Herrscher über die Götter einen verliebten Tölpel. In ironischem Gegensatz dazu steht die Beschreibung des Stieres: Eine auffällige Veränderung zu Moschos[62] ist dessen Farbe, der nun schneeweiß statt goldbraun ist und so äußerlich zusätzlich geadelt wird (met. 2,852; Moschos, v. 84).

Daran schließt sich das Spiel des Stiers auf der Wiese mit den Mädchen an. Auch hier hat der Stier die aktive Rolle inne, während Europa nur reagiert und nie selbst initiativ ist. Dass der Stier *amans* ist, *voluptas* zeigt, *oscula* gibt und *vix cetera differt*, weist auf eine hoch erotische Konnotation des nur scheinbar harmlosen Spiels hin, das über das Liebeswerben, so weit dies ein Stier eben kann, beinahe schon hinausgeht und zum Liebesspiel wird.

Das Werben hat denn auch Erfolg: Europa steigt auf seinen Rücken und so beginnt spät, erst in v. 870, mit der ,Seefahrt' der locus classicus des Mythos, der nur knapp abgehandelt wird: Jegliches Meeres cortège fehlt, nur kurz beschreibt Ovid noch die Haltung Europas, die sich mit einer Hand an den Hörnern festhält, während die andere auf dem Rücken des Stiers liegt und der Wind das Gewand aufbläht. Die Landung auf Kreta und die Rückverwandlung werden erst in den ersten beiden Versen des dritten Buches kurz angedeutet, die Vereinigung von Zeus und Europa fehlt ganz; stattdessen folgt die Überleitung zu Kadmos, der seine Schwester sucht.

Der Hauptakzent dieser Bearbeitung des Mythos liegt damit eindeutig auf dem Liebeswerben Jupiters, so dass das Epyllion, charakteristisch für das zweite Buch der *Metamorphosen*, eine kleine Liebesgeschichte eines Gottes darstellt, dessen unwissendes Opfer Europa ist.

Das Kunstwerk Arachnes (met. 6,103–7): Die Seefahrt

Die zweite Stelle in den *Metamorphosen*, die Ekphrasis eines von Arachne gewebten Teppichs, ist wohl von der häufigen Darstellung des Mythos in der bildenden Kunst beeinflusst. Dabei können die fünf Verse nur eine skizzierende Wiedergabe des Kunstwerks sein; neben seiner Lebensechtheit – *verum taurum, freta vera putares* – wird nur Europa, als sie vom Stier übers Meer getragen wird, in den Blick genommen. In dieser Fassung spielt Jupiter überhaupt keine Rolle; nur ein *taurus* wird in den ersten beiden Versen zweimal erwähnt; auch fehlt jegliche ironische Kommentierung. Der Blick gilt ganz Europa: Zunächst entschuldigt diese Fassung Europa gegen den Vorwurf der Leichtfertigkeit, denn sie sei *elusam*, also getäuscht worden. Zu dem Freispruch Europas trägt auch bei, dass sie im sehnsüchtigen Bewusstsein, ihre Heimat verlassen zu haben, gezeigt wird: *terras spectare relictas / et comites clamare suas* zeichnet in auffallendem Parallelismus ihre Körperhaltung nach und zeigt sie zur libyschen Küste zurückgewandt, was in Ovids erster Metamorphosen-Stelle fehlte. Eine weitere reizvolle Variation zur vorausgehenden Stelle ist, dass Europa vor dem heraufspritzenden Wasser die Hände schüchtern-furchtsam erhebt und sich nicht mehr an Horn und Stierrücken festhält.

Der Katasterismus des Stiers in den Fasti (5,605–18)

Dies variiert und steigert die Fassung der *Fasti*, eigentlich eine Aitiologie des Sternbildes Stier.[63] Nun hält Europa mit der rechten Hand die Mähne, mit der linken Hand ihr Gewand; dazu hebt sie die Füße zum Schutz vor der Gischt; außerdem bauscht der Wind ihr Gewand und Haare. Dadurch entsteht ein vollendetes Abbild von *decus*, das der in den Stier verwandelte Zeus auf seinem Rücken leider nicht sehen kann, was der Erzähler denn auch in ovidischer Ironie kommentiert: *sic fueras aspicienda Iovi*. Jupiter aber nimmt als Stier bereits in seinen Neckereien Elemente des Liebesspiels voraus, taucht unter und erschreckt so einerseits Europa, zwingt sie andererseits aber, sich noch besser festzuhalten und eine noch engere Berührung der Körper herzustellen; davor scheut witzigerweise Europa weniger zurück als vor der Berührung mit dem Nass. Die Situation ist in ihrer

ironisch gezeichneten Erotik wohl ein genuin von Ovid stammendes Element.[64]

Die Szene endet mit der Ankunft auf Kreta, wo Jupiter sich sofort zu erkennen gibt; die angekündigte Aitiologie des Sternbilds wird in einem Halbvers eingelöst, da der Stier, der somit keine dauerhafte Identität mit Jupiter besitzt, in den Himmel auffährt; zuvor besteht allerdings die Identität beider, ihre Trennung erfolgt erst auf Kreta. Der Aitiologie des Sternbilds Stier gelten jedoch nur knapp die zwei Eingangsverse, den Schwerpunkt bildet die *fabula nota* der Europa. Der Hauptakzent liegt dabei auf der ‚Seefahrt' und so indirekt auf dem zum Gestirn erhobenen ‚Schiff': Die Handlung setzt ein, da Jupiter bereits als *taurus* mit Europa das Meer überquert, denn darin besteht die besondere Leistung des Stiers;[65] so erfolgt durch die Fabel indirekt eine Begründung der Verstirnung.[66]

Die Geschichte endet damit, dass Europa von Jupiter Mutter wird und einem Drittel der Welt ihren Namen gibt, was in dreifacher Alliteration – *tuum terrae tertia* – hervorgehoben ist. Zusätzlich zur Aitiologie des Sternbilds Stier gibt die Stelle der *Fasti* damit auch eine Erklärung des Namens des Kontinents.

5. Die Mittlere Kaiserzeit und Spätantike

Auftakt zum Liebesroman: Europa bei Achilles Tatios

Der Liebesroman *Leukippe und Kleitophon* des Achilles Tatios aus dem 2. Jh. n. Chr. beginnt mit der Beschreibung eines Kunstwerks, das Europa auf dem Stier zeigt. Die Passage ist somit nach den *Metamorphosen* Ovids ein weiterer Beweis dafür, dass Darstellungen der bildenden Kunst auch die Transformation von Mythen so weit beeinflussen, dass die Ekphrasis wieder zum literarischen Kunstwerk wird.

Am Anfang der Romanhandlung kommt der Erzähler nach Sidon, wo er ein Votivgemälde findet: Es zeigt die von dem Stier über das Wasser getragene Europa, während am Bildrand der Strand und die Gefährtinnen zurückbleiben.[67] Eine pointierte Veränderung zu den vorausgehenden Transformationen ist die Rollenverteilung: Europa lenkt den Stier und ist von der erotisch konnotierten Opferrolle gänzlich befreit, obgleich ihre Darstellung immer noch sehr sinnlich gehalten ist und der Topik der Situation folgt:

Mitten auf seinem Rücken saß das Mädchen, nicht rittlings, sondern seitwärts nach rechts, wobei die Beine geschlossen blieben; mit der Linken hielt sie sich am Horn fest, so wie ein Wagenlenker den Zügel hält, und der Stier gehorchte diesem Zügel und hatte seinen Kopf leicht in die Richtung gewandt, in welche die Hand zog.

Diese Rollenverkehrung hin zur verführenden, ‚die Zügel in der Hand haltenden‘ Frau und dem hingerissenen männlichen Liebhaber, was auf eine epigrammatische Tradition zurückgeht,[68] kommentiert denn auch der Betrachter und Ich-Erzähler:

Dieses Bild nun entzückte mich in seiner Gesamtheit. Da ich aber meinerseits stets ein leichtes und williges Opfer des Liebesgottes war, betrachtete ich besonders eingehend die Szene, wie Eros den Stier am Gängelband führte; und es entfuhr mir die Bemerkung: „Wie beherrscht doch ein so kleines Kind Himmel und Erde und Meer!"

Dies bildet die Überleitung zur eigentlichen Handlung des Romans, der, typisch hellenistisch, aus einer Reihe von Episoden besteht, die Elemente des Liebes-, Reise- und Abenteuerromans verbinden. Männliche Hauptfigur ist Kleitophon, der dem Erzähler vor dem Bild begegnet und auf dessen oben zitierte Beschreibung des Bildes antwortet: „Davon wüsste ich ein Lied zu singen, bei der Menge von Prüfungen, die mir Eros aus Mutwillen auferlegte."

Allerdings ist das Tertium comparationis zwischen mythischer Handlung und Romanhandlung sehr konstruiert: Während das Liebespaar Leukippe und Kleitophon im Roman, durch den Zufall getrennt, durch die Welt getrieben wird und erst nach langen Wirren wieder zusammenfindet, so verläuft die Liebesgeschichte zwischen Jupiter und Europa ohne Hindernisse. Lediglich das Motiv der weiten Reise verbindet den Mythos mit der Romanhandlung, die in ihrem weiteren Verlauf auch nicht mehr auf das mythische Eingangsbild zurückkommt.

Lukian: Ein Seespektakel

Ebenfalls aus dem 2. Jahrhundert stammt das 15. und letzte *Gespräch der Meeresgötter* Lukians. Auch hier sind neben dem Einfluss literarischer Vorbilder Werke der bildenden Kunst einflussreich gewesen.[69] Dem Werktitel entsprechend liegt das Hauptaugenmerk auf den Seewesen, die die Überfahrt nach Kreta begleiten und sich bereits bei Moschos finden. Der Raub wird bei Lukian zum Liebesprunkzug, an dem neben Eroten auch Tritone, Neptun und Amphitrite sowie sogar Aphrodite selbst teilnehmen. Gebrochen ist das Geschehen durch seine Darstellung im Dialog der Windgötter Zephyr und Notus: Da Notus das Schauspiel verpasst hat, berichtet ihm Zephyr davon.

Nonnos: Der Europa-Mythos als Vorgeschichte des Dionysos-Mythos

Die letzte große antike Fassung des Mythos ist eine auf zwei Passagen aufgeteilte, insgesamt 134 Verse[70] umfassende Darstellung in den *Dionysiaka* des Nonnos aus dem 5. Jh., dem letzten großen erhaltenen griechischen Epos, das dennoch weitgehend in Vergessenheit geraten ist. Im Zentrum steht Dionysos, seine Flucht nach Indien und die Auseinandersetzung mit Deriades, was verbunden ist mit einer ausführlichen ‚Biographie‘ des Gottes. Die ersten acht Bücher bilden eine thebanische Genealogie, an deren Beginn die Europa-Handlung steht; sie dient als Hinführung zu Theben und seiner Gründung durch Europas Bruder Kadmos; erst im siebten Buch tritt mit der Geburt des Dionysos der Titelheld auf.

Die Beschreibung eines Kunstwerks, das Europa auf dem Stier zeigt, bildet den Eingang des Epos und dient der Einstimmung des Lesers auf das folgende Geschehen. Neben Einflüssen der bildenden Kunst ist die Kenntnis des Moschos sicher.[71] Das Geschehen geht sofort medias in res und verzichtet auf jegliche Vorgeschichte; selbst die Annäherung zwischen Stier und Europa am Strand ist eigentlich schon vorbei;[72] die Handlung beginnt damit, dass Eros Europa auf den Rücken des in einen Stier verwandelten Zeus hebt (v. 48–53). Dann beginnt der Schwerpunkt der Darstellung, die dem Seeweg gewidmet ist: Die Seegötter und ein nochmals außerhalb dieses Geschehens stehender Seemann zeigen verschiedene Blickwinkel auf die Fahrt Europas auf dem Stier.

Man darf wohl auch hier eine phantasievolle Ausgestaltung einer bildlichen Darstellung annehmen, die Nonnos inspirierte. Auffällig ist die mehrfach verwendete Schiffsmetapher für den Stier, dessen Hörner Europa wie ein phdΘlion, ein Steuer, hält. Der Raub erhält so gleichsam zivilere Züge und wirkt wie eine Seefahrt auf einem ungewöhnlichen Schiff. Im übrigen folgt die Darstellung der bekannten Ikonographie: Während

Europa sich am Stier festhält, wird ihr Gewand vom Wind gebauscht, so dass sie ‚halbnackt' (ἡμιφανής) über das Meer getragen wird. Sie ist dabei selbstbewusst gezeigt; v. 85 und 89f. erklären Europa ausdrücklich als den Stier lenkende und gleichsam Steuerfrau des Stierschiffes, deren Schönheit den Göttinnen des Cortèges gleichkommt. Ab v. 126 folgt ein von Moschos[73] inspirierter Monolog Europas. Dieser zeigt sie ohne Angst, nur *en passant*, nicht weiter motiviert und eher topisch, ist v. 56 von Klage die Rede, was dadurch begründet ist, dass Europa plötzlich Heimweh bekommt: Sie erkennt, dass sie ihre Eltern nie wiedersehen wird, und ahnt, dass ihr die Hochzeit mit dem Stier bevorsteht. Beherrscht wird der Monolog von der Klage über ihre Entführung und der Beschimpfung des Stieres; diesen spricht Europa allerdings nicht direkt an, sondern sie wendet sich an den Windgott Boreas, wie sie sich bei Moschos an Poseidon wendet.

Ehe die Ankunft auf Kreta dargestellt wird, schiebt Nonnos eine recht unvermittelte Zwischenepisode ein, die die Suche des Kadmos nach Europa erzählt. Erst nachdem etliche seiner Etappen genannt wurden, was die zeitliche Erstreckung der Überfahrt des Stieres nach Kreta in eine unrealistische Länge zieht, folgt ab v. 321 die Landung auf Kreta. Ein neuer Akzent, den Nonnos dem Geschehen gibt, ist, dass Hera Zeugin des Geschehens ist und in einem langen Monolog den Io-Mythos mit ins Spiel bringt, den Moschos in der Ekphrasis dargestellt hatte.

Erst nach diesem Einschub kommt es v. 344 zur Rückverwandlung des Stieres in Zeus; während des Liebeswerbens und Liebesspiels des Gottes bleibt Europa völlig passiv. Am Ende steht der Katasterismos des Stieres, in dessen Gestalt Zeus (v. 356) am Himmel steht; etwas verwirrend geht Nonnos hier von einer partiellen Identität von Tier und Gott aus. Der Europa-Mythos endet bei Nonnos damit, dass aus der Verbindung von Zeus und Europa zwei Kinder hervorgehen und Europa den kretischen König Asterion heiratet.

IV. Schluss

Betrachtet man die überlieferten Fassungen des Mythos, so zeigt sich, dass hier nahezu keine ‚Arbeit am Mythos' im Sinne Blumenbergs[74] stattgefunden hat; nach ihm würde diese Arbeit bedeuten, dass der Mythos auch an sein Ende erzählt wird, also eine Fassung entsteht, in der der Kerngehalt so weit abgewandelt ist, dass der Mythos nur noch gerade zu erkennen ist. Im Fall des Europa-Mythos ist jedoch das Geschehen bei allen Autoren in seinem Grundaufbau identisch; Variationen finden lediglich in Details und Rahmenhandlungen wie etwa bei Moschos im eingefügten Traum statt. Der Ablauf bleibt jedoch dadurch unverändert. Mit ein Grund dafür mag sein, dass der Kern der Fabel stark kondensierbar ist: Zeus als Stier bringt Europa nach Kreta – Variationen dieser kurzen Geschichte sind dabei nur in der Rahmenhandlung möglich.

Für die Dichter und Mythographen ist spätestens seit dem Hellenismus die Interpretation dieser Entführung über die Grenze zwischen Erdteilen hinweg klar: Indem zwischen der Bezeichnung des Erdteils und der mythischen Figur Europa keine Differenzierung mehr stattfindet, wird die mythische Fahrt von Ost nach West über das Meer gleichsam zu einer Aitiologie des Kontinents. Im Hintergrund können natürlich weitere Bedeutungsebenen hinzutreten, etwa die Genealogie des Dionysos, die Aitiologie des Sternbilds Stier oder auch erotische Aspekte wie bei Horaz oder Ovid. Selbst diese aber enden dann wieder mit der Aitiologie des Kontinents.

Literaturverzeichnis

Textausgaben, Übersetzungen, Kommentare

Zur besseren Zugänglichkeit der Texte für Nicht-Philologen sind nach Möglichkeit zweisprachige Ausgaben genannt

Achilles Tatius: Leukippe und Kleitophon. Griechisch-deutsch, hg. von Karl Plepelits. Stuttgart 1980.

Aischylos: Tragödien und Fragmente. Übs. und hg. von Oskar Werner. Reinbek b. Hamburg 1966.

Apollodor: La bibliothèque. Ed., trad., Annot., Komm. von Jean Claude Carrière; Bertrand Massonie. Paris 1991.

Apollonios von Rhodos: Das Argonauteneops. Hg., übs. und erl. von Reinhold Glei und Stephanie Natzel-Glei. Darmstadt 1996.

Ps.-Eratosthenes. In: Mythographi Graeci. Volume III, Fasc. I. Rec. Alexander Olivieri. Leipzig 1897.

unbek.: Übs. von Immanuel Musäus in: Mythos Europa (a.a.O.), S. 11.

Die Europa des Moschos (Moschos). Winfried Bühler. Wiesbaden 1960 (Hermes Einzelschriften; 13).

Moschos: Europa. Ed. with introd. and commentary Malcolm Campbell. Hildesheim u.a. 1991 (Altertumswissenschaftliche Texte und Studien; 19).

Hippokrates: Über die Umwelt. Hg. und übs. Hans Diller Berlin 1970 (Corpus medicorum Graecorum I 1,2).

Herodot: Historien. Griechisch-deutsch hg. von Josef Feix. 5. Aufl. Zürich 1995.

Hesiod: Sämtliche Gedichte. Übers. und erl. von Werner Marg. Zürich; München 1984.

unbek.: Theogonia. Fragmenta selecta. Ed. Reinhold Merkelbach et Martin L. West. Oxford 1970.

Hippokrates: Tome II,2: Airs, eaux, lieux. Ed. et trad. Jacques Jouanna. Paris 1996.

Homer: Ilias. Mit Urtext und Anhang, übertr. von Hans Rupé. Darmstadt 1989.

Horaz: Sämtliche Werke. Lateinisch und deutsch. Hg. von Hans Färber. Düsseldorf; Zürich 1993.

Hyginus: Fabulae. Ed. Peter K. Marshall. Stuttgart; Leipzig 1993.

Lukian: Die Hauptwerke. Griechisch-deutsch hg. von Karl Mras. 2. Aufl. München 1980.

Nonnos: Dionisiaca. Ed. W.H.D. Rouse. 3 Bde. griechisch-englisch. London; Cambridge 1940.

unbek.: Die Dionysiaka des Nonnos. Übs. v. Thassilo von Scheffer. 2 Bde. München 1929–1933.

Ovid: Fasti. Festkalender. Auf der Grundlage der Ausgabe von Wolfgang Gerlach neu übersetzt und herausgegeben von Niklas Holzberg. 2. Aufl. Düsseldorf; Zürich 2001.

unbek.: Metamorphosen. Übersetzt und herausgegeben von Michael von Albrecht. Stuttgart 1994.

unbek.: Metamorphosen. Kommentar von Franz Bömer. 7 Bde. Heidelberg 1969–1986.

Palaiphatos: Die Wahrheit über die Griechischen Mythen. Palaiphatos' Unglaubliche Geschichten. Übs. und hg. von Kai Brodersen. Stuttgart 2002 (rub; 18200).

Mythos Europa. Texte von Ovid bis Heiner Müller. Hg. Almut-Barbara Renger. Leipzig 2003.

Wissenschaftliche Literatur

Amiotti, Gabriella: L' Europa nella polemica tra Erodoto e la scuola ionica. In: L' Europa nel mondo antico (a.a.O.), S. 49–56.

Andrews, P.B.S.: The Myth of Europa and Minos. In: Greece and Rome, Zweite Serie 16 (1969), S. 60–66.

Belloni, Luigi: I "Persiani" di Eschilo tra Oriente e Occidente. In: L' Europa nel mondo antico (a.a.O.), S. 68–83.

Berres, Thomas: Zur Europaode des Horaz. In: Hermes 102 (1974), S. 58–86.

Berve, Helmut: Der Europa-Begriff in der Antike. In: Gestaltende Kräfte der Antike. Aufsätze zur griechischen und römischen Geschichte. München (1949), S. 170–187.

Bühler, Winfried: Europa II (mythologisch). In: RAC Bd. VI, Sp. 980–985.

unbek.: Europa. Ein Überblick über die Zeugnisse des Mythos in der antiken Literatur und Kunst. München 1968.

Cassola, Filippo: Il concetto di Europa nelle fonti classiche. In: Integrazione mescolanza rifiuto. Incontri di popoli, lingue e culture in Europa dall' antichità all'umanesimo. Atti del convegno internazionale, Cividale del Friuli, 21 – 23 settembre 2000. Ed. Gianpaolo Urso. Roma 2001 (Centro Ricerche e documentazione sull' antichità classica. Monographie; 22), S. 9–15.

Chevallier, R.aymond: L'Europe dans les textes géographiques grecs et latin. In: D' Europe à l' Europe (a.a.O.), S. 39–54.

Cobet, Justus: Europa und Asien – Griechen und Barbaren – Osten und Westen. Zur Begründung Europas aus der Antike. In: Geschichte in Wissenschaft und Unterricht 47 (1996), S. 405–419.

Cosi, Dario M.: Europa: Sposa, madre regina. In: L' Europa nel mondo antico (a.a.O.), S. 27–36.

Demandt, Alexander: Europa: Begriff und Gedanke in der Antike. In: Imperium Romanum. Studien zu Geschichte und Rezeption. Festschrift für Karl Christ zum 75. Geburtstag. Herausgegeben von Peter Kneissl und Volker Losemann. Stuttgart 1998, S. 137–157.

D' Europe à l' Europe, vol. I : Le Mythe d'Europe dans l' art et la Culture de l' Antiquité au XVIIIe siècle. Actes du colloque tenu à l' ENS, Paris (24 – 26 avril 1997). Textes réunis par Rémy Poignault et Odile Wattel – De Croizant. Tours 1998 (Collection Caesarodunum XXXI bis).

B.W.W. Dombrowski: Der Name Europa auf seinem griechischen und altsyrischen Hintergrund. Ein Beitrag zur ostmediterranen Kultur- und Religionsgeschichte in frühgriechischer Zeit. Amsterdam 1984.

Effe, Bernhard: Die Destruktion der Tradition: Theokrits mythologische Gedichte. Rheinisches Museum 121 (1978), S. 48–77.

Epperlein, Siegfried: Zur Bedeutungsgeschichte von „Europa", „Hesperia" und „Occidentalis" in der Antike und im frühen Mittelalter. In: Philologus 115 (1971), S. 81–92.

Fischer, Jürgen (1957): Oriens – Occidens – Europa. Begriff und Gedanke „Europa" in der späten Antike und im frühen Mittelalter. Wiesbaden (Veröffentlichungen des Instituts für Europäische Geschichte Mainz; 15).

Fraenkel, Eduard: Horaz. Darmstadt 1963.

Gauger, Jörg-Dieter: Einheit, Vielfalt, Bürgergesellschaft – griechische Lebensform und europäische Identität. Europa; Europe. In: Gymnasium 112 (2005), S. 1–18.

Grattarola, Pio: Il concetto di Europa alla fine del mondo antico. In: L' Europa nel mondo antico (a.a.O.), S. 174–191.

Günther, Linda-Marie: Die römische Expansion und der Europa-Begriff im 2. Jh. v. Chr. In dies. (Hg.): Die Wurzeln Europas in der Antike – Bildungsballast oder Orientierungswissen? Berlin u.a. 2004 (Sources of Europe; 1), S. 53–72.

Guthmüller, Bodo: Europe – continent et mythe antique. In: D' Europe à l' Europe (a.a.O.), S. 155–162.

Harrison, Stephen J.: A Tragic Europa ? Horace, Odes 3,27. In: Hermes 116 (1988), S. 427ff.

Hartog, Francois: Fondements grecs de l'idée d'Europe. In: Quaderni di storia 43 (1996), S. 5–17.

Khan, Akbar: The Birth of the European Identity. The Europe-Asia Contrast in Greek Thought 490–322 B.C. Nottingham 1994 (Nottingham Classical literature studies; 2).

Kilpatrick, R.S.: Remember Us, Galatea. Horace carm. 3,27. In: GB 3 (1975), S. 191–209.

Kuhlmann, Peter: Moschos' Europa zwischen Artifizialität und Klassizismus. Der Mythos als verkehrte Welt. In: Rheinisches Museum für Philologie 147 (2004), S. 276–293.

Landucci Gattinoni, Franca: L' Europa nei libri xviii – xx di Diodoro. In: L' Europa nel mondo antico (a.a.O.), S. 113–123.

Létoublon, Françoise: Le rêve d'Europe chez Moschos et l'identité européenne. In: D' Europe à l' Europe (a.a.O.), S. 81–90.

L'Europa nel mondo antico. Ed. Marta Sordi. Mailand 1986.

Levi, Mario Attilio: L' Europa e il mondo di Alessandro Magno e di Cesare. In: L' Europa nel mondo antico (a.a.O.), S. 145–154.

Luciani, Ferdinando: La presunta origine semitica del nome Europa. In: L' Europa nel mondo antico (a.a.O.), S. 12–26.

Manfredi, Valerio: L' Europa nella Tabula Peutingeriana. In: L' Europa nel mondo antico (a.a.O.), S. 192–198.

Milani, Celestina: Note etimologiche su »Europe«. In: L' Europa nel mondo antico (a.a.O.), S. 3–11.

Momigliano, Arnaldo: Europa als politischer Begriff bei Isokrates und den Isokrateern. In: Isokrates. Hrsg. von Friedrich Seck. Darmstadt 1966 (Wege der Forschung), S. 128–138 [erstm. 1933].

Mora, Fabio: L' etnografia europea di Erodoto. In: L' Europa nel mondo antico (a.a.O.), S. 57–67.

Münkler, Herfried: Europa als politische Idee. Ideengeschichtliche Facetten des Europabegriffs und deren aktuelle Bedeutung. In: Leviathan 19 (1991), S. 521–541.

Olshausen, Eckart: Europe – Mythos, Geographie und Politik. In: Die Wurzeln Europas in der Antike. Bildungsballast oder Orientierungswissen? Hg. Linda-Marie Günther. Berlin u.a. 2004 (Sources of Europe; 1), S. 1–14.

Pagden, Anthony (Hg.): The idea of Europe. From Antiquity to the European Union. Cambridge 2002 (Woodrow Wilson Center series).

Pfligersdorffer, Georg: Europa (I) (geographisch). In: RAC Bd. VI (1966), Sp. 964–980.

Prandi, Luisa: Europa e i Cadmei: la „versione beotica" del mito. In: L' Europa nel mondo antico (a.a.O.), S. 37–48.

Reeves, B.T.; Murgatroyd, Paul: Europa in Ovid's Fasti. In: Studies in Latin Literature and Roman history XII. Hg. Carl Deroux. Brüssel 2005 (Collection Latomus; 287), S. 230–233.

Robertson, Martin: Europe (I). Myth. In: Lexicon Iconographicum Mythologiae Classicae (LIMC), Bd. IV 1. Zürich und München 1988, S. 76–92.

unbek.: Europe (II). Personified Continent. In: Lexicon Iconographicum Mythologiae Classicae (LIMC), Bd. IV 1. Zürich und München 1988, S. 92.

Rosen, Klaus (Hg.): Das Mittelmeer – die Wiege der europäischen Kultur, Bonn 1998.

Schmiel, Robert: Moschos' Europa. In: Classical Philology 76 (1981), S. 261–272.

unbek.: The style of Nonnos' Dionysiaca. The rape of Europa (I. 45–136) and the battle at the Hydaspes (22.1 – 24.143). In: Rheinisches Museum für Philologie 141 (1998), S. 393–406.

Sordi, Marta: Europa e Occidente nel mondo classico. In: D' Europe à l' Europe (a.a.O.), S. 55–60.

unbek.: Integrazione, mescolanza, rifiuto nell' Europa antica: Il modello greco e il modello romano. In: Integrazione mescolanza rifiuto. Incontri di popoli, lingue e culture in Europa dall' antichità all'umanesimo. Atti del convegno internazionale, Cividale del Friuli, 21 – 23 settembre 2000. Ed. Gianpaolo Urso. Roma (Centro Ricerche e documentazione sull' antichità classica; Monografie 22), S. 17–26.

Syndikus, Hans Peter: Die Lyrik des Horaz. Eine Interpretation der Oden. 3. Aufl. Darmstadt 2001, Bd. II, S. 220–330.

The Idea of European Community in History. Conference Proceedings. Athens: National and Capodistrian University of Athens, Greek Ministry of Education and Religious Affairs 2003. Vol. I ed. E. Chrysos and P. M. Kitromilides, Vol. II ed. K. Buraselis and K. Zoumboulakis.

Vanotti, Gabriella: Aristotele: Dall' affermazione geografica alla dissoluzione politica dell' idea d' Europa. In: L' Europa nel mondo antico (a.a.O.), S. 105–112.

Wattel-De Croizant, Odile: Les mosaiques représentent le mythe d'Europe (Ier-VIer siècles). Evolution et interpretation des modèles grecs en milieu romain. Paris 1995.

Whitby, Mary: From Moschos to Nonnos. In: Studies in the Dionysiaca of Nonnus. Ed. Neil Hopkinson. Cambridge 1994 (The Cambridge Philological Society, Suppl.; 17), S. 99–155.

Zahn, Eva: Europa und der Stier. Würzburg 1983.

Zecchini, Giuseppe: Polibio, la storiografia ellenistica e l' Europa. In: L' Europa nel mondo antico (a.a.O.), S. 124–134.

unbek.: L' idea di Europa nella cultura del tardo impero. In: L' Europa nel mondo antico (a.a.O.), S. 160–173.

Anmerkungen

* Unter Beratung von Winfried Bühler, dem ich sehr herzlich danke.

[1] Hesiod: Theogonie v. 357ff.

[2] Es wäre denkbar, wenngleich wenig wahrscheinlich, dass der Personenname auf das Land übertragen oder das Land personifiziert wurde, vgl. Demandt, S. 13.

[3] Vgl. zur Etymologie Bühler: Europa, S. 39f. und 43ff., Dombrowski, Milani, Luciani, Dilani.

[4] Herodot: Historien 4,45.

[5] Vgl. Milani, S. 3ff.

[6] Vgl. Dilani, S. 8ff.

[7] Euripides: Iphigenie in Tauris, v. 626. – Vgl. auch Milani, S. 10 mit weiteren Belegen; dezidierter lehnt Luciani in einer überblicksartigen Auseinandersetzung mit der vorliegenden Forschung diese Hypothese ab.

[8] Bühler: Europa, S. 44, Milani, S. 7.

[9] Hom. Hymn. in Apollinem, v. 251 und 291.

[10] In Thrakien ist auch der Kult für eine Göttin mit dem Namen ,Europa' nachgewiesen, es ist aber wahrscheinlicher, dass auf diese erst im Nachhinein der Mythos der phönikisch-kretischen Europa übertragen wurde (Olshausen, S. 3f.), oder aber, dass beide unabhängig voneinander existierten und dann in Zusammenhang gebracht wurden (Bühler: Europa, S. 40f.)

[11] Herodot: 6,43f. und 7,8.

[12] Herodot: 4,36ff. – Vgl. zur Geographie Europas bei Herodot Mora.

[13] Vgl. Rosen, S. 13.

[14] Die Fragmente der griechischen Historiker. Ed. Felix Jacoby. Bd. I A, S. 16ff. – Zum Vergleich mit Herodot siehe Amiotti.

[15] Vgl. Olshausen, S. 5.

[16] Für eine europäische Identität treten ein: Momigliano, Cobet, Koch und Sordi.

[17] Schon im ersten Buch differenziert Herodot 1,4,4 zwischen Asien, von den Persern bewohnt, und dem von Griechen bewohnten Europa. Vgl. auch Cassola und Sordi.

[18] z.B. Herodot 7,50 und 8,108f.; Isokrates: Helena, 51; Diodor 37,1 und Vergil, Aeneis 7,223f.

[19] Aristoteles: Politik 1252b8, er zitiert Euripides: Iphigenie in Aulis v. 1400.

[20] Herodot: 7,101ff.

[21] Rosen formuliert sogar vorsichtig, es „könnte Pseudohippokrates Europa als ethnologische Einheit herausgestellt haben."

[22] Aristoteles: Politik 7,1327b20ff. – Zur Entwicklung des Konzeptes von Europa bei Aristoteles vgl. Vanotti (1986).

[23] Aischylos: Perser, v. 12 u.ö. zu Asien, v. 799 zu Europa.. Eine ähnliche Koinzidenz zwischen Griechenland und ganz Europa formuliert auch Herodot 7,50, wenn Xerxes verkündet, die Perser würden als „Herren ganz Europas" zurückkehren.

[24] Vgl. Demandt, S. 141ff.

[25] Isokrates: Philippus (orat. 5), 132.

[26] Strabo: Geographica 2,5,26.

[27] Vgl. Vergil: Aeneis 8,685ff., Properz 4,6,19.

[28] z.B. Varro: De re rustica 1,2,3; Plinius: Naturalis Historia 3,5,2. Vgl. Rosen, S. 22ff. und Demandt, S. 146f.

[29] Demandt, S. 150ff.

[30] Zu Europa in der bildenden Kunst vgl. Bühler, Zahn, Robertson und Wattel-De Croizant. Darstellungen des Mythos, insbesondere der auf dem Stier reitenden Europa, sind zahlreich überliefert. Wesentlich seltener sind Personifikationen des Erdteils, hier ist Europa zudem immer im Kontext mit wenigstens einem der anderen Kontinente abgebildet, vgl. Robertson: Europe (II).

[31] Wesentliche Variablen sind der genaue Ort der Entführung (Tyros oder Sidon), der Name ihres Vaters (Phoinix oder Agenor) und ob Zeus selbst zum Stier wurde oder der Stier nur ein Hilfsmittel des Zeus war: Vor allem dann, wenn am Ende der Geschichte auch der Katasterismos des Stieres steht, wird so die Trennung am Ende zwischen Gott und Tier vorbereitet; allerdings ist auch dieser Zusammenhang keine Voraussetzung, wie etwa Ovid in den *Fasti* zeigt. – Vgl. zu den Unterschieden der einzelnen Fassungen Bühler: Europa, S. 7ff.

[32] Das Motiv des Raubs eines blumenpflückenden Mädchens hat sein Pendant im Raub Persephones durch Hades.

[33] In der Beziehung zu Kreta vermutet Andrews, S. 60 in einer astronomischen Lesart des Mythos eine Dublette zwischen der Europa- und der Pasiphae-Figur.

[34] Der ältere Plinius berichtet in der *Naturalis historia* 12,11 davon, dass in der Nähe von Gortys eine Quelle und Platane an dem Ort gestanden habe, wo die Vereinigung von Zeus mit Europa stattfand. Dies belegt, dass das Geschehen in der Antike nicht nur als mythische Fiktion gesehen wurde.

[35] Homer: Ilias 14,321f.

[36] Vgl. Bühler, S. 18f.

[37] Das Werk wurde eher vernachlässigt; wegweisen sind immer noch Einleitung und Kommentar der Ausgabe von Bühler; dazu existieren einige Aufsätze: Schmiel untersucht vor allem formale Aspekte, Kuhlmann legt den Schwerpunkt auf die Intertextualität, Whitby auf die Moschos-Rezeption bei Nonnos.

[38] Vgl. z.B. Webster, S. 153ff.

[39] Horaz, Nonnos, Achilles Tatios; Kuhlmann weist den formalen Einfluss auf die symmetrische Gestaltung von Catulls c. 64 (Peleus und Thetis) auf.

[40] Moschos, v. 8–15 (Übs. Bühler).

[41] Eine psychoanalytisch geprägte philologische Interpretation des Traums bietet Walde, S. 202ff.; Kuhlmann, S. 277 spricht explizit von einer erotischen Anziehung Europas zu der Personifikation Europas.

[42] Vgl. zur Intertextualität des Traums Bühler, S. 27ff., Walde, S. 202ff., Kuhlmann, S. 282ff. und Schmiel, S. 266f.

[43] Bühler, S. 28.

[44] Vorbild ist wieder Homer, diesmal *Ilias* 18,478ff. und die Schildbeschreibung Achills – Vgl. zu den Vorverweisen bei Moschos Kuhlmann, S. 280f.

[45] Bühler, S. 27.

[46] Kuhlmann, S. 287.

[47] Kuhlmann, S. 291f.

[48] Berres, S. 84.

[49] Syndikus, S. 229.

[50] Daraus resultiert die umstrittene Frage nach der inneren Kohärenz und künstlerischen Geschlossenheit der Ode: Diese Zweiteilung hat zu Differenzen bei ihrer Bewertung geführt, vgl. dazu im Überblick Harrison, Anm. 1.

[51] Berres, S. 79 erklärt diese Neuerung des Horaz als Voraussetzung für die folgende „groteske Umgestaltung des traditionellen Mythos" und das ,'Redepaar' Europa-Venus".

[52] In dieser Rede der verlassenen Europa projiziert das lyrische Ich die Situation der verlassenen Galatea: Europa spricht hier, wie Berres, S. 67 und 81 dazu feststellt, gewissermaßen so, wie die verlassene Galatea sprechen würde.

[53] Vgl. ausführlich dazu Syndikus, S. 236.

[54] Vgl. dazu Harrison, S. 430ff.

[55] Vgl. zur Ironie erzeugenden Spannung zwischen Stil und Inhalt Bühler, S. 23 und Berres, S. 85f.

[56] Fraenkel, S. 232.

[57] Vgl. Syndikus, S. 237f.

[58] Berres, S. 82 erklärt die Rolle der Venus damit, in ihr spreche das lyrische Ich selbst, das sich an Galatea im Scherz rächt.

59 Vgl. ausführlicher Bühler im Komm., S. 21.

60 Diese genealogische Verbindung zwischen Tyros und Theben ist erstmals bei Herodot (2,49) belegt, sie ist auch ein wesentlicher Akzent der Fassung des Nonnos; auch Ps. Apollodor: *Bibliothek* 3,1f., Hyginus, fab. 178 und Lukian nennen sie; dagegen ist sie etwa bei Moschos überhaupt nicht angesprochen. Vgl. dazu Bühler (1968), S. 29f., Cosi, insb. S. 29ff. und Prandi.

61 Bömer ad. loc.

62 Ovid kennt wohl die Transformation des Moschos, doch ist kein explizites intertextuelles Verhältnis zu erkennen, zum Verhältnis zu Moschos vgl. Bühler, S. 24 und Komm. Bömer ad loc.

63 Diese Fassung ist kaum beachtet; eine v.a. stilistische Interpretation bieten Reeves/Murgatroyd, die die kleine Erzählung als „a jewelled miniature" (S. 231) würdigen. Im Vergleich zu den beiden Fassungen in den *Metamorphosen* stellen sie eine stilistische Überlegenheit (S. 233) der *Fasti*-Fassung fest.

64 Reeves/Murgatroyd, S. 233.

65 Reeves/Murgatroyd, S. 230 weisen auf die Besonderheit dieser Ausschnittswahl in den verschiedenen Transformationen des Mythos hin.

66 Nach Ovid beschreiben sie der 14. Katasterismos des Ps.-Eratosthenes, wohl im 2. oder 3. Jh. n. Chr., und die Europa-Passage bei Nonnos, die 1,355ff. damit endet, dass der Stier zwischen Orion und Fuhrmann an den Sternenhimmel versetzt wird.

67 Bühler, S. 27 weist für die Abhängigkeit von Darstellungen der bildenden Kunst auf ein Mosaik aus Palästrina (ebd., S. 62), aber auch auf Parallelen zu Moschos 129f.

68 Vgl. Bühler, S. 30f.

69 Vgl. Bühler, S. 26f.

70 Nonnos: Dionysiaka 1,46–137 und 322–355.

71 Bühler, S. 27.

72 Whitby erklärt dies dadurch, dass Nonnos das hellenistische Interesse an der inneren Handlung fehle und dafür die Äußerlichkeiten größere Bedeutung hätten.

73 Zum Einfluss des Moschos auf Nonnos vgl. Bühler, S. 27f.

74 Hans Blumenberg: Arbeit am Mythos. Frankfurt/M. 1979.

„da wurde es selbst Zeus ganz klar, wie uneinig Europa war"

„Europa" in der deutschsprachigen Literatur seit 1957

Eva C. Huller

Seit der Antike ist das Bild der auf einem Stier reitenden jungen Frau Europa Bestandteil des europäischen kulturellen Gedächtnisses. Im Zug europäischer Vereinigungsbestrebungen, die im März 1957 mit den Römischen Verträgen ihren ersten Höhepunkt fanden, besitzt die mythische Europa ikonographisch große Präsenz, sei es in Karikaturen als Stellungnahme zur Tagespolitik, sei es als Symbol für die kulturelle Tradition des europäischen Raums und damit auch als Sinnbild für die angestrebte politische Einheit. Dieser verbreiteten Rezeption in Bildern steht eine erstaunlich geringe Zahl literarischer Werke gegenüber, gerade in der deutschsprachigen Literatur.[1] Dafür lassen sich mehrere Gründe vermuten: Zunächst eignet sich Literatur weit weniger als die bildende Kunst zur symbolischen Verwendung. Im Fall der deutschen Literatur, auf die hier der Blick besonders gerichtet ist, betrifft dies aber auch die deutsche Teilung: Der europäische Einigungsprozess, zu dessen Symbol Europa und der Stier werden, betrifft nur die Bundesrepublik, so dass die politische Implikation des Europa–Mythos nur für diesen Teil Deutschlands relevant ist; gerade dort nimmt jedoch seit dem Zweiten Weltkrieg die Rezeption der antiken Mythologie nur eine untergeordnete Rolle ein. Die Literatur der DDR dagegen greift zwar sehr häufig zu griechischen Mythen; in der Orientierung des Staates zum Ostblock ist der Europa–Mythos jedoch weder in politischer noch zeitgeschichtlicher Hinsicht von Bedeutung. Bei der relativ geringen Zahl an Europa–Transformationen in den vergangenen fünfzig Jahren ist weiter auffällig, dass es sich nur um lyrische Formen oder kurze Prosatexte handelt; der große Roman fehlt ebenso wie das Drama, sieht man von Richard Seewalds kleinem Marionettenspiel *Raub der Europa* ab. Betrachtet man nur die Namen der Autoren, so zeigt allerdings, dass doch bedeutende Autoren sich diesem Mythos zugewandt haben.

Die Rezeption in der Bundesrepublik bis zu den sechziger Jahren

Eine kleine Kulturgeschichte Europas
Walter Jens: *Hiraklion*

Die erste namhafte Aufnahme des Europa–Mythos nach 1957 stammt von dem Altphilologen und Schriftsteller Walter Jens, der in seinem 1958 erstmals erschienenen Reisebuch *Die Götter sind sterblich* bei der Station *Hiraklion* die Verbindung zu Europa, weniger zu der mythischen Figur als zu dem Erdteil, herstellt.[2] Er entwirft eine assoziationsreiche diachrone Reise durch den Kontinent, die ihren Ausgang im Ida-Gebirge auf Kreta nimmt. Kreta ist eine symbolgeladene Gegend: Das Ida-Gebirge ist der Geburtsort des Zeus, nach Kreta entführt er Europa. Damit ist die mythische Aitiologie des Kontinents gegeben. Von Kreta geht der Blick auf das perikleische Athen des fünften Jahrhunderts, das heißt auf eine Blütezeit, von der bis in die Gegenwart wesentliche Impulse für das politische, literarische, philosophische und künstlerische Selbstverständnis des gesamten Erdteils Europa ausgehen. Dann wird die Adria überquert und der Weg führt nach Rom, genauer in den Zirkus im ersten nachchristlichen Jahrhundert und die erste Phase der Christenverfolgung. Durch das Kreuz Petri ist nicht nur eine historische Datierung gegeben, sondern auch der Übergang in die christliche Phase Europas hergestellt; assoziativ geht die Reise von dort Richtung Süden zunächst nach Montecassino zu den Urformen christlich-abendländischen Mönchtums und in die Spätantike, dann weiter zu Friedrich II. nach Süditalien und ins Hochmittelalter. Die Renaissance symbolisiert Leonardo da Vinci und sein Todesort, Amboise im Loiretal; daran schließt sich mit Basel und Johannes Frobens die Epoche des Buchdrucks und des Humanismus an. Schließlich endet diese Tour de Force durch die europäische Geschichte in Toledo zur Zeit der spanischen Inquisition: El Greco stellt durch seinen Namen und seine Herkunft den geographischen Zirkelschluss zu Kreta her. Die assoziative Kultur-Geschichte Europas endet also auffällig vor dem Zeitalter der Aufklärung und ihrer „Entzauberung der Welt" (Max Weber), gleichsam der Beleg der im Titel des Reisebuchs postulierten These: *Die Götter sind sterblich*.

Amphitryon trifft Europa im bukolischen Satyrspiel
Richard Seewald: *Der Raub der Europa*

Das einzige deutschsprachige Europa-Drama in der zweiten Jahrhunderthälfte verfasst der vor allem als Graphiker bekannte Richard Seewald. Das 1960 veröffentlichte Stück[3] transponiert den Stoff ins Komische. Dafür rückt er den Schwerpunkt der Handlung auf zwei dem Stoff fremde Figuren namens Philemon und Mopsus. Der erste verweist in seinem Namen auf einen Dichter der Neuen Komödie, Mopsus dagegen ist eine Figur bukolischer Dichtung.[4] Allerdings konterkariert die Zeichnung und Verhaltensweise beider in Seewalds Drama diese intertextuellen Bezüge; Philemon ist der unglücklich verliebte Hirtendichter, während Mopsus dionysische Züge trägt. Zusammen mit Anspielungen und Zitaten weiterer mythischer Stoffe, Momenten des Märchenspiels und auch der von stilistischen Brüchen charakterisierten sprachlichen Gestaltung entsteht daraus eine sich dem Satyrspiel annähernde Transformation des Europa-Mythos.

Die Orte der Handlung entsprechen der klassischen Gestaltung des Mythos: Das Drama beginnt an der Küste Phönikiens und endet auf Kreta. Die zentrale Figur des Stücks ist jedoch nicht Europa, sondern Philemon, der mit Europa verlobt ist. Anlass dieser Verbindung ist – eine Transformation des Motivs des Traums, den in Moschos' Epyllion Europa träumt – ein gemeinsamer Traum der Väter beider, in dem Europa zusammen mit Philemon die Herrschaft in einem fremden Land prophezeit wird.

> So deutets das Orakel:
> Stammutter werden wird Europa
> Eines Geschlechts in einem fernen Lande,
> Das ihren Namen tragen soll ihr zum Gedächtnis.
> Und seine Kinder wird man Weltbeherrscher nennen.
> Ich aber, o barmherzge Götter,
> König des Landes würd ich sein,
> der erste König. (S. 12)

Zu Beginn des Stückes ist Philemon allerdings in einer unglücklichen Situation: Europa weist ihn zurück; sie ist eine entgegen der Tradition des Mythos selbstbewusste Frau, die einen starken Helden sucht, in Philemon aber nur einen bukolischen Träumer findet. Die zentrale Handlung des Mythos – der titelgebende *Raub der Europa* – hat in diesem Stück vor allem eine wesentliche Wirkung auf Philemon: Er erwacht dadurch aus seiner Passivität und kämpft um Europa, während er im ersten Akt auf ihre Forderung nach einem zornigen Kämpfer mit einem bukolischen Sängerwettstreits antwortet, wie ihn etwa die dritte Ecloge Vergils darstellt.

Europas Stoßseufzer angesichts des grotesken Wettstreits zwischen ihm und Mopsus – *Ein Kampf der Lieder! Himmlischer Zeus, erbarme dich meiner!* – macht den obersten Olympier aufmerksam: Er erblickt Europa und erhört sie: Um sie zu verführen, verwandelt er sich, aus dem Kontext des Dramas unmotiviert, jedoch den Prätexten folgend, in einen schneeweißen Stier und tritt vor die schlafende Europa; nachdem sie sich auf seinen Rücken gesetzt hat, entführt er sie. Dies ist jedoch nicht das zentrale Thema, sondern das Ereignis, das Philemon dazu zwingt, seine passive Haltung aufzugeben und aus der Not heraus genau die Tugenden zu beweisen, die Europa von ihm forderte.

Philemons Beschreibung der über das Meer von dem Stier davongetragenen Europa – *Sein Rücken scheint ein Deck, kein Tröpflein netzt ihr Kleid. / Ihr Peplos bläht gleich einem Segel sich im Winde.* – folgt in den Grundzügen der klassischen Ikonographie. Die Überfahrt nach Kreta mit dem Meerescortegé nimmt das Drama dann zwar auf, doch ironisch in einer Weise gebrochen, die wiederum zeigt, dass nicht Europa die zentrale Figur des Dramas ist: Sirenen und Najaden sind hier nämlich nicht Teil eines Hochzeitszugs von Zeus und Europa, sondern versuchen im Auftrag des Gottes, die Verfolger Philemon und Mopsus aufzuhalten. Philemons Liebe zu Europa ist jedoch stärker als die Verführungskünste der Ungeheuer, und auch ein von Zeus gesandtes Unwetter als Höhepunkt der Abwehrstrategie trifft die beiden Verfolger schon zu nahe am Ufer, so dass sie schließlich Kreta erreichen.

Dort war Europa bei ihrer Ankunft sofort von dem Stier verlassen worden: Die erste Szene des letzten Aktes zeigt sie wie bei Horaz allein am Strand. Klagende Momente beinhaltet ihr Monolog allerdings nur am Rande; Europa begreift sofort, dass dies die ihr im Traum beider Väter prophezeite Heimat ist. Um die Vision völlig zu erfüllen, fehlt allerdings noch Philemon. Der tritt ihr auch in einer dem Amphitryon-Stoff entlehnten Szene entgegen: Es ist Zeus, der in Gestalt Philemons, doch Europas Wünschen folgend in kriegerischer Rüstung auftritt. Noch ehe es aber in einer Höhle[5] zur Vereinigung kommt, taucht Mopsus auf. Vom Wein zur Erkenntnis der Wahrheit geführt, durchschaut er die Täuschung des Zeus. Als auch noch der wirkliche Philemon auftritt, erkennt Europa den Unterschied in der Persönlichkeit an Philemons Hirtenkleidung und den falschen Philemon an dem zu forschen Auftreten: Sie entscheidet sich für den echten, friedlichen Philemon, Zeus fährt besiegt in den Hades.

Am Schluss findet diese komische, völlig unpolitische Parodie des Mythos, in der Europa nur eine nachrangige Rolle spielt, doch noch eine zeitkritische Wendung. Der Epilog des Mopsus nach dem glücklichen Ende gilt den Nachkommen von Europa: In stilistisch für ihn ungewohnter Weise warnt er in Versen vor der historischen Erfahrung der europäischen Geschichte des 20. Jahrhunderts:

Ich sehe Europas Kinder wachsen
von Geschlecht zu Geschlecht.
Sie beherrschen den Erdkreis.
Weh! Sie vergessen des Ursprungs:
Menschen zu sein.
Sie rasen gleich Wölfen!
Eilinon, Eilinon,
Das Gute siege!

Das *Vergehen* der Mythen
Heinrich Böll: *Er kam als Bierfahrer*[6]

Der Held von Bölls 1968 erstmals veröffentlichter Kurzgeschichte ist eine moderne Götterfigur, die Züge des Zeus, in seiner Affinität zum Wein und seinem clochardhaften Äußeren aber auch Züge einer Dionysos-Travestie trägt. Auf der Suche nach *Europa*, einer idealen Frau, deren genaue Züge aber unklar bleiben, durchreist er mit dem Zug erfolglos den Kontinent, bis er auf dem Weg nach England auf einen älteren Herren trifft: Dieser hebt sich durch ein *violettes Jabot*, seine Fähigkeit, den reisenden Gott *in seiner Sprache* anzusprechen und die Bereitschaft, mit ihm aus der Weinflasche zu trinken von allen bisherigen Reisebekanntschaften ab. Der Unbekannte gibt dem Gott kurz vor Aachen den Hinweis, dass Europa *nicht zu weit von Aachen* zu finden sei. Dass der Held dann die Notbremse zieht, auf dem Weg zum Ausgang noch eine Frau heilt und, als er aus dem Zug gesprungen ist, in einem Feld von Bohnen, Früchten des Dionysos, landet, verleiht diesem ,Zeus' wiederum Züge von Christus und Dionysos.

Die Idee, dass mit Aachen das politische Zentrum Europas der Karolingerzeit indirekt anklingt, wird allerdings sofort enttäuscht. Der Gott, der sich nun als ,Taurus', als ,Stier' vorstellt, trifft in einem kleinen Ort namens Langerwehe zunächst auf eine Gastwirtin, die ihn als Bierfahrer anstellt. Während der ersten Lieferung trifft er am folgenden Tag in einem Wald *Europa*, die mit ihrer mythischen Präfigur allerdings wenig gemein hat. Deren jugendliche Naivität ist ihr fremd; sie ist auch keine Königstochter, sondern von Kindheit an eine Außenseiterin: Ohne Eltern in einer Klosterschule aufgezogen, zeichnet sie sich neben einer früh erwachten Sexualität auch durch hohe Intellektualität aus; zum Symbol wird ein ausgezeichneter Schulaufsatz über *das Wort Vergehen in seiner Doppeldeutigkeit*. Dazu kommt eine besondere Affinität zur Natur, so dass in ihr in der Verbindung von Verstand und Naturnähe, ein sonst dualistischer Gegensatz, zu einer harmonischen Einheit findet. Bezeichnenderweise treffen Zeus und Europa nicht in der Zivilisation, sondern in der Natur aufeinander. Von einer absoluten Anziehung bewegt *vergehen* sie, das heißt, die beiden Außenseiter verschwinden spurlos aus der ihnen fremden Zeit. Für ihre Mitmenschen ist ein Ausnahmezustand vorbei.

Mit dem Europa-Mythos in seiner klassischen Form, dessen wesentliches Moment die von dem Mann ausgehende Täuschung und Raub ist, hat diese Handlung wenig gemein; die Suche von Zeus und die Zeichnung der beiden mythischen Figuren kann jedoch als Chiffre für den Einbruch des Mythischen in die Zeit der Aufklärung gelesen werden. Sichtbar wird die mythische Dimension beider in ihrem von der Norm abweichenden Verhalten. Bleibt dies den meisten Menschen völlig fremd, auf die das Verhalten beider verstörend und irrational wirkt, so sind es gerade Angehörige der Kirche, die ihre Besonderheit erkennen: Europa, die alle Regeln klösterlicher Erziehung missachtet, findet die Anerkennung der Schwestern. Der Gott findet nur mit einem geistlichen Würdenträger, der daher auch Griechisch sprechen kann, einen Konversationspartner; doch dass er in ihm auch Züge des Todes erkennt, weist darauf hin, dass die antiken Götter im Verlauf der abendländischen Geschichte von einem christlichen Monotheismus verdrängt wurden – ein leises Zitat der Schillerschen und Heineschen *Götter Griechenlands*.

Die Rezeption in der DDR: Günter de Bruyns
Raub der Europa

Mythisches spielt im Werk von Günter de Bruyn keine bedeutende Rolle, umso auffälliger ist die kleine Erzählung *Raub der Europa* in den *Traumstationen*[7]. Ins Zentrum seiner Transformation stellt de Bruyn das Moment der erotischen Verführung und eine Kritik an der Verführungskraft des Materiellen. Die Situation ist dabei im Vergleich zum klassischen Mythos grundlegend verändert; aus der jungen Königstochter ist eine erwachsene Frau geworden, deren Mann die Rolle des Erzählers einnimmt. Seine Frau, gleichsam Europa, wird in einer überfüllten Trambahn von ihm getrennt; obwohl sie frische Blumen in der Hand trägt, was sie in den Augen des Erzählers als Geliebte und Partnerin ausweist, wird sie von einem Mann angesprochen. Es gelingt ihm scheinbar ohne Schwierigkeiten, sie innerhalb kürzester Zeit zu verführen, indem er ihr sein Sportauto zeigt, das in der Nähe der nächsten Haltestelle wie zufällig parkt; darauf verlässt die Frau, ohne dass ihr Mann eingreifen könnte, mit dem Fremden den Bus.

Die Konstellation der Figuren, insbesondere Europas, hat sich im Vergleich zur mythischen Geschichte verändert: Europa steht nicht zwischen Eltern und Heimat und dem Stier und der Fremde, sondern zwischen zwei Männern. Der Verführer ist in seinem Aussehen unattraktiv: Mit seinem *breiten Rücken*, dem *Fettnacken mit Pickelnarben* und behaarten Händen besitzt seine Erscheinung Eigenschaften eines Tieres. Der Gedanke an einen Stier liegt nicht fern, doch hat er nichts gemein mit dem prachtvollen Jungstier, in den Zeus sich im Mythos verwandelt; eher ist sein Äußeres eine pejorative Travestie der Verse *colla toris exstant armis palearia pendent*.[8] Die verlockenden Eigenschaften übernimmt sein Auto: Als *ein flaches, weißes Ding, das schamlos mit seinen roten Polstersitzen protzt* zitiert es die Beschreibung des Stiers in Ovids *Metamorphosen*: *color nivis est*. Wie in manchen Transformationen des Mythos der Stier nur ein Hilfsmittel ist, aber keine Identität mit Zeus besitzt, so sind auch hier Verführer und Mittel der Verführung getrennt. Dass das Auto auf die Frau solchen Eindruck machen kann, liegt, wie im *Europa*-Epyllion des Moschos, an einem ‚Traum‘ Europas, der nun aber nicht mehr eine Vision der Zukunft ist, sondern nur ein sehnsüchtiger materieller Wunsch: Im Mythos träumt Europa von einer

neuen Heimat, in de Bruyns Erzählung von einem Sportwagen. Der Stier als Hülle des Verführers ist materialisiert und Element der Konsumwelt, der Gott ist in dem stierhaften Äußeren zum ekligen Verführer abgewertet. Die Erhabenheit, die im Mythos über das Skandalon der Entführung gelegt ist, fehlt und entlarvt diesen ‚Trick‘ des Gottes, ohne dass dies jedoch von dem Erzähler deutlich kommentiert würde. Die kleine Transposition des mythischen Geschehens in die DDR der sechziger Jahre zeigt eine private Tragödie, aber auch die Banalität des Endes einer Liebe, kritisiert aber auch leise die Verführungskraft der Warenwelt.

Europa–Gedichte in den 80er Jahren

Im Zeichen der Zukunftsangst
Walther Helmut Fritz: *Europa*

Europa, erschöpft vom Spiel
am Strand des nahen, fernen,
unnahbaren, unerforschbaren,
Verwesung und Fruchtbarkeit
erzeugenden Meeres

hat schon die Witterung
für die schwierige Syntax
der Geschichte von Küsten,
Ländern, Grenzen und Mauern,
Arglist, Fehden, Zerstörung.

Noch immer verwöhntes Kind,
aber wach, sich selbst nicht geheuer,
sieht sie mit aufgerissenen Augen
durch Jahrtausende zunehmenden
mäandernden Haß, dunklen Verrat.

In sehr nüchterner und lakonischer Form beschreibt dieses Gedicht in drei Strophen zu fünf Versen[9] die Situation Europas. Es evoziert das Mädchen am Strand von Tyros, noch vor der Entführung und vor irgendeiner Ahnung von der Erscheinung des Zeus. Der anspielungsreiche und deutungsoffene Traum, in dem im antiken Mythos Europa ihre eigene Zukunft sieht, wird hier ersetzt durch eine Vision der Zukunft des Erdteiles. Die schwierige, ja das Mädchen überfordernde Deutung des Gesehenen bildet der reflexive, um Präzision im Ausdruck bemühte und durch asyndetische Reihungen bestimmte Stil des Gedichtes ab; unterstützt wird dies durch die hypotaktische Syn-

tax und das Strophenenjambement der ersten beiden Strophen; das ganze Gedicht besteht aus nur
zwei Sätzen.

Die ersten beiden Strophen zeigen Europa
müde vom Spielen an der tyrischen Küste, sie
blickt nach Westen: Was sie geographisch in der
Ferne erahnt, gewinnt sogleich eine historische
Dimension. Sie sieht die Zukunft des Mittelmeer-
raums, der den Kontinent beschließt, dem sie
ihren Namen geben wird. Für diese Reise muss
sie ihre Heimat nicht verlassen; es ist eine Reise in
Gedanken, die durch die inneren Widersprüche
bei der Naturwahrnehmung des Meeres, *Verwesung und Fruchtbarkeit*, assoziativ einsetzt. Die
Zukunft Europas erscheint als eine Geschichte der
Zerstörung und des Krieges, die stetig schlimmer
wird. Dabei verlässt die Formulierung *die schwierige Syntax / der Geschichte von Küsten* auch die
reine Ereignisgeschichte und weist auf die Perspektive des Geschichtsschreibers hin und die
Schwierigkeit, diese Konfliktfelder in Worte zu
fassen und vor allem in sinnvolle Zusammenhänge
zu stellen.

Das Ende der Kindheit Europas, das sonst mit
dem Raub durch Zeus erfolgt, geschieht hier
durch einen Akt der Erkenntnis am Ende des kind-
lichen Spiels; diese heuristische Kraft übersteigt eigentlich die Fähigkeiten des Mädchens, das in
dem Moment *sich selbst nicht geheuer* ist, er-
schrocken und überfordert von dem, was sie sieht
mit aufgerissenen Augen. Dies ersetzt den Stier
und Gott, der hier eine auffallende Leerstelle ist.
Entsprechend ist der *Verrat* auch nicht mehr die
Täuschung durch einen Stier, sondern ein histori-
sches und politisches Phänomen, das den ganzen
Erdteil bis in das 20. Jahrhundert zum Opfer
macht.

Am Ende der Mord an Gott
Gertrud Fusseneggers *Europas Stier*

Trabe,
trabe mit deiner Last,
Taurus,
einst Schrecken der Steppe,
als du den großen Aufgang,
Asiens Morgenröten,
noch zwischen den Hörnern trugst.

Trabe! Das Königskind
das du dir raubtest, lenkt dich
zärtlich, mit blühendem Schenkel.

Herrlich
locken die Küsten,
glänzen die Netze der Brandung
rund um goldene Inseln.
Brücken sinds deinem Huf.

Springe
springe mit deiner Last,
Taurus, wage den Einbruch
ins hyperboräische Land!

(Hinten
harrt die Arena. Purpurn
winken die Wimpel dich ins große Geschrei.

Rasend erwarten sie dich,
so –
als sollts ihr Triumph sein,
senkst du den Nacken, Taurus,
in die Spitze des Degens,
den dir Europa geschliffen.)

Europas Stier[10] ist in den ersten vier Strophen
ein Hymnus und Appell zugleich an den *Taurus*,
der Europa entführte. Die erste und die vierte
Strophe bilden dabei einen Rahmen mit Variation;
beide beginnen mit einem Imperativ, in dem der
Stier zur Bewegung aufgefordert wird. Dabei
kommt es zu einer zunehmenden Dynamik: Aus
Trabe wird *Springe*, wobei durch die Spitzenstel-
lung in Strophe und Vers sowie der Repetitio be-
schwörende Eindringlichkeit erzeugt wird. Unterstützt wird dies durch die Lautmalerei; schon in
der ersten Strophe wird das leichte Traben durch
die zahlreichen harten Konsonanten auf der
Klangebene zum leichten Galopp, der auch durch
den fließend-bewegten Rhythmus unterstrichen
wird. Es entsteht ein harmonisches Bild des Stieres, der mit Europa auf dem Rücken mit Leichtig-
keit den Weg über das Wasser findet. Die Rollen
sind dabei allerdings vertauscht: Das Mädchen
Europa *lenkt* den Stier; sie hat also die Führung
über den mythischen Entführer übernommen, der
von seiner ursprünglichen gewaltvollen Macht –
einst Schrecken der Steppe – schon vieles verloren
hat. Es ist charakteristisch, dass nie von Zeus, sondern immer nur von dem Stier die Rede ist, der
wie eine unaufhaltbare Naturmacht aus dem
Osten kommt, doch nicht als Gott erscheint.

In der vierten Strophe findet der Weg über das
Wasser ein Ende, zugleich kommt es zu einem
dem Mythos von Europa fremden Übergang von
der Inselwelt des östlichen Mittelmeers auf das

Festland. Dadurch erfolgt gewissermaßen ein Brückenschlag zwischen dem mythischen Geschehen, dem Raub der Europa, und der Übertragung ihres Namens auf den Erdteil, der erratisch-metonymisch umschrieben wird als das *hyperboräische Land*. Somit bekommt dieser Ort zunächst eine utopische Dimension, handelt es sich in der antiken Konnotation von *Hyperboraea* doch um ein nicht näher spezifiziertes Wunschland im Norden, das ungefähr im Donauraum vermutet werden kann. Die Reise endet also hier nicht auf Kreta, sondern dieser Transformation des Mythos ist auch die Aitiologie der Benennung des Erdteils eingeschrieben.

Nach der vierten Strophe folgt eine tiefe Zäsur. Es kommt zum Orts- und Zeitsprung, denn weder der Norden noch ein utopischer Ort ist der Schauplatz der letzten beiden Strophen, sondern durch den *Taurus* wird die Assoziation zum Stierkampf hergestellt, was die Handlung an den Westrand des Erdteils nach Spanien verlagert. In Klammern gesetzt sind die beiden Strophen außerdem gleichsam das Post Scriptum, das in Kontrast zum hymnischen Beginn steht. Die Arena, der Ort des Todes für den Stier, ist in diesem Gedicht paradoxerweise der einzige Ort in Europa, wo dem Stier in der Gegenwart noch mit Erwartung entgegengeblickt wird. Hier aber entpuppt sich das wahre Wesen Europas; hatte sie zunächst als mythische Heldin auf der Überfahrt nur die Führung inne, so besitzt nun der Erdteil sogar die Macht über Leben und Tod. Europa ist gleichsam der Stierkämpfer, der den Stier tötet.

Die beiden Strophen sind, nun ohne Imperative, dennoch in ihrer Beschreibung der gegenwärtigen Situation eine vielfältig zu verstehende Warnung: Durch sie kann Fusseneggers Europa-Gedicht als Kritik an der Verdrängung der Religion verstanden werden, an der Missachtung archaischer Symbole wie zum Beispiel des Stiers als Urmacht des Lebens oder an dem gedankenlosen Umgang mit Leben. Am Ende steht unausgesprochen die traurige Feststellung *Gott ist tot*, umgebracht bei einer trivialen Unterhaltung für die Massen; doch schon zuvor war, da Zeus nie namentlich genannt wird, der Mythos und der Gott bereits aus dem Gedächtnis geschwunden.

Europa und der Libanon
Dagmar Nick: *Europa erinnert*

Wie saß ich doch
sicher
auf dem Stiernacken
meines Entführers
Morgensand zwischen den Zehen,
als die Küste des Phönix,
meine Erbschaft, hinter mir
wegtauchte, wo jetzt,
was kümmerts mich noch,
die Voluten der Säulen von Baalbek
erzittern,
Proben für Leichenspiele –

Damals spielten wir
mit anderem
als mit Theaterdonner
und Dynamit,
und der Gott, der mich
zwischen die Hörner nahm,
schien mir noch ganz geheuer.

Das Gedicht aus dem Jahr 1986[11] ist ein Monolog Europas, der von der Spannung zwischen Vergangenheit und Gegenwart geprägt ist. Europa spricht hier lange Zeit nach ihrer Entführung durch den Stier, im Blick zurück auf ihr mythisches Vaterland, *die Küste des Phönix*. Nur der *Morgensand* weist noch auf den Ablauf der mythischen Entführung hin: Aus dem Schlaf erwacht, begibt sich Europa frühmorgens mit ihren Gefährtinnen an die Küste, um Blumen zu pflücken; der *Morgensand* beinhaltet Zeit und Ortsangabe der Entführung. Markant abweichend von den wichtigsten Fassungen des Geschehens ist hier die zuversichtliche Gefühlswelt Europas, die sich *sicher / auf dem Stiernacken* fühlte, obwohl sie die heimatliche Küste aus den Augen verlor.

Dieses Land ist im Moment der Rede Europas ein Kriegsschauplatz: Europa blickt auf den Libanon der achtziger Jahre des 20. Jahrhunderts und die Kriege, die in dem Land wüten. Hervorgehoben werden *die Voluten der Säulen von Baalbek* metonymisch für die kulturelle Barbarei, die *Proben für Leichenspiele* bedeuten das menschliche Elend. Allerdings steht Europa wie das politische Europa der achtziger Jahre den Ereignissen unbeteiligt gegenüber: *was kümmerts mich noch*. Sie erinnert sich zwar ihrer Wurzeln (*meine Erbschaft*), doch hat die räumliche Distanz auch eine innere Distanz mit sich gebracht. Klage äußert sie nur über ihr eigenes Schicksal, doch nicht über das ihrer ursprünglichen Heimat, in der es in ihrer Kindheit keine Kriegsspiele gab: *Damals spielten wir / mit anderem / als mit Theaterdonner / und Dynamit*. Europa sucht weder nach Ursachen noch Lösungsmöglichkeiten für den Schrecken der Gegenwart. Am Ende scheint es lediglich so, als gebe sie Zeus und ihrer Entführung die Schuld und entzieht sich damit jeglicher Verantwortung: Die Dimension des Ganzen vermag sie nicht zu erfassen. Sie bleibt bei einem subjektiven Blick auf das Geschehen; beginnt das Gedicht *Wie saß ich doch /sicher / auf dem Stiernacken*, so endet es

und der Gott, der mich
zwischen die Hörner nahm,
schien mir noch ganz geheuer.

Nach dem Fall des Eisernen Vorhangs – die Maastrichter Verträge

Nach Europa – Stimmen von Frauen zu Europa

1993, im Jahr des In-Kraft-Tretens des Vertrags von Maastricht, fordert Sabine Groenewald im Rückblick auf das 20. Jahrhundert Autorinnen auf, unter dem Titel *Nach Europa* Texte zu dem Mythos zu verfassen. Zwischen 1918 und 1961 geboren, aus verschiedenen kulturellen und politischen Kontexten stammend und auch von verschiedenen literarischen Traditionen geprägt, werden ganz unterschiedliche Zugänge zu dem Mythos und seiner Bedeutung für ihre Gegenwart gefunden. Exemplarisch werden hier die Texte von Zehra Cirak und Zsuzsanna Gahse vorgestellt, die beide vor einem Migrationshintergrund aus dem Osten schreiben: Cirak stammt aus der Türkei, Gahse aus Ungarn; beide folgten in ihrem Weg nach Westen also gleichsam dem Weg der mythischen Europa.

Der Zyklus *12 Texte* der 1960 in Istanbul geborenen Zehra Cirak besitzt einzig durch die verschiedenartigen Zugänge zu Europa als Kontinent und Mythos Kohärenz. Drei Texte – *Vom Mythos und Wissensschlachtler*, *Die Vergewaltigung Europas* und *Europas Kinder aus der Schändung entstanden / oder / Aktion keiner Sorgen Kind* – verweisen dabei signifikant auf den Mythos.[12] *Vom Mythos und Wissensschlachtler* setzt sich zunächst mit der Relevanz von Mythen im Allgemeinen auseinander und zieht dann als Beispiel Europas Entführung durch den Stier heran. Schon hier wird deutlich, dass Cirak den Mythos als eine

Geschichte der Gewalt liest. Die Beschäftigung mit dem Mythos wird einerseits als Luxus im Elfenbeinturm der Wissenschaft charakterisiert; andererseits ist aber in Ciraks Deutung die ganz konkrete Warnung zu hören: *Tut es nicht*. Der Geschichte Europas im doppelten Sinn – sowohl als Mythos wie auch der Historie des Erdteils – wird eine gesellschaftliche Relevanz zugeschrieben:

Von solcherlei Spielen im Beispiel
eines geilen Stieres
beim Kraulen einer ahnungslosen Jungfrau
Von derlei Geschichten soll einer erzählen
der weder Hörner noch Häutchen hat
[…]
die Sprache aber
in der sich ein Teil dieser Erde bettet
singt in Namen Europas das Lied mit dem Titel:
Tut es nicht
Und im Chor die Sänger fragen
um den göttlichen Grenzen Willen
und alle stimmlosen Kinder fragen
was ist denn noch nicht getan?
Und sie lachen so laut dass die Grenzen
blutig spucken

Konkreter auf die Handlung des Mythos geht *Die Vergewaltigung Europas* ein; hier wird auch Ciraks vom Motiv der Gewalt geprägte Lesart des Raubs Europas eindeutig:

Komm mein Schatz aus einem Haus
laß dich in mein Gewässer ziehen
das hat kein Auge mich zu schaun
und keine Ohren dich zu hören
komm laß mich doch von deinem Busen beißen
und strample deiner ohnmächtigen Zunge nicht
liegst mir so frisch in meinen Wellen
und ein fliegender Fisch
zwischen meinen Beinen schon lange zappelt
sollte ich ihn nicht zu dir fliegen lassen?
Doch da ziehst du deiner Augen Messer
und schneidest mir ins Herz
ich lauf davon mit lahmen Flügeln
und laß dich ewig liegen

Dies ist ein Monolog eines namentlich nicht bezeichneten Entführers, der aus der Kenntnis des Mythos mit Zeus zu identifizieren ist. Da jedoch nach dem Titel kein weiterer Name folgt, kann das Gedicht, charakteristisch für Mythen, auch historisch und anthropologisch verstanden werden. Das lyrische Ich wendet hier sich an seine Geliebte

– *mein Schatz* – und will sie in Anlehnung an Zeus, der als Stier Europa auf das Meer entführt, ins *Gewässer ziehen*. Allerdings spielt dieser Entführer mit offenen Karten, er verwandelt sich nicht in einen Stier. Dann offenbart er sich als sexuell erregter Mann, der im Wasser ein verborgenes Liebesspiel evoziert. Anders als im Mythos missglückt jedoch sein Plan: Der Blick der Frau trifft ihn ins Herz, tötet die Liebe, macht ihn impotent und lähmt den Liebenden, der sie für immer verlässt.

Von einem anderen Ausgang geht dagegen *Europas Kinder aus der Schändung entstanden / oder / Aktion keiner Sorgen Kind* aus. Dieser Text führt die Vernachlässigung von Kindern sowie das schwierige Verhältnis zwischen Eltern und Kindern in der westlichen Wohlstandsgesellschaft auf die als Vergewaltigung gelesenen mythischen Anfänge Europas zurück:

hast mich jetzt nicht mehr lieb gell?
nur weil ich dir einen Klaps
auf deinen allzu runden Kopf
der sich nicht wenden möchte
gegeben haben wollt
[…]
und sorg dich nicht
du armes Wundertütenkind

Die 1946 in Budapest geborene Zsuzsanna Gahse lebt seit 1968 in der Bundesrepublik und der Schweiz; bekannt ist sie unter anderem auch als Übersetzerin von Imre Kertész. Ihr Beitrag zu Europa ist ein Prosamonolog einer Frau, die entgegen der mythischen Tradition großes Selbstbewusstsein besitzt. Der Text setzt damit ein, dass sie sich kritisch mit dem Täuschungsmanöver des nie namentlich genannten Zeus und seiner Verwandlung in den Stier auseinandersetzt; indirekt schwingt der Vorwurf mit, dass Zeus es ausgenutzt habe, dass sie in diesem Moment einen Stier *wollte*. Es geht also nicht um Entführung und Vergewaltigung, sondern im Zeitalter der Emanzipation ‚nur' um eine Verführung unter Vorspiegelung falscher Tatsachen.

Dem folgt die Auseinandersetzung mit ihrer eigenen Identität und dem europäischen Charakter der ganzen Welt: Gahses Europa ist wie ihre Präfiguren einerseits mythische Figur, andererseits Urahnin des Erdteils. Ihr Rückblick beginnt daher mit der Expansion der geographischen Bezeichnung ‚Europa'. Anders als der Stand der sprachwissenschaftlichen Forschung führt Gahses Europa ihren Namen auf das semitische *ereb* zu-

rück; dieser Weg in die Dunkelheit und den Sonnenuntergang im Westen erklärt auch, dass in ihrem Selbstverständnis Europa nicht an der Atlantikküste endet, sondern weiter nach Westen reicht: Als Beleg dient ihr die kulturelle Dimension Amerikas, die sich in den Europa entstammenden Amtssprachen zeige:

Ereb, rief der junge Mann an der Bar, *den ich nicht mehr loslassen werde, ich bestehe auf meinen Rechten*, und er weiß inzwischen sehr genau, dass *Dunkelheit und Sonnenuntergang*, von dem er bisher süß träumte, *am Ozean nicht haltmachen, drüben auf dem nächsten Kontinent, sprechen sie meine Sprachen, Amerika gehört längst mir*

Damit ist angesichts der Kugelgestalt der Erde der Weg nach Westen jedoch nicht beendet. Er muss fortgeführt werden nach Asien – *ich gehe weiter westwärts, über das nächste Weltmeer, bin in Asien westwärts schon angekommen und werde dort landen, wo ich herkomme*[13] – und damit zum geographischen und biographischen Zirkelschluss führen: In Asien ist Europa wieder an ihrem Herkunftsort angelangt: Auf dieser ‚Reise' ist ihr gelungen, ihr Ziel bei Aufbruch umzusetzen: *ich will alles nach mir benennen*: Nun kann sich feststellen: *und drüben, auf dem anderen Kontinent, sprechen sie meine Sprache*.

Am Ende dieser Reflexion steht die Identitätskrise und die Ablehnung des früheren Liebhabers, der diese Ausbreitung Europas veranlasste: *Ich habe in den Spiegel geschaut, den jungen Mann mag ich nicht mehr, und ich muß mich unbedingt sammeln*. Aus dem Heimatverlust und dem inneren Widerspruch – *In Asien bin ich zuhause* und *Schon von meinem Namen her bin ich Europäerin, und ich denke nicht an Rücktritt, im Gegenteil, ich will alles nach mir benennen* – führte sie in eine aporetische Situation. Ein Ausweg ist die neue Identifikation als Weltbürgerin im Namen der UNO: *Ich setze meine Rede fort, sie handelt jetzt von Genf, ich bin eine Genferin*. Der geographische und historische Zirkel hat die Form einer Spirale eingenommen und nun eine höhere Stufe in den die gesamte Welt umfassenden Vereinten Nationen erreicht.

Das Ende der Kultur
Heiner Müller: *Ajax zum Beispiel*

Im Hochhaus unter dem Mercedesstern
In den Etagen der Kulturverwaltung
[…]

Europa Der Stier ist geschlachtet das Fleisch
Fault auf der Zunge der Fortschritt läßt keine
Kuh aus
Götter werden dich nicht mehr besuchen
Was dir bleibt ist das Ach der Alkmene

Die Verse entstammen Müllers 1993 entstandenem Gedicht *Ajax zum Beispiel*,[14] eine Reflexion der ersten Jahre nach der Wiedervereinigung als eine Zeit des kulturellen Kahlschlags: Theater werden geschlossen, die alternative Kulturszene, die sich in der DDR etabliert hatte, zerfällt ebenso wie das kulturelle Leben in der Hauptstadt. *Ajax zum Beispiel* ist aber andererseits auch ein Dokument des poetischen Selbstverständnisses Müllers und eine Erklärung, warum er als Dramatiker in diesen Jahren nahezu verstummt. Ein wesentliches Argument dafür ist die Tatsache, dass diese Jahre keine Zeit für Mythen und Tragödien seien.

Mit den markant den Rahmen der Passage bildenden Namen *Europa* und *Alkmene* wird auf die Mythen von Europa und von Amphitryon angespielt; letzterer ist noch dazu markant durch das beschließende *Ach* aus Kleists *Amphitryon* zitiert. Beide Mythen dienen als Beispiele für das „Verstummen" der Mythen, was wiederum Chiffre für die kulturelle Krise ist. Die Fabel beider Mythen verbindet, dass Frauen von Zeus getäuscht werden: Europa wird vom in einen Stier verwandelten Zeus nach Kreta entführt und unter anderem zur Mutter des Minos, Alkmene von Zeus in der Gestalt ihres Mannes Amphitryon aufgesucht und zur Mutter des Herakles.

Im Kontext ‚Berlin' stellt ‚Europa' zunächst konkret die Assoziation zum Berliner Europa-Center am Kurfürstendamm her, dem Gebäude mit dem *Mercedesstern* auf dem Dach und so eine Ikone Westberliner Internationalität. Zudem ist Europa der politische Raum, der sich nach dem Zusammenbruch der kommunistischen Staatenwelt seit 1989 grundlegend verändert hat, ohne dessen frühere Trennung durch den Eisernen Vorhang aber Müllers Werk nicht zu verstehen ist.

Obwohl dieses Oeuvre geprägt ist von der Auseinandersetzung mit der antiken Mythologie und Tragödie, tritt der Mythos von Europa an keiner anderen Stelle auf. Auf die Strukturen des Mythos von Europa zurückgeführt ist der hier genannte Tod des Stiers der Tod des Zeus und somit als mythische Chiffre für den Tod der Götter lesbar. Dies meint nicht nur ein Ende einer mythischen Zeit, sondern hat konkrete Folgen für die Zukunft: Im Mythos verkörpert Europa das weibliche, Zeus das

männliche Geschlecht, aus ihrer Verbindung geht unter anderem der kretische König Minos hervor, übertragen aber die Wurzeln griechischer und abendländischer Kultur.[15] Mit dem Fehlen eines lebendigen männlichen Wesens können keine Nachkommen mehr entstehen; der *Fortschritt*, der *keine Kuh auslässt* und der an die Stelle des Zeus tritt, kann den Gott nicht gleichwertig ersetzen. (In der Formulierung, in der Europa selbst als *Kuh* bezeichnet ist, klingt hier auch leise der Mythos von Io an, die in der wegweisenden Fassung des Mythos in dem Epyllion des Moschos in den Kontext des Europa-Mythos aufgenommen ist.) Der *Fortschritt* vermag als steriles Abstraktum keine Nachkommen zu zeugen und kreativ zu wirken. Anders als ein Gott oder die Idee eines Mythos schafft bloßer Fortschritt auch keine transzendente Ebene, sondern bleibt profanes Produkt der Aufklärung und ihrer „Entzauberung der Welt", der die Götter zum Opfer fallen. Diese Entzauberung betrifft nicht nur den Mythos als Geschichte, sondern auch, hier kommt wieder die Polysemie von *Europa* ins Spiel, den Erdteil Europa: Ihn werden keine Götter mehr besuchen; für ihn ist eine als zukunftslos dargestellte Zeit der Aufklärung angebrochen.

Europas Liebhaber: Durs Grünbein

Im literarischen Werk Grünbeins kommt der Europa-Mythos trotz seiner intensiven Auseinandersetzung mit der Antike nur am Rande vor. In der 2003 gehaltenen Rede *Europas Liebhaber* bietet er jedoch eine intensive Auseinandersetzung mit diesem Mythos, aus der heraus er auch Entwicklungen der abendländischen Geschichte kommentiert.[16] Grünbein akzentuiert dabei Europas asiatische Herkunft. Dann geht er auf die gleichsam paradoxe Namensübertragung zunächst auf Hellas, dann auf den geographischen Raum ein, der auch heute noch als ‚Europa' bezeichnet wird, wodurch Europas Herkunft eine frühe, doch bis in die Gegenwart prägende ‚Asiatisierung' erfährt: *Sie brannte ihm damit zugleich für alle Zeiten auch den Stempel ihrer Herkunft auf.*

Grünbein begründet daraus tiefenpsychologisch im Sinne einer gestörten, liebevoll-hassenden Beziehung zwischen der asiatischen Mutter Europa zu ihrem Kind, dem Kontinent Europa, die jahrtausendealten Konflikte zwischen beiden Erdteilen: Er verweist auf die Angriffe der Perser, Assyrer, Hunnen und Türken auf Europa, die gewissermaßen Versuche gewesen seien, die geraubte Europa zurückzuholen. Für die Aggression in der Gegenrichtung führt er exemplarisch die Kreuzzüge des Mittelalters an. Der Raub Europas ist damit gewissermaßen der paradigmatische Beginn einer männlich bestimmten Geschichte, die geprägt wird von einer Reihe von ‚Liebhabern Europas'; die schwierige Mutter-Tochter-Beziehung wird noch durch eine gefährliche, erotische Faszination ergänzt:

Zugegeben, es bleibt ein seltsamer Einfall, einen ganzen Kontinent nach einer nackten Frau zu benennen. Er sagt einiges über das Subjekt der Geschichte – in der Regel ist es männlich. Erst die Tatsache, dass man sie, Zeus folgend, als Sexualobjekt betrachtete, erklärt die Gewalt, die der Kampf um ihren Besitz in den Bewerbern entfesselte.

Zu der historischen Lesart des Mythos zieht Grünbein auch die kulturelle Identität des Erdteils in seine Überlegungen ein, die er ebenfalls mit dem mythischen Geschehen begründet. Die kulturellen Leistungen deutet er als dialektische Kompensationsleistung des Zeus für die Gewalttat des Raubes, die am Anfang des Geschehens stand. Er kommt daher zu einer historischen und kulturellen Lesart des Mythos:

der Mythos, wie ihn die Griechen uns überlieferten, die Stiftungslegende unserer territorialen Identität, handelt nicht nur von einer Gewalttat, sondern auch von einem historisch einmaligen Reifeprozess, von Großzügigkeit, Selbstbestimmung und Toleranz. [...] Zeus kompensierte gewissermaßen, was er durch seine unersättliche sexuelle Gier anrichtete, und lieferte damit das Vorbild für jene typische europäische Dynamik, wie sie der Philosoph Hegel den Geschichtsgläubigen später unter der Reklameformel vom Weltgeist schmackhaft machte.

Die Aktualität dieser Verbindung von Politik, Geschichte und Mythos findet Grünbein in der europäischen Union und der ikonographischen Präsenz des Mythos: In der vom Stier hinweggetragenen Europa auf der griechischen Zwei-Euro-Münze findet er eine monetär-ökonomische ‚Liebeserklärung' an eine gemeinsame europäische Identität.

Allerdings kennt Grünbeins Werk auch einen pessimistischeren Blick auf den Mythos. Der dritte Teil des Gedichtzyklus *Nach den Satiren*, *(Der lange Schlaf)*, beschreibt die Zerstörungen des Zweiten Weltkriegs. Am Beispiel Berlins zeichnet er im Zeitraffer die Kriegsagitation nach, bis das

Publikum verstummte in Ruinenkellern. Europa gehört in diesem Moment der Vergangenheit an: *Das war Europa*, der Stier, der Europa von Asien wegbrachte, kein Gott mehr, sondern bloßes Hexeninstrument:

Mit Schaum
Vorm Mund war hier ein Gnom
die Attraktion gewesen.
Und seine Nummer war der Haßtanz
zwischen Eintopf–Tellern.
Vom Bierzelt führte ihn sein Weg
in Sportpalast und Oper,
bevor sein Publikum verstummte
in Ruinenkellern.
Und übers Radio kam der Spruch
Das war Europa…
(Das war Europa, – und der Stier
ein Hexenbesen.)[17]

Zum Schluss: Heinz Erhardt

Dieser Überblick über die wesentlichen Transformationen des Europa-Mythos seit 1957 zeigt, dass man sich diesem Mythos in vielerlei Absicht und Form annäherte. Doch auch wenn mehrfach eine historische Perspektive eingenommen wird, bleibt dennoch die Fehlstelle der europäischen Politik auffällig, insbesondere die europäische Einigungsbewegung seit den Römischen Verträgen. Die einzige eindeutige Stellungnahme dazu ist ein Gedicht von Heinz Erhardt, das in einer humoristischen Biographie des *Zeus*[18] im Zeichen seiner Affären mit menschlichen Frauen aus dem Mythos heraus die Uneinigkeit Europas thematisiert. Der Akzent liegt dabei auf Europa, deren innerer Zwiespalt angesichts des Raubs durch den göttlichen Stier als Metapher für die aktuelle Uneinigkeit des politischen Raums Europa dient:

Erst zierte sich das Mädchen sehr –
dann weniger – dann wieder mehr –
da wurde es selbst Zeus ganz klar,
wie *uneinig* Europa war!
Und es ist gar nicht übertrieben,
zu sagen, es sei so geblieben! –

Die Frage, warum der Gott nicht mehr ins aktuelle Geschehen Europas eingreift, also gewissermaßen die Theodizee-Frage, beantwortet ebenfalls der Mythos: *seine Frau, die Hera hieß, / ihn einfach nicht mehr runterließ.*

Anmerkungen

1 Einen Überblick über die Rezeption des Mythos seit der Antike bietet die Sammlung: Mythos Europa. Texte von Ovid bis Heiner Müller. Hg. Almut-Barbara Renger. Leipzig 2003.

2 Walter Jens: Die Götter sind sterblich. Pfullingen 1959, S. 53f.

3 Richard Seewald: Der Raub der Europa. Ein Spiel für Marionetten. Köln 1960.

4 Vgl Vergil, Ecloge 5.

5 Auch dies verweist auf einen antiken Topos, vgl. die Vereinigung von Medea und Jason in Apollonios Rhodios: Argonautica 4,1125ff. sowie von Dido und Aeneas in Vergil: Aeneis 4.

6 Erstmals in: Die Liebschaften des Zeus. Eine moderne Eroto-Mythologie. Hg. Maria Dessauer. München 1968, hier zitiert nach: Heinrich Böll: Gesammelte Erzählungen, Bd. 2; Köln 1981, S. 342–348.

7 Erstmals in Günter de Bruyn.: Prosa. Essay, Biographie. Halle 1978, hier zitiert nach ders.: Babylon. Erzählungen. Frankfurt/M. 1986, S. 83–85. — Die Erzählungen der *Traumstationen* entstanden zwischen 1966 und 1974.

8 Ovid: Metamorphosen 2, 854.

9 Walter Helmut Fritz: Immer einfacher, immer schwieriger. Hamburg 1987, S. 73.

10 Gertrud Fussenegger: Gegenruf. Gesammelte Gedichte. Salzburg 1986, S. 23f.

11 Dagmar Nick: Gezählte Tage. Aachen 1992, S. 12.

12 Zehra Cirak: 12 Texte. In: In: Nach Europa. Texte zu einem Mythos. Hg. Sabine Groenewold, Hamburg 1993, S. 28–45, hier S. 38f., 41, 42.

13 Zsusanna Gahse: Eine Sammlung in der Sammlung. In: Nach Europa. Texte zu einem Mythos. Hg. Sabine Groenewold, Hamburg 1993, S. 49–59, hier 56–59.

14 Erstdruck am 29.10.1994 in der FAZ, hier zitiert aus Heiner Müller: Ajax zum Beispiel. Werke 1, S. 292.

15 Kreta galt lange als Transferland der asiatischen Kultur nach Griechenland; vgl. dazu Stephanie Böhm: Abschied nehmen von einer schönen Idee: Kreta und die eingewanderten Orientalen. In: Ithake. Festschrift für Jörg Schäfer. Hg. von Stephanie Böhm und Klaus-Valtin von Eickstedt. Würzburg 2001, S. 125–130.

16 Vortrag auf dem Symposium „Europa schreibt" im Hamburger Literaturhaus am 26. Januar 2003, hier zitiert aus Durs Grünbein: Antike Dispositionen. Aufsätze. Frankfurt/M. 2005, S. 318–327.

17 Durs Grünbein: Nach den Satiren, Frankfurt/M. 1999, S. 106.

18 Das große Heinz Erhardt Buch. Hannover 1970, S. 10.

Der Europa-Mythos im Musiktheater

Edith Klenk

1. Ziel des Beitrags

Das Fortleben antiker Mythen in den Künsten ist bereits Gegenstand mehrerer Verzeichnisse.[1] Ziel dieses Beitrages ist es, aus den bisher vorliegenden Zusammenstellungen der Vertonungen des „Europa"-Stoffes diejenigen für die Bühne auszuwählen, um weitere darin nicht enthaltene Kompositionen für das Musiktheater zu ergänzen sowie nach den unterschiedlichen „Europa"-Themen zu gliedern.[2] Außerdem wird versucht, zu den jeweiligen Komponisten, Textdichtern und Aufführungsstätten kurze Angaben zu machen, da es sich in vielen Fällen um Namen handelt, die auch manchem Kenner der Musiktheater-Szene nicht geläufig sein dürften.

2. Geschichte des Musiktheaters im Spiegel der Vertonungen des Europa-Stoffes

Vor etwa 400 Jahren entstand die Gattung der Oper. Sie verdankt ihre Beliebtheit dem Zusammenwirken verschiedener Künste: „Musik und Literatur, bildende Kunst, Schauspiel, Tanz und Pantomime sind gleichermaßen am Kunstwerk Oper beteiligt".[3] Entsprechend weit gefasst ist hier auch der Begriff des Musiktheaters: Es werden in dieser Zusammenstellung nicht nur Opern im eigentlichen Sinn, sondern auch Zwischenaktmusiken, Ballette u.ä. genannt, allerdings nur solche Werke, die auch wirklich auf der Bühne aufgeführt worden sind. Die Titel, die zwar den Europa-Stoff zum Inhalt haben, ihn aber nur musikalisch und nicht auch szenisch ausdeuten, blieben unberücksichtigt.

Die Oper hat ihre Entstehung vor allem Literaten zu verdanken, die den Versuch unternehmen wollten, die antike Tragödie wiederzubeleben. Der Kreis um den Kunstmäzen und Altertumsforscher Graf Giovanni Bardi, die sogenannte Florentiner Camerata, ging von der Prämisse aus, dass der Text des griechischen Dramas vollständig gesungen wurde. Es ist weder Aufgabe dieses Aufsatzes, eine weitere Darstellung der Entstehung der Oper zu verfassen, noch die Diskussion fortzuführen, ob der „Mythos von der Geburt der Oper aus dem Geist der griechischen Tragödie […] hartleibig wie alle Halbwahrheiten […] bisher allen Versuchen, sich dem historischen Befund etwas differenzierter zu nähern, widerstanden" hat.[4] Auch soll hier nicht entschieden werden, ob die schon im 16. Jahrhundert beliebten musikalischen Formen des Trionfo, der Sacra Rappresentatione, der Intermedien, der Commedia dell'Arte, der Pastorale, Posse und Zauberstücke Vorläufer der Oper oder eigenständige Formen waren. Unstreitig ist, dass die Dichtungen, die vertont wurden, in der Frühzeit der Operngeschichte überwiegend von der Antike beeinflusst waren. Vor allem mythologische Themen, wie die Stoffe von Orpheus und Euridice oder Daphne wurden unzählige Mal zum Libretto umgearbeitet. Diese Werke können zwar unter dem Begriff der „Mythologischen Oper" zusammengefasst werden, der Mythos ist aber „nur eine im Libretto aufzuspürende Kategorie", die nicht in der individuellen Gestalt der Musik erfahrbar wird.[5] So bietet sich auch die hier vorgelegte Zusammenstellung von Vertonungen des Mythos Europa an, Probleme der Operngeschichtsschreibung allgemein und die stilistische Entwicklung des Musiktheaters bis heute exemplarisch zu verfolgen.

Grundlage der Zusammenstellung sind überwiegend Titelnachweise in Bibliographien, Lexika und Librettokatalogen, nicht aber gedruckte Noten. Das ist beispielhaft für das gesamte Problem der Operngeschichtsschreibung, denn „während die Opernlibretti zumeist in hohen Auflagen gedruckt und dem Publikum verkauft wurden, damit der

---

[1] Hunger, Herbert: Lexikon der griechischen und römischen Mythologie: mit Hinweisen auf das Fortwirken antiker Stoffe und Motive in der bildenden Kunst, Literatur und Musik des Abendlandes bis zur Gegenwart, 8. Aufl. Wien 1988, S. 164; Moormann, Eric M./Uitterhoeve, Wilfried: Lexikon der antiken Gestalten: mit ihrem Fortleben in Kunst, Dichtung und Musik. Stuttgart 1995, S. 270; Poduska, Donald M.: Classical Myth in Music: a Selective List, in: Classical World 92. 1999, S. 220; Reischert, Alexander: Kompendium der musikalischen Sujets: ein Werkkatalog. Kassel 2001, S. 350 f.

[2] Es gelang nicht, alle Titel selbst einzusehen, so dass fehlerhafte Einordnungen möglich sind.

[3] Schmierer, Elisabeth in: Scharnagl, Hermann [Hrsg.]: Operngeschichte in einem Band, Berlin 1999, S. 7.

[4] Leopold, Silke: Die Oper im 17. Jahrhundert. Laaber 2004 (Handbuch der musikalischen Gattungen. Bd. 11), S. 49.

[5] Winterhager, Wolfgang: Zur Funktion des Mythos in der Ägyptischen Helena, in: Csobádi, Peter [Hrsg.]: Antike Mythen im Musiktheater des 20. Jahrhunderts. Anif 1990, S. 179 ff.

Text während der Aufführung mitgelesen werden konnte, dienten die Partituren […] »nur« als Vorlage für die Aufführung; sie blieben handschriftlich und erlitten, zumeist wohl im Ofen oder als Verpackungsmaterial für Fische, das Schicksal aller Musik, die irgendwann aus der Mode kam."[6]

Ein weiteres Problem besteht darin, dass viele Texte anonym überliefert sind, denn „die Musik stand gleichsam am Ende der Produktionskette; sie war, in der kommerziellen Oper, nicht nur der variabelste Anteil; sie wurde oft auch nicht einmal mit einem Namen verbunden – von zahlreichen Opern des 17. Jahrhunderts sind die Librettisten und Sänger, ja sogar die Bühnenbildner, nicht aber die Komponisten bekannt."[7]

Bemerkenswert häufig sind Libretti, die nicht von Dichtern verfasst wurden, sondern von adeligen Theaterliebhabern, Juristen oder Diplomaten (vgl. unten 3.a. 1619, 1636, 1653, 1778, 1927, 3.b. 1629, 1660).

Ein Blick auf die Aufführungsorte spiegelt den Siegeszug der Gattung „Oper" durch Europa: Die frühesten Beispiele sind Inszenierungen an italienischen Fürstenhöfen als repräsentatives Ereignis anlässlich einer Fürstenhochzeit (3.a. 1619, 3.b. 1629), eines Staatsbesuchs (3.a. 1626) oder einer Turnierveranstaltung (3.a. 1636). Es folgen daneben in der zweiten Hälfte des Jahrhunderts Aufführungen an öffentlichen Opernhäusern, ab der Wende zum 18. Jahrhundert finden sich „Europa"-Opern in Frankreich und an den französisch orientierten Höfen Deutschlands, gerne in der Tradition des opéra-ballet. Nur wenig später finden wir den Stoff in England. Im 19. Jahrhundert wird er nur noch im deutschsprachigen Raum humoristisch parodiert. Im 20. Jahrhundert wird das Thema überraschend oft wieder in allen Facetten des Musiktheaters aufgegriffen, überproportional häufig in Balletten (3.a. 1946, 1948). Daneben fallen die ironisierenden Darstellungen in Operetten (3.a. 1920; 1944), das Experiment Kurzoper (3.a. 1927), schließlich ein Beispiel der politischen Oper (3.a. 1988), auf.

3. Chronologisches Verzeichnis

a. Vertonungen des Mythos „Europa und der Stier"

Im Wesentlichen folgen die unten aufgeführten Stücke der Kernerzählung:

Europa, die Tochter des Agenor, König von Tyros, befindet sich mit ihren Freundinnen am Strand. Der in sie verliebte Jupiter nähert sich ihr in Gestalt eines Stieres, entführt sie über das Meer nach Kreta, wo sie ihm drei Söhne (Minos, Rhadamanthys und Sarpedon) schenkt.[8]

Relativ häufig wird die Handlung mit einer Kurzfassung des Kadmos-Mythos verknüpft:

Kadmos, der Bruder Europas, wird von Agenor ausgesandt, um seine Schwester zurückzuholen. Er erschlägt einen Drachen, dessen Zähne er aussät. Aus diesen Zähnen erwächst eine Schar bewaffneter Krieger.

Soweit die Librettisten durch Hinzufügen weiterer Personen, anderer Rahmenhandlungen oder gar durch fiktive Begebenheiten aus dem „Leben" der Europa nach der Jupiterepisode davon abweichen, wird dies unter jedem einzelnen Titel notiert.

1619

L'Europa
del Boiardo per la musica recitativa
Text: Giovanni Antonio Bonardo Mangarda
UA: Turin: Teatro di Corte[9]

Das Werk wurde anlässlich der Hochzeit von Vittorio Amadeo I. von Piemont mit Marie Christine von Frankreich (Schwester von Louis XIII.) am 28.11.1619 aufgeführt.

Der Komponist ist nicht bekannt.

Der Textdichter Giovanni Antonio Bonardo Mangarda[10], in der ersten Hälfte des 17. Jahrhunderts nachzuweisen, ein Graf aus Mondovi, Doktor beider Rechte und Schriftsteller, verfasste das Libretto nach einem Text von Matteo Maria Boiardo[11].

---

[6] Leopold, S. 131. Das gilt übrigens nicht nur für das 17. Jahrhundert – auch noch die „Europa" von Heymanns 1920 ist nicht in Noten überliefert.

[7] Leopold, S. 9. So sind dem Vorwort der „Europe" 1689 sogar die Namen der Tänzer zu entnehmen, der Komponist bleibt anonym.

[8] Bühler, Winfried: Europa: ein Überblick über die Zeugnisse des Mythos in der antiken Literatur und Kunst. München 1968 (mit ausführlichem Hinweis auf die zahlreichen Varianten des Mythos).

[9] Stieger, Franz: Opernlexikon. T. I: Titelkatalog, Tutzing 1975 Bd. 1, S. 414; Sartori, Claudio: I libretti italiani a stampa dalle origini al 1800: catalogo analitico [mit internationalen Besitznachweisen]. Cuneo 1990–94, Nr. 9421

[10] Jöcher, Christian Gottlieb: Allgemeines Gelehrten-Lexikon. Fortsetzung und Ergänzung von Johann Christoph Adelung. Bd. 1, Leipzig 1784, Sp. 2019.

[11] Boiardo, geb. 1441 in Scandiano, gest. 1494 in Reggio Emilia, ist vor allem durch seinen „Orlando Innamorato" und die „Amorum libri" nach Ovid bekannt (Branca, Vittore: Dizionario critico della Letteratura italiana. Bd. 1. Turin 1985, S. 364 ff.).

1623

Vernizzi, Ottavio: Europa rapita da Giove cangiato in Toro

Intermezzo zu „L'amorosa innocenza": tragicommedia pastorale von Silvestro Branchi
UA: Bologna: Salone del Senato[12]

Ottavio Vernizzi [Vernici, Invernizzi, Invernici][13], geb. 1569 in Bologna, gest. 1649 in Bologna war Organist an der Kirche S. Petronio in Bologna von 1596 bis zu seinem Tod. Diese Kirche, deren Bau 1390 begonnen wurde, war insbesondere im 17. Jahrhundert ein einflußreiches Zentrum der Vokal- und Instrumentalmusik, bekannt in ganz Nord- und Mittelitalien.[14] Außerdem war Vernizzi Mitglied der Accademia dei Filomusi.[15] Von seinen Kompositionen haben ausschließlich kirchenmusikalische Werke überlebt, aber er schrieb zwischen 1617 und 1625 auch einige Intermedien, die meisten nach Texten von Silvestro Branchi.

Von Branchi [Silvestro Branca][16], der sich als „Costante nell' Accademia de' Ravvivati" bezeichnet, ist nur bekannt, dass er aus Bologna stammt und in der ersten Hälfte des 17. Jahrhunderts geschrieben hat.[17]

1626

L'Europa

Text: Baldovino Simoncelli Del Monte
UA: Mantua: Teatro Ducale[18]

Das Werk muss eine andere Darstellung des Mythos Europa beinhalten. Im Personenverzeichnis treten zwar Europa, Agenor und Jupiter auf, daneben aber auch Juno, Consigliero, Ilderia, Caliarco, Amore, Lucela, Dafne und Osarte.

Die Aufführung fand zu Ehren von Erzherzog Leopold V. von Österreich statt.

Der Komponist des Stückes ist nicht überliefert.

Der klassizistische Textdichter Simoncelli Del Monte[19] wirkte im 17. Jahrhundert überwiegend in Rom, wo er in Verbindung mit dem „Circolo Barberiniano" stand.

1636

Sances, Giovanni Felice: L'Ermiona

per introduzione d'un Torneo a piedi et a cavallo e d'un Balletto. [darin:] Attione prima: Il rapimento d'Europa
Text: Pio Enea degli Obizzi
UA: Padua[20]

Handlungsvariante: Der erste Akt beinhaltet den Europa-Mythos, der zweite und dritte Akt behandelt den Kadmos-Mythos.

Giovanni Felice Sances [Sancies, Sanci, Sanes][21], geb. um 1600 in Rom, gest. 1679 in Wien, war nach seiner musikalischen Ausbildung in Rom möglicherweise bei dem bedeutenden Kunstmäzen Pio Enea degli Obizzi angestellt, ehe er 1636 als Sänger in die Hofkapelle von Kaiser Ferdinand III. nach Wien wechselte, wo er schließlich zum Kapellmeister avancierte. Bei der Uraufführung der „Ermiona" sang er selbst die Rolle des Kadmos.

Obizzi[22], (geb. zu Beginn des 17. Jahrhunderts in Padua, gest. 1674 in Cattajo) „marchese lette-

12 Stieger Bd. 1, S. 414, dort: fälschlich Textdichter: Silvio Branchi; Hunger, S. 164; Sartori, Nr. 9430; Reischert, S. 350; Legger, Gianni: Drammaturgia musicale italiana: Dizionario dell'italianità dell'opera dalle origini al terzo millennio. Turin, Vorabveröffentlichung im Internet [dmi-specimen.pdf], S. 890.

13 Roche, Jerome: „Vernizzi" in: The New Grove Dictionary of Music and Musicians. London 1980 (Grove) Bd. 19, S. 673; ders.: „Vernizzi" in: The New Grove Dictionary of Music and Musicians. 2. Ed. London 2001 (Grove²) Bd. 26, S. 485; Mischiati, Osar: „Vernizzi" in: Die Musik in Geschichte und Gegenwart: allgemeine Enzyklopädie der Musik. Kassel 1949–1986 (MGG) Bd. 13. 1966, Sp. 1499 f.

14 Surian, Elvidio: „Bologna" in: Grove Bd. 3, S. 2; Roccatagliati, Alessandro: „Bologna" in: Die Musik in Geschichte und Gegenwart. 2., neubearb. Ausg. Kassel 1999 (MGG²) Sachteil Bd. 2. 1995, Sp. 23 ff.

15 Mitglieder dieser 1625 als Nachfolger der Accademia dei Floridi gegründeten Institution waren u.a. Banchieri, Monteverdi und Merula. Die Bologneser Akademien verstanden sich – anders als die literarischen Akademien der Renaissance- und Barockzeit – nicht nur als Stätten der gegenseitigen Befruchtung von Künstlern, sondern dienten der Ausbildung in Musiktheorie und praktischer Musikausübung, vgl. Surian, S. 5.

16 Jöcher, Sp. 2197; Nappo, Tommaso: Indice Biografico Italiano. 2. Ausg. München 1997 (Nappo I).

17 In Sartori sind 9 weitere Operntexte von ihm nachgewiesen, die alle in Bologna zwischen 1613 und 1627 erschienen.

18 Stieger, Bd. 1, S. 414, dort Textdichter aufgeführt als Balduino di Monte; Sartori, Nr. 9422.

19 Letteratura italiana: Gli Autori. Dizionario bio-bibliografico e Indici. Bd. 2, Turin 1991, S. 1640.

20 Sartori, Nr. 9160; eine ausführliche musikhistorische Würdigung unter Heranziehung zeitgenössischer Quellen: Petrobelli, Pierluigi: L'„Ermiona" di Pio Enea degli Obizzi ed i primi spettacoli d'opera veneziani, in: Quaderni della Rassegna musicale 3. 1965, S. 125 ff.

21 Schnitzler, Rudolf/Whenham, John: „Sances" in: Grove Bd. 16, S. 461 ff.; Steinheuer, Joachim: „Sances" in: MGG² Bd. 14. 2005, Sp. 905 ff.

22 Schmidl, Carlo: Dizionario universale dei musicisti. Mailand 1937–38. Bd. 2, S. 441; Ughi, Luigi: Dizionario storico degli uomini illustri ferraresi … Ferrara 1804 zit. nach Nappo I.

rato", Mitglied von drei wissenschaftlichen Akademien, Spross einer kunstsinnigen Familie, die Schlösser und Theater in Padua und Ferrara besaß. Bereits sein Vater Roberto war ein begeisterter Theaterliebhaber, der das Teatro dei Intrepidi 1640 in Ferrara gekauft und nach seiner Familie umbenannt hatte. 1660 erbaute Pio Enea dieses Theater neu, um dort seine Werke aufzuführen.[23]

1653

Manelli, Francesco: Il ratto d'Europa
Dramma per musica
Text von Paolo Emilio Fantuzzi
UA: Piacenza: Teatro Ducale[24]

Francesco Manelli [Mannelli][25] geb. ca. 1595 in Tivoli, gest. 1667 in Parma, Komponist, Sänger, Impresario und Dichter. Manelli war in seinen Anfangsjahren in Tivoli und Rom tätig, ab 1637 in Venedig, wo er wesentlich zur Tradition der öffentlichen Oper beitrug. Von 1645 bis zu seinem Tod wirkte er als Sänger an der Kirche S. Maria della Steccata in Parma, daneben ab 1653 am Hof der Farnese in Parma. In dieser Zeit schrieb er für das Hoftheater einige Opern, deren Musik verschollen ist.

Hinter dem Pseudonym des Textdichters Elvezio Sandri verbirgt sich der Dichter Paolo Emilio Fantuzzi[26]. Dieser war ein Adeliger, Rechtsgelehrter und Mitglied des Senats aus Bologna, der in der Mitte des 17. Jahrhunderts gewirkt hat, und der unter dem Namen „Ardente" Mitglied der Accademia dei Gelati war.

1673

Melani, Alessandro: L'Europa
Introduzione
UA: Florenz: Teatro degli Infuocati in Via del Cocomero[27]

Alessandro Melani[28], geb. 1639 in Pistoia, gest. 1703 in Rom, begann seine musikalische Laufbahn als Sänger am Dom zu Pistoia, wo er nach Kapellmeistertätigkeiten in Orvieto und Ferrara 1667 die Stelle des maestro di capella erhielt. Schon 4 Monate später wurde er zum Kapellmeister an S. Maria Maggiore in Rom berufen, 1672 wechselte er in die gleiche Position an die Kirche S. Luigi dei Francesi, wo er bis zu seinem Tod wirkte. Er wurde sowohl von Ferdinando de Medici als auch von Francesco II d'Este gefördert; dadurch erklärt es sich, dass in Rom ausschließlich seine Kirchenmusik aufgeführt wurde, seine Opern aber in Florenz und Bologna. Das Teatro degli Infuocati war in der 2. Hälfte des 17. Jahrhunderts das bedeutendste Opernhaus in Florenz.[29]

Melanis Oper „L'Europa" ist als Handschrift in der Österreichischen Nationalbibliothek in Wien überliefert und wurde im Juni 2007 in Schloss Eggenberg (Steiermark) neu aufgeführt.[30]

1689

Il ratto d'Europa
Text von Giulio Cesare Grazzini
UA: Ferrara: Teatro Bonacossi[31]

Das Werk ist ein Pasticcio, das heißt von verschiedenen Komponisten. Sie sind namentlich nicht bekannt.[32]

---

[23] Haas, Robert: Die Estensischen Musikalien: Thematisches Verzeichnis mit Einleitung. Regensburg 1927; Lockwood, Lewis: „Ferrara" in: Grove Bd. 6, S. 488; Roccatagliati, Alessandro: „Ferrara" in: MGG[2] Sachteil Bd. 3. 1995, Sp. 396 ff; das Teatro degli Obizzi, das er 1652 in Padua eröffnete, diente überwiegend dem Sprechtheater (Petrobelli, Pierluigi/Durante, Sergio: „Padua" in: Grove[2] Bd. 18, S. 878 ff.).

[24] Stieger, Bd. 3, S. 1008, dort: fälschlich Komponist. Marrelli, Franc., Textdichter: Flvezio Sandri; Sartori, Nr. 19511; Moormann, S. 270; Reischert, S. 350.

[25] Whenham, John: „Manelli" in: Grove Bd. 11, S. 612 f.; Leopold, Silke: „Manelli" in: MGG[2] Personenteil Bd. 11. 2004, Sp. 959 f. Laut Leopold Aufführungsort: Parma: Farnese, laut Whenham ist Parma nur der Druckort des Librettos. Für den Aufführungsort Piacenza auch Bussi, Maria Ludovica: Musica e musicisti presso i Ser.mi duchi Farnese in Piacenza (1545–1731). Piacenza 1991 (Biblioteca storica Piacentina. 40), S. 56.

[26] Caputo, Vincenzo: I poeti italiani dall' antichità ad oggi: Dizionario biografico. Mailand 1960, S. 24.

[27] Stieger Bd. 1, S. 414; Reischert, S. 350.

[28] Weaver, Robert Lamar: „Melani", in: Grove, Bd. 12, S. 96 ff.; Steinheuer, Joachim: „Melani. 7" in: MGG[2] Bd. 11. 2004, Sp. 1500 ff.

[29] Hill, John Walter: „Florenz, § 2: 1600–1815", in: Grove, Bd. 6, S. 647 ff.; Name bei Stieger und Reischert: Teatro del Cocomero.

[30] Arrangiert von Thomas Höft, der in seiner Veranstaltungsvorschau das Entstehungsjahr 1667 angibt, http://www.styriarte.com/index.php/trade/productview/315/1.

[31] Stieger Bd. 3, S. 1009, dort die Angabe bei Komponisten: „Diverse", Name des Theaters dort: Bonacossa [nach der Titelblattformulierung Teatro del Sig. Co. Pinamonte Bonacossa]; Sartori, Nr. 19512.

[32] Sartori: „di diversi".

Der Textdichter Giulio Cesare Grazzini[33] war ein Geistlicher, von dem zwischen 1688 und 1704 noch acht weitere Libretti zu Opernaufführungen überwiegend in Ferrara nachzuweisen sind, bei der letzten 1704 in Rom trägt er den Titel „Abbate".

Das Theater Bonacossi in Ferrara wurde 1662 erbaut und erlebte bedeutende Opern-Uraufführungen von Legrenzi, Bassani und Chelleri.[34]

1689
Europa rapita
UA: Palermo[35]

Von diesem Werk sind weder Komponist, noch Textdichter oder Anlass der Aufführung bekannt.

Palermo hatte als Sitz des Vizekönigs von Spanien im 17. Jahrhundert ein reiches Musikleben. Ursprünglich fanden Opernaufführungen in Privathäusern, Palästen, Kirchen und Kollegien statt. 1693 wurde das erste öffentliche Opernhaus der Unione dei Musici Santa Cecilia eröffnet, daneben bestand seit 1682 das Freilufttheater „Teatro Marmoreo".[36]

1689
Europe
pastorale heroique, ornée de musique, de dances, de machines & de changements de théâtre
Text: Daniel Paul Chappuzeau [de Baugé]
UA: Celle: „Schloß Cell"[37]

Handlungsvariante: Nach einem langen Diskurs zwischen Merkur und Jupiter über seinen Plan, Europa zu erringen, folgt dessen Ausführung. Das Personal ist um zwei Prinzen erweitert, die vergeblich um die Liebe Europas ringen und hilflos der Entführung zusehen. Im dritten Akt wird in einer Opferszene die Hilfe Apollos zur Befreiung Europas beschworen; sowohl das Orakel des Apollo als auch ein langer Monolog Agenors schildern den Kadmos-Mythos, so dass dem Zuschauer am Ende der Oper, dem Aufbruch des Kadmos zu Schiff, bereits die Vergeblichkeit der Suche bewusst ist.

Der Komponist der Oper ist nicht überliefert.

Der Textdichter Chappuzeau de Baugé[38] ist wahrscheinlich der Sohn von Samuel Chappuzeau (geb. 1625 in Charenton, gest. 1701 in „Zell").

Das Theater im Celler Schloss wurde 1689 – möglicherweise durch diese Oper – durch Herzog Georg Wilhelm unter dem Einfluss seiner französischen Frau Eléonore Desmiers d'Olbreuse eingerichtet, die auch die Gründung einer neuen französischen Hofkapelle unter Philippe de Vigne initiiert hatte.[39]

1694
Eccles, John [u.a.]: The Rape of Europa
Masque
Text: Peter Anthony Motteux
UA: London: Dorset Garden[40]

Handlungsvariante: Europa soll auf Befehl ihres Vaters Agenor einen ungeliebten Prinzen von Tyros heiraten. Sie zieht sich mit einigen Gefährtinnen auf das Land zurück, wo der Raub durch Jupiter mit Hilfe Merkurs stattfindet. Die dem Selbstmord nahe geschändete Europa wird zur Sühne durch Jupiter in einen unsterblichen Stern verwandelt.

Das Stück wurde zusammen mit der Neubearbeitung des „Valentinian" von John Fletcher durch den Earl of Rochester aufgeführt, das Handlungsparallelen aufweist: auch dieses Schauspiel hat Schändung und Selbstmord zum Inhalt, die

---

33 Seine Biographie ist nicht einmal über den sehr ausführlichen, auch „Kleinmeister" erfassenden Index zu biographischen Lexika nachzuweisen (Nappo I).

34 Lockwood, Lewis: „Ferrara" in: Grove Bd. 6, S. 488; Roccatagliati: Ferrara.

35 Sartori, Nr. 9429; Leone, Guido: L'opera a Palermo dal 1653 al 1987. Vol. 1: dal 1653 al 1977 (escluso il Teatro Massimo). Palermo 1988 kennt in seiner ausführlichen Liste der Opernaufführungen diesen Titel nicht.

36 Balsano, Maria Antonella „Palermo" in: MGG² Sachteil, Bd. 7. 1997, Sp. 1330; Carapezza Paolo Emilio/Collisani, Giuseppe: „Palermo" in: Grove² Bd. 18, S. 930 ff.

37 Thiel, Eberhard / Rohr, Gisela: Libretti: Verzeichnis der bis 1800 erschienenen Textbücher. Frankfurt 1970 (Kataloge der Herzog August Bibliothek Wolfenbüttel. 14), Nr. 675; Stieger, Bd. 1, S. 414.

38 Dictionnaire de Biographie Française Bd. 8. Paris 1956, S. 443; Möller, Reinhard Walter Ludwig Eduard: Celle-Lexikon. Hildesheim 1987, S. 42 nennt nur den Vater und einen Bruder Christoph Chappuzeau.

39 Müller, Harald: „Celle" in MGG² Sachteil Bd. 2. 1995, Sp. 480 ff.

40 Sonneck, Oscar George Theodore: Catalogue of Opera Librettos printed before 1800. Washington 1914, S. 915 ohne Komponistennennung, Aufführungsort: The Queens Theatre in Dorset-Garden; Stieger Bd. 3, S. 1006 ohne Komponistennennung, Aufführungsort: Queen's Theatre; Moormann, S. 270; Reischert, S. 350; Neudruck u.d.T.: The Rape of Europa by Jupiter (1694) and Acis and Galatea (1701): Peter Antony Motteux and John Eccles. Introduction by Lucyle Hook. Los Angeles 1981 (The Augustean Reprint Society. Nr. 208).

aber im Gegensatz zum mythologischen Stoff nicht gezeigt werden, sondern nur hinter der Bühne stattfinden. Der Erfolg des Stückes lässt sich daran ablesen, dass bereits 1695 Teile der Komposition gedruckt wurden.[41]

John Eccles[42], geb. ca. 1668 in London, gest. 1735 in Hampton Wick, seit 1693 einer der bedeutendsten englischen Bühnenkomponisten, komponierte zunächst für die „United Companies", die im Theater in der Drury Lane auftraten. Er schrieb insbesondere für die Sängerin Anne Bracegirdle, die auch die Hauptrolle der Europa sang und folgte ihr 1695 an das Lincoln's Inn Fields Theatre, dessen Direktor er wurde. Nach einigen schwächeren Theatererfolgen zog er sich nach 1706 von der Bühne zurück nach Hampton Wick und komponierte nur noch Gelegenheitsmusiken für den königlichen Hof.

Der Textdichter Peter Anthony [Pierre Antoine] Motteux [Le Motteux, Mottieux][43], geb. 1663 in Rouen, gest. (an einem seltenen Erstickungssyndrom in einem Bordell) 1718 in London, lebte seit 1685 in London. Er trat als Publizist für die Oper nach italienischem und französischem Vorbild ein und wurde ständiger Partner von John Eccles bei dessen Opern, Masken- und Singspielen.

1698

Candriano, R. Tomaso: L'Europa in Asia
Dialogo per musica
Text: R. Pietro Paolo Mainero
UA: Genua: Karmeliterkirche S. Carlo[44]

Sowohl Komponist wie auch Textdichter scheinen nicht über das Umfeld ihres Klosters hinaus tätig geworden zu sein – sie sind in den gängigen Personenlexika nicht zu finden und kein weiteres Werk ist von ihnen nachzuweisen.

1714

Europa rapita da Giove
Intermedia
UA: Cisterna di Latina[45]

Komponist und Textdichter dieses Intermediums sind nicht bekannt, vielleicht aber identisch mit einem der Urheber der Oper „La finta rapita, Favola boschereccia", einem Pasticcio von drei Komponisten, zu der es aufgeführt wurde. Komponist ist G. Valentini in Zusammenarbeit mit N. Romaldo und C. F. Cesarini. Text von Domenico Renda[46].

Das mythologische Thema des Frauenraubes im Intermedium korrespondiert wieder mit der Handlung der Oper.

Giuseppe Valentini[47], geb. um 1680 in Florenz, gest. nach 1759 in Paris (?) war Komponist, Geiger und Dichter, erhielt seine Ausbildung wahrscheinlich bei Corelli in Rom, wo er 1708–1713 bei Prinz Francesco Maria Ruspoli als Violinist angestellt war. Die Aufführung der „Finta rapita" in Cisterna im Theater des Michelangelo Caetani, Prinz von Caserta, dem er auch sein op. 7 widmete, spricht für eine Anstellung in dessen Diensten.

Nicolao Romaldo [Romaldi][48] ist als Musiker und Komponist um 1710 nachweisbar.

Carlo Francesco Cesarini[49], geb. um 1666 bei Urbino, gest. um 1741 in Rom, Komponist und Geiger, wurde 1690 Nachfolger von Corelli als maestro di musica bei Kardinal Benedetto Pamphili in Rom, in dessen Diensten er wahrscheinlich bis an dessen Lebensende blieb. Er komponierte überwiegend Oratorien und weltliche Kantaten.

Der Textdichter Domenico Renda ist in den gängigen Lexika nicht nachzuweisen, er hat aber noch mindestens drei weitere Opernlibretti zwischen 1702 und 1708 geschrieben, in denen er sich als „Accademico Infecondo" bezeichnet.

[41] „Songs in the New Masque call'd, the Rape of Europa by Jupiter, set by Mr. J. Eccles" in: Thesaurus Musicus 1695, S. 9–14, abgedruckt in Hook.

[42] Lincoln, Stoddard: „John Eccles" in: Grove Bd. 5, S. 819 ff.; Platt, Richard: „Eccles" in: MGG² Bd. 6. 2001, Sp. 49 ff.

[43] Felbinger, Rolf: Quellenautopsie „Peter Anthony Motteux (1694)" in: Europabegriffe und Europavorstellungen im 17. Jahrhundert: Web-Projekt, Wolfgang Schmale (Dir.). http://www.univie.ac.at/igl.geschichte/europaquellen/quellen17/motteux1694.htm.

[44] Sartori, Nr. 9428.

[45] www.opera.stanford.edu/composers/V.html – 53 k –.

[46] Sartori, Nr. 10539 ohne das Intermedium; Legger, S. 880.

[47] Talbot, Michael: „Valentini" in: Grove Bd. 19, S. 496 f.

[48] Schmidl Bd. 2, S. 388.

[49] Smither, Howard E.: „Cesarini" in: Grove Bd. 4, S. 87; Marx, Hans Joachim: „Cesarini" in: MGG² Bd. 3. 2000, Sp. 604 ff.

1723

Galliard, John Ernest [u.a.]:
Jupiter and Europa
a masque of songs
Text: Lewis Theobald
UA: London: Lincoln's Inn Fields[50]

John Ernest [Johann Ernst] Galliard[51], geb. ca 1680 in Celle, gest. 1747 in Chelsea, deutscher Komponist und Oboist, der nach Auflösung des Orchesters in Celle 1705 nach London ging als Hofmusiker des Prinzen Georg von Dänemark (des Gemahls von Queen Anne). Zwischen 1717 und ca. 1730 komponierte er für die Theatertruppe des Lincoln's Inn Fields Theaters neben Opern auch zahlreiche Pantomimen, in denen er selbst die Rolle des Harlekins übernahm. Diese Pantomimen dauerten i.d.R. eine knappe Stunde und in den meisten Fällen ist eine kurze Beschreibung überliefert, die den gesungenen Text wiedergibt und eine knappe Zusammenfassung der Handlung. „Jupiter and Europa" war ein großer Erfolg, erlebte innerhalb von fünf Jahren 42 Aufführungen[52] und Teile daraus wurden sogar in mehreren Ausgaben gedruckt.[53] An der Komposition war außerdem noch Richard Leveridge (geb. 1670 in London, gest. 1758 in London)[54] beteiligt.

Lewis Theobald[55], geb. 1688 in Sittingbourne, Kent, gest.1744, ist vor allem wegen seiner Shakespeare-Editionen und Homer-Übersetzungen bekannt.

1739

Béthizy, Jean Laurent de:
L'Enlèvement d'Europe
Oper
Text vom Komponisten, Versailles[56]

Jean Laurent Béthizy[57], geb. 1709 in Paris, gest. 1781 in Longwy, französischer Komponist und Musiktheoretiker, von dessen Werk nur die theoretischen Schriften überlebt haben, vor allem wegen seiner Unterstützung der Musiktheorien von Rameau, die in Frankreich von d'Alembert und in Deutschland von Mattheson kritisiert wurden.

1749

Dugué: Jupiter et Europe
Divertissement
Text: Louis Fuzelier
UA: Versailles[58]

Ein Komponist Dugué ist in den gängigen Lexika nicht verzeichnet. Es ist unwahrscheinlich, dass L'Abbé Duguet[59] – ein Kirchenmusiker, der ab 1780 in Paris nachweisbar ist – damit gemeint ist. Vielleicht handelt es sich um Philippe Du Gué[60], der als Professeur de musique in Paris um 1750 bekannt ist und dessen Kompositionen alle vor 1754 erschienen sind (einige Drucke überliefert).[61] Nach Briquet und Betzwieser (vgl. Fußnote 63) ist das Werk eine Gemeinschaftsarbeit von Duport und Dugué. Bei Duport könnte es sich um den Vater von Jean-Pierre Duport (1741–1818) und Jean-Louis Duport (1749–1819) handeln, der Amateurcembalist und –violoncellist und um 1740 maitre à danser und huissier de la Chambre du Roi (Louis XV) war.[62]

[50] Stieger Bd. 2, S. 662, dort mit dem Aufführungsort London: Hay Market; Hunger, S. 164; Moormann, S. 270; Reischert, S. 350, dort mit den Lebensdaten 1687–1749 und mit dem Hinweis (wohl nach Fiske (s. Fußnote 52), dass eine Neufassung u.d.T.: The Royal Chase or Merlin's Cave 1736 in Covent Garden aufgeführt wurde.

[51] Fiske, Roger: „Galliard" in: Grove Bd. 7, S. 107 ff. dort die Angabe, dass ein Teil der Musik von anderen Komponisten stammt; Burde, Ines: „Galliard" in: MGG² Bd. 7. 2002, Sp. 453 ff.

[52] Fiske, Roger: English Theatre Music in the Eighteenth Century, London 1973, S. 75.

[53] Répertoire international des sources musicales. R. A: Einzeldrucke vor 1800 (RISM A), Bd. 3. 1972, G 208–210.

[54] Baldwin, Olive / Wilson, Thelma: „Leveridge" in: Grove Bd. 10, S. 701 ff., dort die Angabe, dass die Oper von Leveridge unter Beteiligung von Colston und Galliard stammt; Giebelhausen, Nils: „Leveridge" in: MGG², Bd. 11.2004, Sp. 29 f. nennt als dritten Komponisten Cobston wie in RISM. Ein Komponist

Cobston oder Colston ist nicht in dem auch weniger bekannte Lexika auswertenden Index nachzuweisen (Bank, David/Mc Donald, Teresa: British Biografical Index. 2. Aufl. München 1998), auch Fiske, Theatre Music, S. 79 nennt ihn „a composer otherwise unknown".

[55] Allibone, S. Austin: A Critical Dictionary of English Literature. Philadelphia 1871, S. 2383.

[56] Stieger Bd. 1, S. 391, dort Komponist fälschlich: Bethisy; Reischert, S. 350, dort fälschlich Komponistenvorname: Jena Laurent, Geburtsdatum 1702.

[57] Cohen, Albert: „Béthizy" in: Grove Bd. 2, S. 663; Paquette, Daniel: „Béthizy" in: MGG² Bd. 2. 1999, Sp. 1521f.

[58] Stieger Bd. 2, S. 662.

[59] Fétis, François-Joseph: Biographie universelle des musiciens. 2. Aufl. Reprint Brüssel 1972, Bd. 3, S. 74.

[60] Fétis Bd. 4, S. 130.

[61] RISM A, Bd. 2. 1972, D 3672–3678.

[62] Milliot, Sylvette: „Duport" in: MGG², Bd. 5. 2001, Sp. 1644ff.

Der Textdichter Louis Fuzelier [Fuslier, Fusselier, Fusillier, Fuzellier][63], geb. 1674 in Paris, gest. 1752 in Paris, war ein sehr geschätzter Dramatiker seiner Zeit, der über 200 Bühnenwerke geschrieben hat.

1765

Guglielmi, Pietro: Il ratto della sposa
Text: Gaetano Martinelli
UA: Venedig: Teatro S. Moisè[64]
darin: Ballo 1: Rappresenta la Scena una marina con veduta dell'Isola di Creta dove Giove in forma di toro eseguisce il ratto di Europa

Der Inhalt wird nur durch die weitere szenische Anweisung skizziert: „Indi per virtù di tal Deità cambiasi la Marina, e l'Isola sudetta in un magnifico Grottesco di Coralli, Cappe, cadute d'acque, que formano la Reggia di Nettuno". Durch den im Ballett im Bereich der Mythologie angesiedelten Frauenraub wird wieder der in der Oper nur angedeutete Raub verdeutlicht.

Pietro Alessandro Guglielmi[65], geb. 1728 in Massa, gest. 1804 in Rom, war einer der wichtigsten italienischen Opernkomponisten der 2. Hälfte des 18. Jahrhunderts. Nach einem Studium in Neapel, wo 1757 seine erste Oper aufgeführt wurde, hatte er Anstellungen in Dresden, Braunschweig und London, um schließlich wieder in Neapel Fuß zu fassen. Seine Opern wurden an allen wichtigen Theatern Italiens aufgeführt.

Gaetano Martinelli[66] war ein äußerst fruchtbarer Theaterdichter. Von ihm sind noch mindestens 52 weitere Opernlibretti zwischen 1765 und 1795 nachweisbar, davon nach einigen frühen Werken in Deutschland und Venedig die meisten in Lissabon, wo er sich als Hofpoet bezeichnet. Schmidl führt ihn auf als „segretario dell' ordine dei conventuali".

1776

Rochefort, Jean Baptiste: L'Enlèvement d'Europe
Pantomime héroique
UA: Paris: Théâtre des grands danseurs du Roy[67]

Jean Baptiste Rochefort[68], geb. 1746 in Paris, gest. 1819 in Paris war seit 1775 Kontrabassist an der Pariser Oper, zwischen 1780 und 1785 leitete er die französiche Oper am Hofe des Landgrafen von Hessen-Kassel, danach kehrte er an die Pariser Oper zurück als Dirigent bis 1815. Sein kompositorisches Werk umfasst überwiegend Opern und Ballette.

1778

Salieri, Antonio: Europa riconociuta
Oper in 3 Akten
Text: Mattia Verazi
UA: Mailand: Scala[69]

Handlungsvariante: Abweichend vom Mythos wurde Europa nicht von Jupiter geraubt, sondern von Asterio, dem König von Kreta. Ihr Vater Agenor, König von Tyros, hat seine Söhne ausgesandt, um sie wieder zu finden. Diese scheitern und wagen nicht, nach Hause zurückzukehren. Agenor setzt daher seine Nichte Semele als Tronerbin ein. Europa kehrt mit Asterio nach Tyros zurück, wird nach vielerlei Verwirrungen schließlich wieder erkannt, verzichtet aber zugunsten von Semele auf den Thron.

Antonio Salieri[70], geb. 1750 in Legnano, gest. 1825 in Wien, wurde nach seiner musikalischen Ausbildung in Legnano und Venedig von Florian Gassmann 1766 mit nach Wien genommen, wo er schon bald mit Opern im Stile Glucks Erfolg hatte.

Europa riconociuta sollte zur Eröffnung des Mailander Teatro alla Scala eigentlich von Chris-

[63] Briquet Marie: „Fuzelier" in: MGG Bd. 4. 1955, Sp. 1176 ff. (mit vollständigem Werkverzeichnis); Anthony, James R.: „Fuzelier" in: Grove Bd. 7, S. 46 f.; Betzwieser, Thomas: „Fuzelier" in: MGG², Bd. 7, 2002, Sp. 319 ff.

[64] Alm, Irene: Catalog of Venetian Librettos at the University of California, Los Angeles, Berkeley 1992, Nr. 1237; als Film vorhanden in: Venetian Opera Libretti, BSB Mus.Film R I 93.27, Reel 40 und 41; Sartori, Nr. 19514–19540; Wessely, Othmar: Die älteren Libretti der Bibliothek des Instituts für Musikwissenschaft der Universität Wien. Wien 1998, Nr. 462.

[65] Jackman, James L.: „Guglielmi" in: Grove Bd. 7, S. 793 ff.; Russo, Francesco Paolo: „Guglielmi. 2" in: MGG² Bd. 8. 2002, Sp. 204 ff.

[66] Schmidl Suppl., S. 514.

[67] Stieger Bd. 1, S. 391 mit Aufführungsjahr 1774 und Aufführungsort: Paris: Opéra; Hunger, S. 164 mit Aufführungsjahr 1774; Moormann, S. 270; Reischert, S. 351 mit Aufführungsjahr und -ort wie Stieger.

[68] Rushton, Julian: „Rochefort" in: Grove Bd. 16, S. 82; Schmierer, Elisabeth: „Rochefort" in: MGG² Bd. 14. 2005, Sp. 235.

[69] Sonneck, Schatz 9288; Stieger Bd. 1, S. 414; Moormann, S. 270; Wessely Nr. 236; Reischert, S. 351; http://de.wikipedia.org/wiki/L'Europa_riconociuta.

[70] Angermüller, Rudolph: Antonio Salieri: sein Leben und seine weltlichen Werke unter besonderer Berücksichtigung seiner ‚großen' Opern. T. II, 1: Vita und weltliche Werke. München 1974; Braunbehrens, Volkmar: Salieri: eine Musiker im Schatten Mozarts. München 1989; Hettrick, Jane Schatkin/Rice, John A.: „Salieri" in: MGG² Bd. 14. 2005, Sp. 842 ff.

toph Willibald Gluck geschrieben werden, der jedoch aus Termingründen ablehnte und stattdessen Salieri als Komponisten vorschlug. Die Uraufführung war trotz einiger Kritik am Text ein großer Erfolg. Zur Wiedereröffnung der renovierten Mailänder Scala im Jahre 2004 wurde sie erneut aufgeführt

Der Textdichter Mattia Verazi[71] war Privatsekretär und Hofpoet des pfälzisch-bayerischen Kurfürsten Karl Theodor und verfasste zahlreiche Libretti, vor allem für Komponisten des Mannheimer Hofes.

1816

Müller, Wenzel: Die Entführung der Prinzessin Europa
Karikaturoper in 2 Akten
Text: Karl Meisl
UA: Wien: Leopoldstädter Theater[72]

Handlungsvariante: Das Stück besteht weitgehend aus einer langen Verulkung der Götter im Olymp, mit Hilfe derer gleichzeitig ein satirisches sozialkritisches Bild der Wiener Gesellschaft des Vormärz gezeichnet wird. Der Plan Jupiters, Europa zu erringen, gelingt ihm zwar, solange er sich ihr als Stier nähert. Auf Kreta angekommen, erscheint Jupiter in Menschengestalt Europa zu alt, die Adonis anziehender findet. Durch das Versprechen reicher weltlicher Güter kann er sich zwar geneigt machen, die Vereinigung der beiden wird aber von der eifersüchtigen Juno verhindert. Jupiter erhebt Europa zu den Sternen.

Wenzel Müller[73], geb. 1767 in Markt Türnau [Mestecko Trnávka], gest. 1835 in Baden bei Wien, war eine musikalische Frühbegabung, der bereits als Jugendlicher sämtliche Orchesterinstrumente spielen konnte und im Alter von 12 Jahren seine erste Messe komponierte. 1786 wurde er als

Kapellmeister am Leopoldstädter Theater in Wien engagiert, wo er – unterbrochen 1807–1813 von einem Engagement in Prag – bis 1830 wirkte. In dieser Zeit schrieb er ca. 250 Bühnenwerke. „Die Entführung" hatte zwar einen großen Erfolg, wird aber als zu „platt, derb, drastisch aber harmlos", bemüht, „die Lachmuskeln der großen Masse in Bewegung zu setzen" beurteilt.[74] Sie erlebte jedoch jahrelang zahlreiche Aufführungen im österreichisch-ungarischen Raum und wurde 1834 im Theater an Wien erneut in den Spielplan aufgenommen.[75]

Sein Librettist Karl Meisl[76], geb. in Laibach [Ljubljana] 1775, gest. in Wien 1853, schrieb über 200 Theaterstücke für Wien. Die literarische Qualität seiner Libretti wird gering eingeschätzt. Die Posse wurde von Meisl unter dem Titel „Die Entführung der Prinzessinn Europa, oder: So geht es im Olymp zu! Eine mythologische Karikatur in Knittelreimen, mit Gesang, in zwey Aufzügen. Die Musik ist von Wenzel Müller, Kapellmeister" als erstes Stück in seinen gesammelten Werken veröffentlicht.[77]

1828

Hysel, Franz Eduard Xaver: Die Entführung der Prinzessin Europa
Posse
UA: Wien: Josephstädter Theater[78]

Franz Eduard Xaver Hysel [Hiesel, Hysl, Hüsel] d. Ä.[79], geb. 1770 in Hengsberg bei Wildon, gest. 1841 in Graz war von 1799 bis 1841 Musikdirektor, Kapellmeister und erster Geiger am Grazer Theater, zwischen 1813 und 1818 auch als Theaterdirektor verantwortlich für das Repertoire. Durch sein vielseitiges Wirken auch als Kapellmeister des Musikvereins, Organisator und Pädagoge war er bestimmend für das Grazer Musikleben in

[71] Schmidl Bd. 2, S. 653.
[72] Stieger Bd. 1, S. 393; Hunger, S. 164, dort auch fälschlich noch ein zweites Mal unter „Ballette" genannt; Reischert, S. 351.
[73] Branscombe, Peter: „Müller" in: Grove Bd. 12, S. 772 f.; Reitterer, Hubert/Reittererová, Vlasta: „Müller" in: MGG² Bd. 12. 2004, Sp. 798 ff.; Österreichisches Musiklexikon. Hrsg. von Rudolf Flotzinger (oeml), Wien 2002-, Bd. 3. 2004, S. 1499 f.
[74] Krone, Walter: Wenzel Müller: e. Beitrag zur Geschichte der komischen Oper. Diss. Berlin 1906, S. 81.
[75] Goedeke, Karl: Grundriß zur Geschichte der deutschen Dichtung. 2. Aufl., Bd. 11, Düsseldorf 1953, S. 268 f.; Bauer, Anton: Opern und Operetten in Wien: Verzeichnis ihrer Erstaufführungen in der Zeit von 1629 bis zur Gegenwart. Graz 1955 (Wiener musikwissenschaftliche Beiträge. Bd. 2), Nr. 1223.

[76] Wurzbach, Constant von: Biographisches Lexikon des Kaiserthums Oesterreich. Th. 17, Wien 1867, S. 284 ff.
[77] Meisl, Karl: Theatralisches Quodlibet, oder sämmtliche dramatische Beiträge für die Leopoldstädter Schaubühne. Bd. 1. Pesth 1820.
[78] Stieger Bd. 1, S. 393.
[79] Wurzbach, T. 9. 1863 , S. 469; Baravalle, Robert: Franz Eduard Hysel: ein Alt-Grazer Musiker, in: Aus dem Musikleben des Steierlandes. Graz 1924, S. 70 ff.; Federhofer, Hellmut: „Hysel" in: MGG Bd. 6. 1957, Sp. 1030 ff.; Suppan, Wolfgang: Steirisches Musiklexikon. Graz 1962, S. 253 ff.; Österreichisches Biographisches Lexikon 1815–1950, Bd. 3. Graz 1965, S. 24 f.; oeml Bd. 2. 2003, S. 828.

der 1. Hälfte des 19. Jahrhunderts. Ein Bild von seinen kompositorischen Fähigkeiten lässt sich wegen der wenigen erhaltenen Werke nicht gewinnen.

Die Aufführung der „Entführung" lässt sich nicht weiter belegen, wohl aber Hysels Wertschätzung der Oper von Wenzel Müller, die er von 1816 bis 1818 17 Mal in Graz auf den Spielplan setzte.[80]

1868

Mayrberger, Karl: Die Entführung der Prinzessin Europa
Burleske Oper
Text: Josef Seydl
UA: Preßburg[81]

Karl [Carl] Mayrberger[82], geb. 1828 in Wien, gest. 1881 in Preßburg [Bratislava], Komponist, Kapellmeister, Musiktheoretiker und Musikpädagoge. Nachdem er ursprünglich aktiver Soldat war, wurde er ab 1861 Chormeister in Bruck/Mur, ab 1865 Dirigent der Preßburger Liedertafel, 1871 Professor für Musik. Er schrieb verschiedene Chorwerke, einige Opern und musitheoretische Werke.

Sein Librettist Josef Seydl d. Ä.[83], geb. um 1805, gest. 1878 in Preßburg, war Schauspieler in Budapest, Wien und Preßburg, seit Anfang der 1860er Jahre dort auch als Regisseur tätig. Er war von Mayrberger beauftragt worden, den Text (von Meisl?) umzuarbeiten, den der Komponist zu schwach fand.[84]

1920

Heymann, Werner Richard: Europa
Lustspiel mit Musik
Text: Georg Kaiser
UA: Berlin: Großes Schauspielhaus.[85]

Handlungsvariante: Europa hält sich zusammen mit einigen jungen Männern in einer Meeresbucht auf. Der Gewinner eines Tanzwettbewerbs soll sie zur Frau bekommen. Zeus, der sich in einen schönen Jüngling verwandelt hat, zeigt den schönsten Tanz, kann Europa aber ebensowenig wie die effeminierten Untertanen König Agenors damit beeindrucken. Daher kehrt Zeus am nächsten Tag in Gestalt eines kraftvollen, wilden Stieres wieder und kann dadurch Europa für sich erobern. Die Krieger des Kadmos kommen zur Brautschau an den Hof und die zurückgekehrte Europa wählt sich den Anführer zum Ehemann; sie werden ein neues Reich gründen, das Europa heißen soll.

Werner Richard Heymann[86], geb. 1896 in Königsberg, gest. 1961 in München, zeigte schon frühzeitig große musikalische Begabung. Nachdem er während des 1. Weltkrieges mit ersten ernsten Werken (Bühnenmusiken u.ä.) Aufmerksamkeit erregte, wendete er sich später zunächst dem Kabarett zu und komponierte schließlich überaus erfolgreiche Filmmusik und Schlager. Die Musik zu „Europa" ist leider nicht erhalten. Die Uraufführung entwickelte sich zu einem Theaterskandal und das Stück wurde nach wenigen Vorstellungen vom Spielplan genommen.[87]

Das Schauspiel erschien bereits 1915 im S. Fischer-Verlag in Berlin unter dem Titel: Kaiser, Georg: Europa: Spiel und Tanz in 5 Aufzügen und wurde 1920 in Potsdam im Verlag Kiepenheuer erneut aufgelegt.

Georg Kaiser[88], geb. 1878 in Magdeburg, gest. 1945 in Monte Verità, Ascona, hatte zwar als bedeutender expressionistischer Schriftsteller literarischen aber keinen wirtschaftlichen Erfolg. So wurde der Skandal um „Europa" dadurch verstärkt, dass die Zeitungen am Tag der Uraufführ-

[80] Werk nicht bei: Bauer 1955; Bauer, Anton: Das Theater in der Josefstadt zu Wien, Wien 1957; Tarjahn, Erdmute: Oper und Singspiel in Graz, in: Musik in der Steiermark, Graz 1980, S. 275 ff. (283); Bauer, Anton/Kropatschek, Gustav: 200 Jahre Theater in der Josefstadt 1788–1988, Wien 1988; Hadamowsky, Franz: Wien: Theatergeschichte von den Anfängen bis zum Ende des ersten Weltkrieges, Wien 1988 (Geschichte der Stadt Wien. Bd. 3); Hammer, Ingrid: Das Grazer Nationaltheater von 1813 bis 1819 unter der Direktion von Franz Xaver (Eduard) Hysel. Phil. Diss. Graz 1976. nennt in der ausführlichen Biographie mit Werkverzeichnis S. 348 ff. die Oper nicht.

[81] Stieger Bd. 1, S. 393; Reischert, S. 351; Titel nach Lengová „Prinzessin Europa: Operette in 1 Akt".

[82] oeml Bd. 3. 2004, S. 1396; Lengová, Jana: „Mayrberger" in: MGG² Bd. 11. 2004, Sp. 1409 f.; www.operone.de/komponist/mayrberger.html; www.agkff.de/wiki/Mayrberger_Karl.

[83] Kosch, Wilhelm: Deutsches Theaterlexikon. Bern 1952, S. 2185; Benyovszky, Karl: Das alte Theater: Kulturgeschichte aus Pressburgs Vergangenheit. Bratislava 1926, S. 94.

[84] Moravec-Hilmar, Rosemary: Musikerbriefe der Handschriften-, Autographen- und Nachlass-Sammlung der Österreichischen Nationalbibliothek: Regestkatalog (http://www.musikerbriefe.at/schrift.asp?Nr=3901).

[85] Stieger Bd. 1, S. 414.

[86] „Ein Freund, ein guter Freund": d. Komponist Werner Richard Heymann (1896–1961). Berlin 2000; Linhardt, Marion: „Heymann" in: MGG² Bd. 8. 2002, Sp. 1505 ff.

[87] Heymann, Werner Richard: Liebling, mein Herz lässt dich grüßen: d. erfolgreichste Filmkomponist der großen UFA-Zeit erinnert sich. Hrsg. Von Hubert Ortkemper. Berlin 2001, S. 109–112.

[88] Killy, Walther: Literatur-Lexikon: Autoren und Werke in deutscher Sprache. Bd. 6. Gütersloh 1990, S. 190 ff.

rung von seiner Verhaftung wegen Diebstahls und Unterschlagung berichteten. 1938 emigrierte Kaiser in die Schweiz.

1927

Milhaud, Darius: L'Enlèvement d'Europe
opéra minute
Text: Henri Étienne Hoppenot
UA: Baden-Baden: Stadthalle[89]

Handlungsvariante: Die Handlung beginnt auf dem Platz vor dem Palast Königs Agenor von Theben. Europa wendet sich von ihrem Verlobten Pergamon ab, weil sie sich in Zeus in Gestalt eines Stieres verliebt hat. Sie verabreden ein Treffen am Strand nach Sonnenuntergang. Der eifersüchtige Pergamon will den Stier töten, doch sein von Zeus abgelenkter Pfeil tötet ihn selbst. Europa entflieht auf dem Rücken des Stieres.

Darius Milhaud[90], geb. 1892 in Aix-en-Provence, gest. 1974 in Genf, begann schon im Alter von 18 Jahren zu komponieren und hinterließ ein enormes Oeuvre (441 Opus-Nummern). Die Entführung der Europa ist ein Auftragswerk, das Paul Hindemith für das Baden-Badener Musikfest 1927 bestellte. Diese standen unter dem Thema „Kammermusik" und erhofften sich eine Erneuerung der Oper durch bis dahin unbekannte, kurze „kammermusikalische" Opern. Milhauds Werk war das kürzeste des Abends (neun Minuten), das neben Tochs „Prinzessin auf der Erbse", Weills „Mahagonny", Hindemiths „Hin und zurück", Reutters „Saul" und Gronostays „In zehn Minuten" aufgeführt wurde. Trotz der Kürze des Werks sind alle typischen Merkmale der Oper vorhanden, ihre extreme Verkürzung soll aber nur als Parodie, nicht aber als Ulk verstanden werden, wenn auch der mehr als sparsame Text des Chores eine solche Deutung nahe legt.

Seinen Librettisten, den Diplomaten Henri Etienne Hoppenot[91], geb. 1891 in Paris, gest.1977,
kannte Milhaud aus Rio de Janeiro, wo beide von 1916–1918 unter Paul Claudel an der französischen Botschaft gearbeitet hatten.

1944/1952

Strauss, Richard: Die Liebe der Danae
heitere Mythologie in 3 Akten
Text: Joseph Gregor nach Hugo von Hofmannsthal
UA: Salzburg: Festspielhaus 1952 (halböffentliche Generalprobe bereits 1944)[92]

Handlungsvariante: Die Oper behandelt frei den Mythos der Danae, Tochter des Pollux. Europa tritt als eine der Gattinnen der vier Neffen des Pollux auf, zusammen mit Semele, Alkmene und Leda. Alle sind ehemalige Geliebte des Jupiter. Sie durchschauen eifersüchtig seine derzeitige Verkleidung als Midas, unter der er sich Danae nähert und versuchen, ihn für sich zurückzugewinnen.

Richard Strauss[93], geb. 1864 in München, gest. 1949 in Garmisch-Partenkirchen, plante bereits 1918, eine satirische mythologische Oper zu schreiben, zu der ihm sein Librettist Hugo von Hoffmansthal[94], geb. 1874 in Wien, gest. 1929 in Rodaun bei Wien, 1921 einen Entwurf mit dem Titel „Danae oder die Vernunftheirat" lieferte.

Der Plan zerschlug sich zunächst, doch sein späterer Mitarbeiter, der Theaterhistoriker und Schriftsteller Joseph Gregor[95], geb. 1888 in Czernowitz, gest. 1960 in Wien, vervollständigte das Libretto zu Strauss' letzter Oper.

1946

Ibert, Jacques: Les amours de Jupiter
Ballet en cinq tableaux sur un scénario
de Boris Kochno
UA: Paris: Théâtre des Champs-Élysées[96]
darin: 1. Bild: Enlèvement d'Europe (1. Ensemble des filles, 2. Solo d'Europe, 3. Ensemble des filles, 4. Entrée du taureau et enlèvement d'Europe)

[89] Hunger, S. 164; Andraschke, Peter in: Pipers Enzyklopädie des Musik-Theaters Bd. 4. 1991, S. 174 f.; Moormann, S. 270; Poduska, S. 220; Reischert, S. 351.

[90] Milhaud, Darius: Noten ohne Musik: e. Autobiographie, München 1962; Palmer, Christopher: „Milhaud" in: Grove Bd. 12, S. 305 ff.

[91] Coston, Henry: Dictionnaire de la politique française. 1982, zit. nach Nappo: Französischer Biographischer Index. München 1998

[92] Sharp, Harold S./Sharp, Marjorie Z.: Index to Characters in the Performing Arts. P. II: Operas and Musical Productions, Metuchen 1972, S. 1186; Gruber, Gernot / Franke, Rainer: „Strauss:

Die Liebe der Danae" in: Pipers Enzyklopädie Bd. 6. 1997, S. 130ff.

[93] Kennedy, Michael/Bailey, Robert: „Strauss" in: Grove Bd. 18. S. 218 ff.; Werbeck, Walter: „Strauss" in: MGG² Bd. 16. 2006, Sp. 55 ff.

[94] Killy Bd. 5, S. 427 ff.

[95] Killy Bd. 4, S. 323 f.

[96] Sharp, P. III: Ballets, S. 248 f.; Laederich, Alexandra: Catalogue de l'oeuvre de Jacques Ibert (1890–1962), Hildesheim 1998 (Musikwissenschaftliche Publikationen. Bd. 9), S. 200 f.

Jacques Ibert[97], geb. 1890 in Paris, gest. 1962 in Paris, war eine musikalische Frühbegabung und freundete sich schon während des Studiums mit Arthur Honegger und Darius Milhaud an. Seine eigentliche Karriere begann nach dem 1. Weltkrieg, während der Vichy-Regierung im 2. Weltkrieg wurde er aller Ämter enthoben und geächtet, 1944 aber von De Gaulle persönlich wieder nach Paris zurückberufen.

1948
Egk, Werner: Abraxas
Faust-Ballett
5 Bilder nach dem Tanzpoem von Heinrich Heine
UA: München[98]

Die Werbung Jupiters in Gestalt eines Stieres um Europa ist nur ein kleiner Teil der Visionen, durch die Faust in Versuchung geführt werden soll.

Werner Egk[99], geb. 1901 in Auchsesheim b. Donauwörth, gest. 1983 in Inning, kam nach einem Studium in Augsburg und Frankfurt a. M. nach München und dort durch die Verbindung zu Carl Orff früh in Kontakt mit dem Musiktheater.

Heinrich Heine, geb. 1797 in Düsseldorf, gest. 1856 in Paris, hatte das Tanzszenarium 1842 gegen einen für damalige Zeiten erstaunlich hohen Vorschuss für Benjamin Lumley, den Direktor von Her Majesty's Theatre in London, entworfen, der den Entwurf für nicht aufführbar hielt. Heine deutete die Ablehnung so, dass es ein „Ballettmeister für eine gefährliche Neuerung (hielt), dass einmal ein Dichter das Libretto eines Balletts gedichtet hatte, während doch solche Produkte bisher immer nur von Tanzaffen seiner Art, in Kollaboration mit irgendeiner dürftigen Literatenseele, geliefert werden".[100]

1950
Albert, Karel: Europe enlevée – Europa ontvoerd
Opera buffa
Text: Joseph Weterings
UA: Brüssel: Théâtre du Marais?[101]

Das Werk ist so konzipiert, dass es auch im Radio gesendet werden kann. Es gibt nur drei handelnde Personen sowie einen Erzähler und die szenische Handlung ist stark reduziert.[102]

Karel Albert[103], geb. 1901 in Antwerpen, gest. 1987 in Liedekerke, war von 1924–1933 Direktor des Vlaams Volkstoneel, einer reisenden flämischen Theatergruppe, anschließend bis 1961 stellvertretender Direktor beim Belgischen Rundfunk in Brüssel. Danach beschränkte er sich auf Kompositionen und Musikrezensionen. Nachdem er als musikalischer Expressionist begann, kehrte er nach dem 2. Weltkrieg zu einem einfacher verständlichen, neoklassizistischen Stil zurück. Ab 1956 versuchte er sich auch an 12-Ton-Kompositionen. „Europe enlevée" ist inspiriert von der komischen Oper des 18. Jahrhunderts.

Sein Textdichter Joseph Weterings[104], geb. 1904 in Anseremme, gest. 1967 in Seillens dans le Var, war hauptberuflich in der Elektroindustrie tätig, schrieb aber auch einige andere Opernlibretti mit mythologischem Hintergrund, z.B. für Albert Roussel.

1988
Jörns, Helge: Europa und der Stier
Oper in 2 Akten
Text: Rolf Schneider
UA: Berlin: Hebbel-Theater[105]

Handlungsvariante: Europa begibt sich mit ihrem Bruder Kadmos zum Strand, wo sie zu Zeus betet. Der verliebt sich in die Betende und entführt sie in Gestalt eines Stieres. Die eifersüchtige Hera fordert Kadmos auf, seine Schwester zurückzuholen. Dieser lässt sich jedoch von Zeus in die Irre führen. Die von Zeus nach der Liebesvereinigung verlassene Europa wird von Leda aufgesucht, die wegen

---

[97] Rosteck, Jens: „Ibert" in: MGG² Bd. 9. 2003, Sp. 583 ff.

[98] Sharp P. III, S. 247.

[99] Krellmann, Hanspeter: „Egk" in: Grove Bd. 6, S. 68; Böswald, Alfred [u.a.]: Werner Egk. Tutzing 1997 (Komponisten in Bayern. Bd. 29); Jaschinski, Andreas: „Egk" in: MGG² Bd. 6. 2001, Sp. 117 ff.

[100] Krause, Ernst: Werner Egk: Oper und Ballett. Berlin 1971, S. 161.

[101] Moormann, S. 270.

[102] Broeckx, Jan L.: Current Chronicle: Belgium and the Netherlands [Besprechung der Uraufführung] in: The Musical Quarterly 37. 1951, S. 416 ff.

[103] Volbort-Danys, Diana von [Hrsg.]: CeBeDeM et ses compositeurs affilés: Biographies, catalogues, discographie. Brüssel 1977, S. 31 ff.; Mertens, Cornel: „Albert" in: Grove Bd. 1, S. 210; Muns, Lodewijk: „Albert" in: MGG² Bd. 1. 1999, Sp. 345.

[104] http://europemaxima.com/article.php3?id_article=148.

[105] Poduska, S. 220; Reischert, S. 351.

ihres ähnlichen Schicksals versucht, sie zu trösten. Schließlich heiratet Asterios die untröstliche. Die vier Söhne Rhadamanthys, Sarpedon, Minos und Krete erweisen sich als die zerstrittenen Stammväter der verfeindeten Völker Europas. „Wir streiten uns weiter mit allmählich verschiedener werdenden Zungen […] unsterblich ist unser Streit".

Die Aufführung fand anlässlich der Veranstaltungsreihe „Berlin, Kulturstadt Europas ´88" statt.

Helge Jörns[106], geb. 1941 in Mannheim, Professor und Komponist. Nach einer Ausbildung zum Tonmeister und einem anschließenden Studium der Musikwissenschaft war er von 1966–1997 als Tonmeister am RIAS Berlin tätig, daneben als Musikrezensent, Kantor und Dozent an verschiedenen Institutionen.

Sein Librettist Rolf Schneider[107], geb. 1932 in Chemnitz, veröffentlichte seit 1958 in der DDR, wurde jedoch 1979 aus dem Schriftsteller-Verband der DDR ausgeschlossen, in den er 1989 wieder aufgenommen wurde. Die Kritik der Uraufführung bezeichnete seinen Text als undramatisch, manchmal vulgär, zum Teil unsangbar, wenn auch hochliterarisch.[108]

b. Vertonungen von Stoffen mit geographischem Bezug zu Europa

Schon in der Antike wird der Bezug von der mythologischen Europa zum Erdteil hergestellt: Manche Historiographen beginnen die Erzählung mit dem Traum der Europa, um die sich Asien und Afrika streiten. Gern wird die mythologische Erzählung beschlossen mit dem Hinweis, dass die Entführung auf Kreta endete und Europa dem dritten Erdteil ihren Namen gab. Auch wenn diese Herleitung umstritten ist[109], haben doch in jüngster Zeit einige Publikationen den Bezug der mythologischen Europa zu dem geographischen/politischen Begriff Europa hergestellt.[110]

1629
Europa, Asia, Africa e America
Intermedio
Text: Ascanio Pio di Savoia
UA: Parma: Teatro Farnese[111]

Es ist das 5. Intermedio aus dem Sammelband Intermedii: recitati in musica […] in uno de superbissimi Teatri di Parma […] del duca Odoardo Farnese per honorar l'arivo della […] Margherita di Toscana […], eines von drei Werken, mit denen das Teatro Farnese im Dezember 1628 anlässlich der Hochzeitsfeierlichkeiten von Odoardo Farnese mit Margherita de Medici eröffnet wurde.[112]

Möglicherweise ist die Musik[113] von Claudio Monteverdi[114], geb. 1567 in Cremona, gest. 1643 in Venedig, und Antonio Goretti[115], geb. um 1570 in Ferrara, gest. 1649 in Ferrara.

Ascanio Pio di Savoia[116], geb. ca. 1590 in Ferrara, gest. 1649 in Rom, stammt aus einer alten Adelsfamilie und war Hofdramaturg, Botschafter und ein angesehener Dramatiker seiner Zeit.

1660
Costa, Giovanni Maria: Europa
Drama per musica in 3 Akten
Text: Giovanni Andrea Spinola
UA: Genua: Teatro del Falcone[117]

[106] Begleitheft zu Jörns , Europa und der Stier: e. Mitschnitt der Uraufführung am 17. August 1988 im Hebbel-Theater, Berlin. München: col legno 1991; Kürschners Musiker-Handbuch: Solisten, Dirigenten, Komponisten, Hochschullehrer. 5. Ausg. München 2006, S.213.

[107] Lexikon der deutschsprachigen Gegenwartsliteratur. München 2003, S. 1132 ff.; Kürschners Deutscher Literatur-Kalender 2006/2007. München 2007.

[108] Sutcliffe, James Helme: Zeus mag Männer: Uraufführung der Oper „Europa und der Stier" von Helge Jörns und Rolf Schneider an der Berliner Kammeroper, in: Opernwelt 1988, H. 11, S. 56.

[109] Bühler, S. 39 ff.

[110] In Auswahl seien genannt: Antike Mythen in der europäischen Tradition. Hrsg. von Heinz Hofmann. Tübingen 1999; Wolfgang Schmale [u.a.]: Studien zur europäischen Identität im 17. Jahrhundert. Bochum 2004 (Herausforderungen. Bd.15); Europa im 17. Jahrhundert: ein politischer Mythos und seine Bilder. Hrsg. von Klaus Bußmann. Wiesbaden 2004.

[111] Sartori, Nr. 13386.

[112] Minardi, Gian Paolo: „Parma" in: Grove Bd. 14, S. 235 ff.; http://biblioteche2.comune.parma.it/BibParma/iperloc/musica/600/600–11.html.

[113] Die Zuordnung zu beiden Komponisten lt. Sartori, Nr. 13386; für eine Mitarbeit Gorettis auch: Reiner, Stuart: Preparations in Parma – 1618, 1627–28, in: The Music Review 25. 1964, S. 273 ff. (287 ff.); der Interneteintrag der Bibliothek Parma (s.o.) sowie Bussi (1991), S. 42 nennen nur Monteverdi.

[114] Arnold, Denis / Arnold Elsie M.: „Monteverdi" in: Grove Bd. 12, S. 514 ff.: im Werkverzeichnis dort nur aufgeführt als Werke anläßlich dieser Hochzeit 1628 „Gli amori di Diana e di Endimione", Text von A. Pio sowie „Mercurio e Marte", Text von C. Achillini.

[115] Newcomb, Anthony: „Goretti" in: Grove Bd. 7, 540.

[116] Schmidl Suppl., S. 617. http://en.wikipedia.org/wiki/Pio_di_Savoia; in Sartori sind 6 weitere Libretti von ihm nachweisbar, alle erschienen in Ferrara zwischen 1635 und 1646.

[117] Melisi, Francesco: Catalogo dei libretti d'opera in musica di secoli XVII a XVIIII. Neapel 1985, Nr. 601; Sartori, Nr. 9423.

Besetzungsliste:
Prolog: La Pace; dramma: Nelèo, Asterio, Cleodora, Florindo, Ardelio, Dorilla, Ormonte, Farinello, Lisetta, Delfo

Giovanni Maria Costa[118], geb. um 1598 in Genua, gest. um 1656 in Genua, Organist und maestro di cappella in Savona, ab 1636 in Genua. Von seinen späten Opern sind 3 weitere Werke zwischen 1655 und 1660 im Teatro Falcone aufgeführt worden, davon „Ariodante" und „Aspasia" ebenfalls nach Texten von Spinola. Das Werk erlebte 1665 eine weitere Aufführung.[119]

Giovanni Andrea Spinola[120], geb. 1627 in Genua, gest. 1705, war Diplomat und Schriftsteller.

1665

Europa
drama per musica
Text: Giovanni Andrea Spinola
UA: Genua: Teatro del Falcone[121]

Es handelt sich möglicherweise um eine Umarbeitung der Oper von Costa 1660; möglich ist auch eine Neuvertonung durch einen anderen Komponisten, der im Libretto nicht genannt wird. Der Textdichter Spinola ist derselbe wie bei „Europa" von 1660, in der Besetzungsliste werden allerdings statt Lisetta und Delfo Caporà Bisibè und Poemetta aufgeführt.

1697

Campra, André: L'Europe galante
Opéra-ballet
Text: Antoine Houdart de La Motte
UA: Paris: Opéra, Palais Royal[122]

Handlung: Ein Fest zu Ehren Amors wird durch die Zwietracht (La Discorde) gestört, die Europa mit Streit überziehen will. Venus tritt ihr entgegen und verkündet, dass trotz des herrschenden Krieges Amor siegen wird. In den folgenden vier Akten

(Entrées) werden vier verschiedene Liebesgeschichten erzählt, die in Frankreich, Spanien, Italien und der Türkei spielen. Dabei wählte La Motte solche Völker aus, die seiner Meinung nach typische, kontrastierende Verhaltensweisen in der Liebe zeigen. Im Finale muss La Discorde zugestehen, dass sie Venus unterlegen ist.

André Campra[123], geb. 1660 in Aix-en-Provence, gest. 1744 in Versailles, war der bedeutendste französische Komponist von Bühnenwerken und Kirchenmusik zu Beginn des 18. Jahrhunderts. Nach einigen Stationen als Kirchenmusiker (ab 1694 in Paris) verließ er – bestätigt durch den Erfolg von L'Europe galante – den Kirchendienst an Notre-Dame und wurde im Jahre 1700 Leiter der Pariser Oper. Er war in späteren Jahren sowohl für Chapelle Royale als auch für die Académie Royale de Musique zuständig. L'Europe galante war als erste Ballettoper stilbildend, außerordentlich erfolgreich, erlebte zahlreiche Wiederaufführungen und Umarbeitungen und gehört zu den wenigen Opern, deren Partitur zeitgenössisch (in Auszügen 1697 und 1698, komplett 1724) gedruckt wurde.[124]

Antoine Houdart [Houdar, Houdard] de La Motte[125], geb. 1672 in Paris, gest. 1731 in Paris, fruchtbarer Dramatiker, der die Libretti zu einigen Singspielen mit bukolischen Elementen und Comédies-ballets verfasste.

1697

Eccles, John: Europe's Revels for the Peace
a musical interlude
Text: Anthony Motteux
UA: London: Lincoln's Inn Fields[126]

Dieses Bühnenwerk feierte die Unterzeichnung des Friedens von Rijswijck, der den Pfälzischen Erbfolgekrieg 1688–1697 beendete. Die Besetzungsliste zeigt, dass allen am Friedensschluss beteiligten Staaten eine Rolle zugewiesen wird (ein englischer und ein französischer Offizier, ein englischer Landmann mit seiner Frau, eine englische

[118] Timms, Colin: „Costa 3" in: Grove Bd. 4, S. 818; Moretti, Maria Rosa: „Costa I.2." in: unbek.: Bd. 4.2000, Sp. 1699 f.
[119] Sartori, Nr. 9424.
[120] Crescimbani, Giovanni M.: Notizie istoriche degli Arcadi morti. T.3. 1721, S. 67, zit. nach Nappo I.
[121] Sartori, Nr. 9424.
[122] Sonneck, Schatz 1548; Stieger Bd. 1, S. 414; Reischert, S. 351, Aufführungsort: Académie Royale de Musique; Schneider, Herbert in: Pipers Enzyklopädie des Musiktheaters Bd. 1. München 1987, S. 494 f.

[123] Anthony, James R.: Campra in. Grove 3, S. 662 ff.; Bouissou, Sylvie: „Campra" in: MGG? Bd. 4. 2000, Sp. 54 ff.
[124] Die späteren Neuvertonungen des Textes s. u. 3.b. 1748 und 1778 (fraglich).
[125] Dictionnaire des littératures de langue Française. Paris 1994, S. 1117 ff.
[126] Stieger Bd. 1, S. 414.

Lady, ein holländischer Bauernlümmel, ein Savoyarde als Jahrmarktskünstler, spanische, holländische, französische und englische Tänzer, ein britischer Chor).

Zu Komponist und Textdichter vgl. oben 3a. 1694.[127]

1700

Europa trionfante

componimento drammatico da cantarsi…per…S. Nicolò di Bari
UA: Celano: Congregazione di Santa Caterina[128]

Besetzungsliste: Fama, Europa, Asia, Africa

Zu Ehren von S. Nicolò di Bari wurden im 17. Jahrhundert Oratorien und religiöse Dramen zunächst in Privathäusern aufgeführt, seit der Errichtung des ersten festen Opernhauses 1679 auch weltliche Opern, die auch in umliegenden Städten Verbreitung fanden.[129]

1702

Europa trionfante per S. Nicolò di Bari

Dialogo a 4 voci e stromenti da cantarsi
UA: Palermo: Convento di S. Francesco D'Assisi[130]

Es konnte nicht geklärt werden, ob es sich um die gleiche Oper wie die vorher genannte handelt.[131]

1748

Graun, Karl Heinrich: L'Europa galante

Oper in 3 Akten
Text: Leopoldo de Villati
UA: Berlin: Schloss Monbijou[132]

Karl (Carl) Heinrich Graun[133], geb. ca. 1703 in Wahrenbrück, gest. 1759 in Berlin, war nach einer Ausbildung an der Dresdener Kreuzschule und einer Anstellung am Braunschweiger Theater seit 1735 in Diensten Friedrichs des Großen (seit dessen Tronbesteigung 1740 als Kapellmeister der Berliner Oper). Er schrieb für Berlin 26 Opern.

Der Textdichter Leopoldo de Villati[134] (1701–1752) verfasste das Libretto in Anlehnung an den von Campra[135] verwendeten Text von Antoine Houdart de La Motte. Villati war 1747 als Hofdichter nach Berlin berufen worden, seine Texte wurden allerdings von den Zeitgenossen wegen der Einfallslosigkeit und unpoetischen Schreibart gering geschätzt.

1778

Ringk, Johannes: Europa galante

Oper[136]

Johannes Ringk [Ringck][137], geb. 1717 in Frankenhain, gest. 1778 in Berlin, war seit 1740 Musiklehrer in Berlin, seit 1754 auch Organist an der Marienkirche dort. Er soll neben Konzerten und Orgelwerken auch eine Oper geschrieben haben. Ob er eine weitere Neufassung des Textes von La Motte vertont hat, lässt sich nicht näher belegen.[138]

---

[127] Zusätzliche Literatur: Felbinger, Rolf: Quellenautopsie „Peter Anthony Motteux (1697)" in: Europabegriffe und Europavorstellungen im 17. Jahrhundert: Web-Projekt, Wolfgang Schmale (Dir.). http://www.univie.ac.at/igl.geschichte/europa-quellen/quellen17/motteux1697.htm.

[128] Sartori, Nr. 9432 nennt das Datum der ersten Aufführung 1700 bei dem vorliegenden Druck des Librettos in einer 2. Auflage von 1707.

[129] Fabris, Dinko: Vita musicale a Bari dal medioevo al settecento, in: La musica a Bari: dalle cantorie medievali al conservatorio Piccini. Bari 1993, S. 19 ff. (86).

[130] Sartori, Nr. 9433.

[131] Der Konvent wird bei Leone nicht als Aufführungsstätte genannt.

[132] Stieger, Bd. 1, S. 414; Sartori, Nr. 9426 mit der – wohl falschen – Jahresangabe 1740; Sartori, Nr. 9427 ist das Libretto zu einer späteren Aufführung aus dem Jahr 1774; Reischert, S. 351 Text dort: Villati nach Antoine de La Motte-Houdart.

[133] Helm, Eugene: Graun in: Grove 7, S. 644 ff.

[134] Schneider, Louis: Geschichte der Oper und des Königlichen Opernhauses in Berlin, Berlin 1852, S. 118 f.

[135] S.o. 3.b. 1697.

[136] Reischert, S. 351.

[137] http://de.wikipedia.org/wiki/Johannes_Ringk

[138] Reischert teilt keine Quelle für diesen Titel mit, nennt auch keinen Aufführungsort; eine Aufführung in Berlin am Hoftheater lässt sich bei Schneider (1852), S. 192 ff. jedenfalls nicht belegen, demnach gab es dort zwischen Januar 1778 und Mai 1779 keine Opernaufführungen, gleichfalls keine Aufführung am Döbbelinschen Theater, vgl. Graf, Herbert: Das Repertoire der öffentlichen Opern- und Singspielbühnen in Berlin seit 1771 … Döbbelinsches Theater in der Behrenstraße (1775–86). Berlin 1934; auch Sachs, Curt: Musikgeschichte der Stadt Berlin, Berlin 1908, erwähnt in seiner Biographie von Ringk S. 170 f. keine Oper.

Abb. 1: Fanny Jaquier, „Akt II, Szene 1", 90 x 70 cm, Öl auf Hartfaser

Bilder machen – ohne Maus

Europa und der Stier als Seminarthema

Josef Mittlmeier

Zeit und Ort: Wintersemester 2006/07: Universität Regensburg, Institut für Kunsterziehung, Seminar: 31818 „Malerei zwischen Gegenstand und Abstraktion", dreistündig... Was sich hinter diesen dürren Angaben verbirgt, ist Gegenstand dieser Zeilen.

Nach langen Jahren des Konkreten, Performativen und Installierten hat der Kunstmarkt in seinem ständigen Auf und Ab nun den Rummel um die „Leipziger Schule" ausgerufen. Damit einher geht die Behauptung, es gäbe ein neues Interesse an gegenständlicher Kunst. Die Feuilletons feiern jetzt auf einmal angesichts der Exponate jüngerer Datums vollmundig die „Renaissance der Malerei" so, als ob dieser Zugang zur Kunst seit Jahren gar nicht existiert hätte. Neu daran sind eigentlich nur die ausposaunten Rekordpreise und die Namen, die diese Summen mit ihren Werken erreichen.

Eine möglicherweise kurze Laune des Marktes kann nicht darüber hinwegtäuschen, dass gemalte Bilder nur noch eine untergeordnete Rolle in unserer Kultur spielen. Bestenfalls Kinder und Hobbymaler sollen sich dem zuwenden, was vor Dekaden noch ein zentraler Diskussionspunkt der Kultur war. Hatte die Abstraktion der Malerei ihren Platz nach dem Auftauchen der Fotografie noch sichern helfen, so ist es in der derzeitigen Medien-Euphorie für Außenstehende sicherlich antiquiert, gegenständliche Bilder ohne digitale Hilfsmittel herzustellen. Die Hersteller aus Fernost überhäufen uns seit Jahren mit immer leistungsfähigeren Geräten und immer umfassenderen Automatiken, die uns die Abbildung der Wirklichkeit aus der Hand nehmen. Angeschürt durch die Produktwerbung dieser Werkzeuge scheint im Moment ein geradezu grenzenloser Optimismus zu herrschen, was die Machbarkeit von Bildern und ihre schnelle Verfügbarkeit betrifft. Jeder soll und jeder kann mit den Kameras, Druckern und Plottern zu beliebig großen Formaten bringen, was ihm einmal vor der Linse war oder was er sich von unzähligen Internet-Seiten legal oder illegal heruntergeladen hat, vielleicht auch dort im Web wieder einstellen auf den Plattformen von *YouTube* oder *MySpace*. In der Welt der Bilder ist die Routine mit Digitalkamera, Bildbearbeitung und Plotterdruck respektive Druckvorstufe längst an die Stelle derer getreten, die vor Jahrhunderten noch das Monopol auf Bildherstellung hatten. *„You can – CANON"*.

Aus fachdidaktischer Sicht ist das Malen von Bildern ein neuralgischer Punkt des gesamten Schulfaches, derzeit in den Konzepten zur „G8" „Kunst" genannt. Denn auch hier beginnt der Umgang mit den neuen Medien längst die Ausbildung in Malerei zu verdrängen, wenn sie denn je stattgefunden hat.

Eine Vorstellung zum Unterricht in Malerei scheint dabei nicht auszurotten zu sein: Der Pädagoge wirft eilig eine Themenstellung in die Runde der Schulklasse und lässt diese von den Schülern ohne weitere Betreuung ausarbeiten. Dieses Klischee des Schulalltages hat dem Kunstpädagogen bisher nicht nur ein höheres Stundendeputat als den Vertretern der wissenschaftlichen Fächer eingebracht, sondern auch einen Rechtfertigungsdruck, der den Wechsel auf im Grunde philologische Anliegen nebst lehrerzentrierter Unterrichtsform nahe legen mag. „Malen" und „Zeichnen" sind zwar noch fester Bestandteil des Kunstunterrichts in den Schulen, haben aber den Rang der „Hauptsache" verloren. Die Lehrplanreformen der letzten Dekaden haben diesen Gebieten des Faches jede Menge konkurrierende Vermittlungsaufgaben zur Seite gestellt und diese besonderen und nur in der Kunstpädagogik verankerten Disziplinen an den Rand des Unterrichtsgeschehens gerückt. So stehen sie als eine ehemalige zentrale Aufgabe mittlerweile bestenfalls gleichrangig neben Kunstgeschichte, Medienerziehung (inhaltlich), Gerätekompetenz, Softwarekompetenz, Spiel, diversen Anliegen des Werkens mit verschiedenen Materialien und Techniken, Fragen der gestalteten Umwelt (Architektur, Industriedesign, Produktdesign, Grafikdesign...), Selbstinszenierung und vielen anderen. Möglicherweise ist diese Verschiebung ein Ergebnis der oben geschilderten Klischeevorstellung üblichen Malunterrichts. Vielleicht hoffte man in den Lehrplan-Kommissionen, den Mangel an Betreuung durch Aufnahme vermeintlich betreuungsintensiverer Unterrichtsinhalte abzufangen. Vielleicht gelang es auch nicht, die Anliegen und Ziele eines sorgfältig betreuten Unterrichts in Malerei gegen die Grauzonen kunstpädagogischen Nichtstuns im Sinne „experimenteller Freiarbeit" abzugrenzen. Die Gründe für diese Entwicklung können verschieden sein, die Ergebnisse sind nicht zu bestreiten. So ist es eine

Tatsache, dass die Kunstpädagogik in Zeiten gekürzter Etats die Anliegen der Malerei, der Zeichnung, der Schrift und des plastischen Gestaltens zugunsten neuerer Medien und anderer Inhalte verdrängte, um hier mit dem Anspruch der Vertretung zeitgemäßer öffentlicher Interessen die ohnehin reduzierten Stundendeputate in den Schulen für die Schüler zu retten. Das Fach „Kunst" steht als Schulfach zusätzlich mehr unter einem Rechtfertigungsdruck als die unbestrittenen Kernfächer, was diese Entwicklung beschleunigt haben könnte. Der allgemeinbildende Ansatz des Faches Kunst ist nur noch einer Minderheit bewusst *und* wichtig.

Eine weitere Ursache für die eine größere Distanz des Schulfaches Kunst von der Malerei sind auch die Tendenzen der Gegenwartskunst in den letzten Jahrzehnten, in denen Malerei nur noch eine untergeordnete Rolle spielte. Hand in Hand mit dem Aufkommen der Produktlinien der Objektkunst, der Performances, der Concept Art, der Fotografie, der Installationen und anderer Einzelerscheinungen ging die Zahl der Maler unter den in der Kunstpädagogik der Hochschulen tätigen Professoren ständig zurück und damit die Zahl der Absolventen, die in diesen Belangen über vermittelbare Grundlagen verfügen. So ist es kein Wunder, dass gegenständliche Malerei von einem Laienpublikum häufig und auch von den Schaffenden mit „Abbilden" verwechselt wird und dementsprechend, falls überhaupt, nach fotografischen Vorlagen abläuft. Die Durchsicht der vielbeachteten 2006er Ausstellung „Zurück zur Figur – Malerei der Gegenwart" in der Kunsthalle der Hypo-Kulturstiftung, München, zeigte sehr viele Exponate, die ihre eilig zusammengeklopfte direkte Ableitung von fotografischen Vorlagen nicht verhehlen konnten. Abgesehen davon, ob man von einem Foto noch zusätzlich eine mehr oder weniger interessant gemalte Kopie braucht, ist hier für einen Lernenden kaum mehr zu holen als eine halbwegs malerisch gekonnte, jedoch mechanische Verarbeitung von vorgegebenen Formen. Der Beigeschmack der formalen Abhängigkeit ganzer Bildteile von mechanisch-exakter Wiedergabe bei nach Fotos hergestellten Gemälden ist nicht gleichzusetzen mit der künstlerischen Freiheit und der Intensität eines persönlichen Ausdrucks, mit der die Altvorderen in der genannten Ausstellung wie ein Lucian Freud, ein Johannes Grützke oder eine Maria Lassnig ihre Blicke auf die sichtbare Wirklichkeit aufzuarbeiten wissen.

Unter der Prämisse einer Malereiausbildung in Abhängigkeit vom Fotografischen entfällt jedoch die allgemeinbildende Qualität des Unterrichts in Malerei, die nach meiner Einschätzung eine schwer zu widerlegende Bedeutung im Unterrichtsgeschehen aller Schularten haben könnte. Hier ist die Schnittstelle zur Begründung der folgenden Exponate und ihrer Entstehungsgeschichte.

Sehen, Wissen und Wollen.

Was für ein Kind selbstverständlich ist und ohne weitere Probleme möglich, ist für den Erwachsenen eine schwer zu überwindende Hürde. Sämtliche Forschungen zur bildnerischen Entwicklung von Kindern und Jugendlichen kommen zu dem Ergebnis, dass nach der pseudonaturalistischen Phase die meisten Heranwachsenden nur noch mit großer Mühe dazu zu bringen sind, ein gegenständliches Bild zu malen. Das heißt konkret, dass mit dem Eintritt in die Pubertät auf ein Gemälde zielende Unterrichtsvorhaben einen entwicklungsbedingten Widerwillen bei den Schülern überwinden müssen. Der Grund dafür liegt meist darin, dass dem Heranwachsenden der Abstand zwischen seiner Produktion und dem ursprünglichen Vorbild schmerzhaft deutlich wird. Das visuelle System beginnt parallel zur Ratio zu erwachen und reagiert auf kleine und kleinste Unterschiede zum Gesehenen. Die eigene bildnerische Unzulänglichkeit gegenüber der Menge der mitteilbaren Daten führt zu Resignation und Abwehr solcher Herausforderungen. Noch heftiger zeigt sich diese Abwehr gegenüber Themenstellungen, die die Schüler zur Arbeit aus der Vorstellung bewegen wollen. Mit gegenständlichen Bildthemen aus der Vorstellung fühlen sich die meisten Schüler hoffnungslos überfordert, einmal, weil die eigenen Ansprüche mit eigenen Mitteln unerfüllbar sind, zum anderen, weil in der Geschwindigkeit derzeit typischer Sehgewohnheiten keine für bildnerische Produktion brauchbaren Erkenntnisse abrufbar sind.

Leider bleibt der Kunstunterricht mangels zeitlicher Rahmenbedingungen und anderer Aufgaben Antwort auf die Frage nach Auswegen aus diesem Dilemma schuldig. Denn, und soviel ist sicher, Bilder wie die in diesem Katalog gezeigten, sind Ergebnisse langer und intensiver Bemühungen.

Aus diesen Gründen ist ab etwa der 8. oder 9. Jahrgangsstufe innerhalb einer Klasse der Kreis

Abb. 2–4: „Bühnenproben" als Skizzen zu Fanny Jaquier, „Akt II, Szene 1", Seite 146

der Schüler, die sich engagiert an Themenstellungen der Malerei beteiligen, sehr klein. Alle weniger Interessierten ziehen sich mit einer billigen bildnerischen Notlösung zurück und geben sich mit nachrangigen Noten zufrieden. Das Notenmaß wird in der Regel der pädagogischen Praxis des Kunstunterrichts nach unten selten ausgeschöpft, so dass eine peinliche Leistung, die im Auge des Autors Beweis der eigenen bildnerischen Unfähigkeit ist, zu allem Hohn noch mit einer „befriedigenden" oder sogar „guten" Note davonkommt. Die Folge ist, dass Schulnoten im Fach Kunst von vielen Schülern und ihren Eltern nicht mehr ernst genommen werden.

Verschärft wird diese Abwendung auch durch eine kategorische Verärgerung über die Arbeit mit dem typischen Schulmalkasten. Bei einer Umfrage, die ich vor mehreren Jahren bei einer Gruppe von mehreren Hundert Schülern durchführte, war nur noch ein kleiner Prozentsatz dafür zu gewinnen, den Malkasten freiwillig einzusetzen. Miserable Papierqualitäten, durchgängig schlechte, weil zu weiche Pinsel und ein Deckweiß, das zum größten Teil aus Kreide besteht und deshalb Farben beim Mischen völlig andere Helligkeiten annehmen als nach der Trocknung – diese Umstände hatten den meisten Schülern die Freude am Umgang mit diesem Werkzeug nachhaltig ausgetrieben. Diese aus vermeidbaren Gründen der minderwertigen Qualität des Malmaterials kommende Resignation gegenüber dem Malkasten überschneidet sich gerade mit dem Zeitpunkt, wo die Ansprüche an die Gestaltungsanliegen wegen der einsetzenden pseudorealistischen Phase in die Höhe schnellen. Wenn der Kunstunterricht Antworten auf Auswege schuldig bleibt oder die leidige Plage mit dem Malkasten mit einer Themenstellung abschließt, in der fotografische Vorlagen nachzuahmen sind, entfällt eine Vorstellung davon, in welchen Punkten die Malerei der Fotografie überlegen sein könnte. Zumeist bleiben die meisten Schüler deshalb auf einem naiven Verständnis von Realismus bzw. fotografischem Realismus als der vermeintlich höchsten Form der Malerei stehen.

Den Vorstellungen unserer Studienanfänger nach zu urteilen gehen unter diesen Umständen im Schulunterricht drei Aspekte der Malerei auf diese Weise völlig unter:

1) Gegenständliche Malerei ist nicht identisch mit Wirklichkeit, schon gar nicht ist sie eine mehr oder weniger gelungene niedere Stufe einer fotografisch-mechanischen Abbildung. Oder, im berühmten Satz Paul Klees: „Ein Kunstwerk gibt nicht das Sichtbare wieder, sondern macht sichtbar."

2) Die Differenz zwischen dem fotografischen Abbild und dem mit den Mitteln der Malerei Dargestellten ist der Raum für formale oder/und inhaltliche Anliegen.

3) Ausgebildete Maler verfügen ähnlich Musikern über verschiedene Spielarten ihrer Instrumente.

In einer Epoche wie unserer ist die Gleichzeitigkeit aller Stile durch ihre weltweite mediale Verfügbarkeit Tagespraxis. Musiker wie Künstler könnten bei Bedarf ihr Anliegen auch völlig anders verpacken. Damit ist das WIE nicht mehr nur relevant für eine historische Zuordnung, sondern für inhaltlich bestimmende, Aussagen tragende und epochenübergreifende Wahlverwandtschaften.

Nun könnte man einwenden, dass es nicht jedermanns Ziel sein kann, die Laufbahn eines Kunst-Malers einzuschlagen. Ebenso soll sich das Fach Kunst doch nicht aus seiner Zuständigkeit in vielen anderen Belangen aus der Verantwortung ziehen, indem es die Inhalte der Malerei über alle anderen Bemühungen stellt. Dennoch aber wäre die veritable Anerkennung der Malerei als Meta-Medium (also ein über den anderen Bildmedien stehendes), als zentrales Darstellungsmittel, ein Schritt, der der Anerkennung der ebenso zentralen Rolle der Bilder in unserer westlichen Kultur entsprechend wäre. Dies ist umso mehr gerechtfertigt, als durch die digitale Verfügbarkeit auf jedweder Plattform die Kommunikation mit Bildern mittlerweile zum Alltag gehört.

Unterricht in Malerei ist Unterricht über die absolute Machbarkeit von Bildern. Wenn man in diesem Zusammenhang die Doppeldeutigkeit des englischen Wortes *image* bedenkt, gewinnt der Einblick in die Machbarkeit von *images* noch eine ganz andere Dimension.

Sämtliche fotomechanischen Verfahren tragen die Tendenz in sich, dem Gestalter die Verantwortung für das Bildgeschehen zu nehmen. Schließlich ist er völlig davon abhängig, was *vor* seiner Apparatur stattfindet und was nicht. Digitale Bildbearbeitung ist hier nur eine kleine Hintertüre, denn man kann zwar mit diesen Werkzeugen die Wirkungen von fotografierten Wirklichkeiten manipulieren, doch der Aufwand, Wirklichkeiten mit digitalen Mitteln komplett zu erzeugen, ist kaum weniger kompliziert als mit Mitteln der Malerei und setzt zudem äquivalente Bildkompetenzen

Abb. 5: Sarah Lohr: Eine erste Entwurfskizze ...

Abb 6: ... und Detailstudien zur Liegehaltung bereiten vor: Sarah Lohr: „Es war einmal..." (Seite 153)

und ein sicheres Urteil voraus gegenüber den Millionen Möglichkeiten, die einem die Maschinen in die Hand geben. Der gigantische Aufwand von Film- und Fotoproduktionen beweist, wie schwierig es ist, die Verantwortung über die Wirklichkeit vor den Objektiven zu behaupten. Die Freiheit dessen, der mit fotomechanischen Mitteln Bilder *gestaltet* (von denjenigen, die vorgefundene Wirklichkeit geschickt in Szene setzen, ist nicht die Rede) endet somit vor den Grenzen seiner finanziellen Rahmenbedingungen und den Grenzen seines Teams.

Während nun fotomechanische Abbildungsverfahren die Verantwortung für das Bildgeschehen

Abb 7: Detailuntersuchung Verkürzung/Liegehaltung

dem Gestalter eher vorenthalten (je mehr er sich auf die Automatiken seiner Geräte verlässt, umso mehr), liegt die Last derselben Verantwortung für jeden Quadratmillimeter eines Gemäldes beim Maler. Angesichts der anfangs völlig leeren Fläche kann sich der Maler dieser Verantwortung nur dadurch entziehen, indem er sein Vorhaben aufgibt. Jeder, der mit Bildern auf diese Weise arbeitet, kennt das anfänglich herbe Erschrecken im „horror vacui", der Angst vor der noch leeren Fläche, die man nicht mit ersten, womöglich störenden Tupfern zu zerstören wagt. Sollen nun gegenständliche Antworten dafür gefunden werden, was auf dem Format geschehen soll, kann sich der Maler dieser Aufgabe nur stellen, indem er in zeitraubenden Schritten einen riesigen Katalog von Fragen abarbeitet. Darin liegt der besondere Reiz und der bildende Wert der gegenständlichen Malerei gegenüber allen gegenstandslosen Bemühungen, die ihre Berechtigung aus anderen Konzepten ziehen mögen. Motivauswahl und Arrangement, Komposition, Auffassung und Gewichtung einzelner Bildelemente, der Grad der Abstraktion, Lichtführung, Kontraste, Kolorit, Farbauftrag, Geste der Farbsetzung usw. sind die Bereiche, die es allesamt zu steuern gilt. Die Einzelwirkungen unter eine angestrebte Gesamtwirkung zu ordnen gelingt Anfängern nur in mehreren Anläufen und Korrekturgängen. Kriterien und Urteilsbegründungen für Überprüfungen und der Suche nach besseren Lösungen liefern Vergleiche mit der Realität, die Gesetze des Sehens bis hin zur prognostischen Abschätzung typischer Vorstellungen und Reaktionen der erhofften Zielgruppen oder, soweit möglich, die kritische Reflexion der Traditionen in der Malerei im Bezug zum eigenen Versuch. Die schmerzliche Frage, ab welchem Punkt das Exponat sich unter den Störungen der Arbeitssituation (Mangelnde Erkenntnislage, Fehler in der Maltechnik, nicht bewältigte kompositorische Probleme usw.) verselbstständigt hat, führt notwendig nicht selten zu der kompletten Überarbeitung ganzer Bildteile, nachdem immer wieder neu eingeleitete Ansätze der Recherche, des Detailstudiums und der Prüfung beabsichtigter Wirkungen beim Betrachter die angezielte Form des Bildes endlich in Reichweite gebracht haben. So verstanden wird Unterricht in Malerei eine Arbeitssituation, in der der Einzelne auf sich gestellt Situationen des Ungleichgewichts zwischen vorläufiger Qualität des Bildes im Vergleich zu erreichter Erkenntnislage durchlebt. Diesem Ungleichgewicht kann der Malende nur

entgehen, indem er durch die seinem Erkenntnisstand angepassten Lernsituationen die nächsthöhere Erkenntnisebene erreicht, von der aus die aktuell richtigen Eingriffe in das Exponat möglich werden. Die Dynamik dieses Ungleichgewichtes zwischen Sehen, Wissen und Wollen ist der Motor für eine umfassende Reihe von Fähigkeiten, die eingesetzt und sinnvoll geordnet werden müssen, damit das erhoffte Ergebnis entstehen kann. Dabei ist die Energie und Aufmerksamkeit, die dem Exponat gilt, kaum größer als die, die man aufbringen muss, um sich selbst durch diese Lernsituationen zu steuern. „Die Kunst ist lange bildend, bevor sie schön ist".

Vor den Schritten an die Öffentlichkeit trägt ein anfangs leeres Format alle Freiheit, besonders auch die Freiheit zu Fehlern in sich. Dieser glückliche Umstand könnte den Mut des künstlerisch Handelnden entgegen aller Versagensängste aufrichten helfen. Zu beobachten ist jedoch gerade im Hinblick auf die Entwicklung Heranwachsender und Jugendlicher, dass diese Gruppe ausgerechnet in der Konfrontation mit der eigenen desolaten bildnerischen Kompetenz diesen Mangel als eine empfindliche Differenz zu völlig überzogenen Ansprüchen an sich selbst erleben müssen. Diese Kluft wird den produktiven Umgang mit der Entwicklung des eigenen visuellen Systems in bildnerischer Praxis möglicherweise bis ins Erwachsenenalter hinein verhindern, obwohl das Bedürfnis, mit Bildern zu arbeiten, offenbar sehr groß und verbreitet ist, wenn man die Umsätze der Fotoindustrie betrachtet. Hier wäre eine massive Barriere aus schulisch bedingten Misserfolgsorientierungen sensibel abzuarbeiten, damit Selbstvertrauen und Freude an der eigenen Entwicklung die Regie in der Verhaltensdisposition übernehmen. Es liegt auf der Hand, dass eine in der bildnerischen Praxis erworbene stabile und selbstvertrauende Grundhaltung, die von Wechselwirkungen zwischen Selbstkontrolle und ergebnisorientierter Recherche gespeist wird, eine hervorragende Voraussetzung auch für andere Aufgaben sein wird.

Selbst wenn man von solchen Ansprüchen im mittlerweile meist einstundigen Schulunterricht des Faches Kunst und mit für eine innovative Industrienation peinlich großen Klassen nur träumen kann, bleibt in jedem Fall ein Aspekt, der alleine schon einen Monopolanspruch des Faches Kunst gegenüber anderen Schulfächern belegt. In anspruchsvollen Bild-Projekten trainiert der Heranwachsende mindestens über weite Strecken die beschriebene Form von selbstständigem und von

Abb. 8: Sarah Lohr:
„Es war einmal…" 150 x 70 cm,
Acryl auf Hartfaser

ihm selbst zielgerichtet zu strukturierendem Handeln, wie es ihm in keinem anderen Schulfach in gleichem Maß zugestanden werden kann. Denn die Inhalte anderer Schulfächer unterliegen normalerweise entweder einem vorher definierten Ziel oder verfolgen vorher festgelegte Lösungswege. Anders im bildnerischen Gestalten innerhalb eines Projektes, denn hier liegen sowohl die Ziele als auch die Lösungsansätze in der Verantwortlichkeit des Autors, dabei moderiert und provoziert von der Gruppe des Teams. Ist dies ein Schlüssel für die eigentliche Qualität des mittlerweile ziemlich ausgehöhlten Begriffs der Kreativität? Diese Kategorie menschlicher Denk- und Produktionsleistung steht im Zusammenhang mit besonderen Teilfähigkeiten der Selbststeuerung, die zu ihrer Entwicklung auf einen maximal freien Rahmen angewiesen sind. In der bildnerischen Praxis finden wir deshalb ideale Bedingungen dafür. Abgesehen vom Verlust an Arbeitszeit und dem Verbrauch von Material ist ein Exponat im Hinblick auf die physikalische Unversehrtheit der Welt zu allererst *folgenlos,* mindestens bis zum Tag der Ausstellung. Unter dem Primat der Freiheit der Kunst genießt die Idee alle Freiheit auf dem Weg zu ihrer Visualisierung. Das Ergebnis eines Bildes ist völlig in der Hand des bildnerisch Schaffenden, unterliegt somit dessen bildnerischer Kompetenz, die es zu individueller Virtuosität und unter der Rückkoppelung zur sozialen Gruppe als Kommunikationsform zu entwickeln gilt. Weil weder die Ergebnisse vor ihrer Fertigstellung bekannt sind noch die Lösungswege festgelegt, ist die Wahl der Mittel und Wege in der bildnerischen Praxis eines Kunstprojektes auch offener als im üblichen Kunstunterricht. So können z.B. die traditionellen Ansätze als Lösungsvorschläge aufgegriffen werden oder eine eigene Gangart versucht werden, die die individuellen Wirkungsabsichten unterstützt und dabei Aussicht darauf hat, in der Zielgruppe verstanden zu werden.

Gegenüber der üblicherweise geforderten termingerechten Aneignung von Wissensinhalten im „teaching for testing" erlebt der künstlerisch Arbeitende seine Lernprozesse, seine Existenz als eine Art Generalunternehmer in einem Trainingsfeld vorerst ohne weitere vernichtende existenzielle Risiken. Aus dieser Perspektive wird die Benotung einer solchen besonderen Leistung eigentlich fraglich. Entscheidend ist doch vielmehr, dass ein Individuum darin bestätigt werden kann, strukturiert an seiner Persönlichkeit zu arbeiten solange bis der Grad einer Fähigkeit erreicht ist,

von dem aus das gesteckte oder geforderte Ziel greifbar wird.

Wenn Malerei bzw. die Ausbildung darin diesen Ansprüchen genügen will ist offensichtlich, dass ein Arbeitsauftrag für Schüler oder Studierende deshalb niemals nur heißen kann: „Such ein Foto und mal es ab."

Seminar: Ein Kunst-Projekt

Allerdings ist gerade die genannte Offenheit des kreativen Prozesses eine Situation, die von den meisten Schülern nicht von vorneherein bewältigt wird. Allein der Umstand, sich selbst fragen zu dürfen, was man bildnerisch formulieren möchte, ist im Tagesgeschäft der abzuarbeitenden Lehrpläne unüblich genug, um Unsicherheiten auszulösen. In einer Bildungslandschaft, in der sich die längst historischen Ansätze der Erziehung zur Selbstständigkeit offenbar immer wieder von neuem durchsetzen müssen, gehört dieser Aspekt der Bildung eigentlich in die Rubrik der bedrohten Bildungsinhalte. Daran ändert wohl auch PISA nichts.

Immerhin bietet ein Seminar an der Hochschule den Raum für solch aufwendige Verfahren, immerhin müssen künftige Lehramtsanwärter diese Arbeitsform in ihrem Schulfach aus eigener Erfahrung kennen, bevor sie sie in ihren Unterrichten praktizieren können. Es geht hier nicht um pure Wissensvermittlung oder die Ausbildung in künstlerisch-handwerklicher Hinsicht, sondern auch um das Trainieren von produktiven individuellen Verhaltensdispositionen, tolerant-konstruktiven Kommunikationsformen und sozialen Fähigkeiten im Rahmen eines Kunstprojektes.

Zentrales Element der *Vermittlung* ist die Seminarveranstaltung selbst. Der Veranstaltung gegenüber steht die individuelle künstlerische Arbeit, die außerhalb des Hochschulunterrichts stattfindet. Die Anleitung von Seiten des Dozenten und der Gruppe steht im Spannungsverhältnis zu Eigenstudium und persönlicher Recherche. Damit bekommt der Fortgang des Seminars unter der treibenden Kraft der persönlichen Fortschritte seiner Teilnehmer eine für derartige Projekte typische Dynamik, die sich nicht nur im Einsatz aller Teilnehmer von üblichem Unterricht massiv unterscheidet.

An eine Themenvorstellung und eine Beschreibung des Gesamtprojektes (hier: Einbettung einer Kunstausstellung mit dem Titel „Europa und der

Abb. 9: Stefanie Schuh, „Europa auf dem Stier", 70x90 cm, Acryl auf Leinwand

Stier" in eine Festveranstaltung zum 50-jährigen Jubiläum der Römischen Verträge) schließt ein Blick in die Kunstgeschichte an, der verschiedene Zugänge zeigt. Darauf folgt ein Treffen mit einer Besprechung erster Bildideen. Unterrichtsinhalte bis hierher waren neben den Wirkungen der historischen Werke zum Thema Fragen der Entwurfstechnik, der Skizzentechnik und der verschiedenen denkbaren Formen der Recherche. Für die Darstellung erster Bildideen ist von jedem Teilnehmer ein kurzer Einzelvortrag, der durch die Präsentation von Skizzen unterstützt wird, eingefordert. Damit ist die gestalterische Zielsetzung des Einzelnen vor der Gruppe grob umrissen und steht für kommende Überprüfungen zur Verfügung. Jetzt schließen Überlegungen zu verschiedenen Verfei-

nerungen der persönlichen Recherche und der Bildplanung an. Techniken des farbigen Bildaufbaus, maltechnische Schritte und Korrekturmöglichkeiten leiten in die bildnerische Praxis über.

Die Mitglieder der Arbeitsgruppe erleben dabei die Entwicklung der einzelnen Bildlösungen aus verschiedenen Perspektiven und Rollen. Vortragender, konzentrierter Zuhörer, Moderator, kritischer Gegenredner – dies alles sind Formen der Projekt-Teilhabe, die die eigene künstlerische Arbeit am eigenen Vorhaben ergänzen und bereichern helfen. Auf der Basis der aktuellen persönlichen Kompetenz ist das Ziel stets die Optimierung der Ergebnisse im Hinblick auf eine unbekannte Zielgruppe (das Publikum), die durch die Seminarteilnehmerinnen und -teilnehmer zu ersetzen ist.

Abb. 10: Julia Hahn, „Nach der Flucht", 60 x 80 cm, Acryl auf Leinwand

Prüfstein für die Untersuchungen ist die Reihe der Entwürfe und Skizzen oder der aktuelle Zustand des Exponates. In dieser Phase verschiebt sich das Gewicht auf Aspekte der Werkbetrachtung vor dem Hintergrund der wissenschaftlich verstandenen Sehgesetze, der Kompositionslehre, der Farbgesetze und ihrer Konsequenzen für eine Prognose der Wirkungen beim Betrachter. Vergleiche zu ähnlichen Problemstellungen aus der Geschichte der Kunst oder zu Bildmaterial aus den verschiedenen modernen Medien unterstützen diesen Arbeitsabschnitt. Nach und nach erreichen erste Arbeiten ein Stadium, das der endgültigen Ausführung schon nahe zu sein scheint. Mittlerweile ist das Team jedoch so feinsinnig geworden,

dass solide Kritik der formalen Lösungen die Entwicklungsarbeit weiterleitet, es bilden sich Untergruppen und Zweierteams, auch Einzelgänger mit der Tendenz, sich von der Gruppe zurück zu ziehen. Nicht selten stehen in Untergruppen die jeweiligen Mitglieder ihren näher stehenden Teamkollegen gegen „Angriffe" aus dem Feld der Projektteilnehmer zur Seite.

Im Seminarbetrieb treten nun immer mehr Einzelberatungen an die Stelle des Plenums, da die Ergebnisse mittlerweile ausdifferenzierter sind und die Fragen der Teilnehmer z.T. zu speziell, um noch alle gleichermaßen zu interessieren. Dennoch wird das Plenum in sinnvollen Abständen immer wieder bemüht mit der Rückfrage, die indi-

Abb. 11: Alexander Rosol, Ohne Titel, 80 x 100 cm, Acryl auf Leinwand

viduellen Lösungen in ihren Wirkungen an ihren eingangs geäußerten Wirkungsabsichten zu messen oder zumindest die Neuorientierung des Konzeptes zu diskutieren. Der näher rückende Termin der Fertigstellung bietet den Teilnehmerinnen und Teilnehmern Einblicke in die weiteren organisatorischen Schritte bis hin zur Ausstellungseröffnung.

Die besondere Situation eines kleinen Instituts wie dem Institut für Kunsterziehung der Universität Regensburg bringt es mit sich, dass die Zeichnung auf weißem Papier, die Malerei auf leerer Leinwand und Plastik und Skulptur mit ungeformtem Materialien im Zentrum der Bemühungen in der bildnerischen Praxis steht, auch im Hinblick auf die spätere Arbeit mit Lernenden aller Alters-

stufen. Diesem Umstand ist es zu verdanken, dass die Gruppe in ihren künstlerischen Standards vergleichsweise sehr homogen ist und nicht in eine Ansammlung extrem profilierter Einzelanliegen zerfällt.

Unter der gemeinsamen Ausrichtung auf Malerei sind die inhaltlichen Orientierungen der bildnerischen Anliegen gut zu vergleichen. Vor allem in der Anfangsphase geben die Gruppenbesprechungen den Teilnehmerinnen und Teilnehmern deshalb gute Gelegenheit, die Originalität der eigenen Ansätze im Vergleich mit den Ideen der anderen zu sehen. Klischees werden hier offenbar und treiben zu originelleren Sichtweisen an. Dazu wird vor der Runde aller ein utopisches Vorhaben ebenso deutlich wie zu anspruchslose Zielsetzungen. Freilich wird auch schnell offensichtlich, dass jeder solange im Rahmen seiner aktuellen Bedingungen entwerfen und planen muss, bis durch weitere Untersuchungen der Detailprobleme ein dem gestalterischen Anliegen entsprechender Erkenntnisstand, z.B. in der Frage der Figurdarstellung, erreicht ist.

Mit der Präsentation erster respektabler Vorentwürfe im Seminar steigt der Leistungsdruck für alle – dem Lehrenden ist dies ein willkommener Moment, denn jetzt beginnt eine Art Wettbewerbssituation die Suche nach geeigneten Verbesserungen zu forcieren, genau in der Phase, die vor der Umsetzung auf das endgültige Format liegt. So erfahren viele Bildkonzepte in diesem Abschnitt noch eine Wendung oder Pointierung.

Die zeitintensive Strecke der Ausarbeitung wirft Detailfragen der Komposition, der Farbregie und der Maltechnik auf. Der Informationsaustausch von Beginn an hat die Entscheidungswege der anderen Konzepte für die Teilnehmer der Gruppe transparent gehalten, so dass der Blick auf die verschiedenen Lösungen nachvollziehbare und in ihrer Wirkung auf den Betrachter plausible Maßnahmen der Bildregie bereithält. Jetzt ist die Gruppe in einem breiten Areal von allseits eingebrachten Ideen, Fragen und Antworten unterwegs. Man lernt beim eigenen Vorhaben – und bei dem der anderen gleich mit.

Auf dem Weg zum endgültigen Exponat stehen jedoch noch die Hürden der Einzelbesprechung und des Plenums. Diese Situation wird nur sinnvoll zu nutzen sein, wenn es gelungen ist, in der Gruppe ein Klima eines sachlichen Diskurses zu erzeugen. Mehr oder weniger latente Versagensängste prägen nun die Empfindungen aller angesichts ihres Ergebnisses in den kritischen Blicken der Runde. Hier besteht einerseits die Gefahr sozial destruktiver, weil zu heftiger Auseinandersetzung zwischen Gruppenmitgliedern mit gegenseitigen Aversionen, andererseits die Tendenz eines unproduktiven weil zu nachsichtigen Umgangs zwischen Teilnehmern, die ihre Sympathien über ihre Kritik stellen oder vielleicht aus Scheu vor Revanche-Fouls besonders wohlwollend auf die Werke blicken. Dem beobachtenden Lehrenden offenbart sich die soziale Struktur der Gruppe in diesen Auseinandersetzungen deutlich. Im Einzelgespräch wäre vielleicht die Kritik möglich, die vor der Gruppe zu verletzend empfunden worden würde. Der Hinweis auf alternative Detaillösungen und ihre Wirkungen im Verhältnis zur gesamten Komposition scheint hier noch die unverfänglichste Gangart für produktiv orientierte Beratung. Im Idealfall bereichert die Gemeinschaft die Auswahlmöglichkeiten des Fragenden mit einer Reihe von mehr oder weniger im Sinne seiner Suche liegenden Vorschlägen. Damit kann der Beratene entscheiden, ob er eine ergänzende Idee der Gruppe aufgreift oder eine eigene Verbesserung für das jeweilige Detailproblem versucht. Jedenfalls fordert dieser Abschnitt besondere soziale und sprachliche Kompetenzen von allen Teilnehmern, die in dieser Phase profitieren wollen.

Der Termindruck verlangt nun mindestens eine vorläufige Fertigstellung des Exponates, mit der der produktive Teil des Projektes zu seinem Ende kommt. Dabei ist für die meisten Teilnehmer ein Erkenntnisstand erreicht, der das jetzt „fertige" Exponat sehr kritisch auf seine Schwächen hin zu durchschauen vermag. Für mich erfreulich ist in diesen anschließenden Gesprächen, dass bei den meisten Teilnehmern offensichtlich jetzt eine sachliche Besinnung auf die eigenen Grenzen und Möglichkeiten stattfindet, dass jetzt eine professionelle Distanz zur eigenen Arbeit die prinzipielle Veränderbarkeit der bisherigen Lösungen anerkennt. Die Teilnehmer sind jetzt soweit, dass sie sogar tolerieren könnten, die jetzt gefundene Lösung völlig in Frage zu stellen, ohne dabei eine persönliche Verletzung zu empfinden, wie dies typisch für Anfänger ist. Ich glaube auch beobachtet zu haben, dass am Ende eines solchen Projektes die gesamte Gruppe eine dynamische soziale Entwicklung durchgemacht hat, die die Beziehungen zwischen den Studierenden im ansonsten eher anonymen Hochschulbetrieb hin zu einem diskursiven Miteinander verbessern konnte.

Zu den Exponaten

Zugegeben: Der Weg über Skizzen, Studien und Palettenarbeit zu einem halbwegs brauchbaren gegenständlichen Bild ist mühsam und zeitraubend. Darin liegt jedoch der Vorzug, wenn der Gedanke von der Machbarkeit der Bilder die ästhetische Bildung tragen soll. Eine der Säulen einer Fachausbildung im Studium im Institut für Kunsterziehung der Universität Regensburg ist die Werkbetrachtung, die an diesem Standort intensiv betrieben wird. Die eigene produktive Praxis erzeugt besondere Betrachtungsformen, die sich in ihrer Interessenslage völlig von der eines Kunstgeschichtlers unterscheiden. Die Entscheidungswege

Abb. 12: Anja Schmid, „Der Augenblick", 60 x 80 cm, Acryl auf Leinwand

des Künstlers in den vielen Detailfragen der Form, Farbe und Komposition in ihren Abhängigkeiten zur angestrebten Aussage sind in der Kunstgeschichte wegen des historischen Abstands und der mitunter unsicheren Quellenlage nur äußerst schwierig zu rekonstruieren und gleichen mitunter einer Fährtensuche kriminologischer Dimension.

In einem Kunstprojekt wie dem beschriebenen liegen diese Entscheidungswege vergleichsweise offen und machen die Zusammenhänge zwischen den künstlerischen Setzungen und ihren Wirkungen für alle Teilnehmer sofort nachvollziehbar. Exemplarisch soll anhand einiger Vorstufen zu ausgewählten Exponaten diese Erarbeitung der endgültigen Form gezeigt werden.

Da sich die Bilder aller im Rhythmus der wöchentlichen Analyse und Korrektur entwickeln, bleiben die Ergebnisse von glücklichen Zufällen,

Pannen und absichtlichen Eingriffen in das Bildgeschehen weitgehend deutlich und stehen ständig unter der kritischen Beobachtung aller. Nach und nach beginnt eine realistischere Einschätzung der eigenen Möglichkeiten, überzogene Ansprüche abzulösen und da sichtbar wird, dass echte Fortschritte keinem leicht fallen, stellt sich eine Misserfolgstoleranz ein, die die Voraussetzung für die notwendige Ausdauer in der bildnerischen Praxis ist. Ich denke, dass unsere Gegenwart mit ihrer „Just-in-Time"-Mentalität schon bei Kindern und Jugendlichen eher Ungeduld als Geduld fördert. In der bildnerischen Arbeit lernt man, dass *sofort* gar nichts geht, schon gar nichts Brauchbares.

Das Thema der antiken Mythologie, die Entführung der Europa, wurde von der in der Ausstellung versammelten Gruppe der Studierenden des Instituts für Kunsterziehung begeistert aufgegrif-

Abb. 13: Dorothea Gürtner, „Der gezähmte Stier", 70 x 120 cm, Acryl auf Leinwand

fen. Die Möglichkeit, die eigenen Ergebnisse mit der angekündigten Präsentation und im geplanten Dokumentationsband einer größeren Öffentlichkeit vorzustellen, bekommt vor dem Hintergrund der in der Seminarphase versuchten Wirkungsprognosen noch ein besonderes Gewicht. Schließlich gilt es, die Tragfähigkeit der in der Gruppe entwickelten Kriterien vor einem unbekannten Publikum zu testen.

Die Tatsache, dass sich das Motiv einer fotografischen Handhabung entzieht (junge Frauen sind eher selten auf Stieren unterwegs), machte die Aufgabenstellung von vornherein interessant. Nach der Themenvorstellung war die Breite der in

Abb. 14: Mariella Ismail, „Neuer Wind in Europa", 60 x 60 cm, Acryl auf Leinwand

der ersten Ideensammlung vorgeschlagenen Interpretationen beträchtlich.

Selbstverständlich ist das Thema der Entführung der Europa für eine Gruppe von jungen Studierenden beiderlei Geschlechts zuallererst als Situation einer außergewöhnlichen Mann-Frau-Beziehung interessant. Ebenso zog die mythologische Misse-

tat des Gottes Zeus als ein nach heutigen Maßstäben kriminelles Verhalten Interesse auf sich und ließ die Frage nach zeitgemäßen Parallelen aufkommen. Auch fanden sich Überlegungen, wie man die mythologische Vorgabe als Romanze formulieren könne mit der Frage nach Querverbindungen zu den Verbildlichungen ähnlicher Le-

Abb. 15: Magdalena Stalleicher, Ohne Titel, 70 x 100 cm, Acryl auf Hartfaser

benssituationen in typischen Medienprodukten. Weitere erste Entwürfe klopften die Verbindung von Zeus und Europa auf vielleicht typische Verhaltensmuster von Frauen- und Männerrollen ab. Auch stellte sich die Frage, wie die Geschichte, die in der Antike ihren Anfang nahm, bis heute weitergelaufen sein könnte. Erwartungsgemäß lagen die Anliegen anfangs noch näher beieinander, erfuhren jedoch mit dem Fortschreiten der Aktion breitere Ausdifferenzierungen.

Wie für alle begann auch für *Fanny Jaquier* die Arbeit an dem Exponat mit ersten Ideenskizzen. Ihr Anliegen ging von einer besonderen Situation im Europa-Mythos aus, nämlich dem Moment, in dem die entführte Königstochter Europa ihre Situation des Ausgeliefertseins an den Stier-Mann erkennt und den Weg in den Freitod bedenkt, vor dem sie dann Aphrodite zurückhalten wird. In ihrem reichhaltigen Skizzenbuch wird deutlich, wie umfassend ihre Vorplanungen das Exponat aus zahlreichen Alternativen entwickeln. Während der ersten Skizzen entsteht die Absicht, die Situation zwischen den beiden mythologischen Wesen im Sinne eines Bühnenstücks zu inszenieren. Die Betrachter könnten so erkennen, dass die dargestellte Zuspitzung den Anspruch eines Situationsmodells erhebt und nicht etwa ein individuelles biografisches Ereignis zweier realer Personen ist. Als dieser Plan gefasst ist, werden sämtliche Einzelheiten einer genauen Untersuchung unterworfen. Mit Skizzenarbeit bewegt die Künstlerin ihre Figuren wie ein Regisseur seine Schauspieler und vermag aus der Wirkung der Skizze heraus zu beurteilen, ob die gefundene Form der Aussageab-

Abb. 16: Tamara Thorak, Offenbarung, 90 x 120 cm, Öl/Acryl auf Hartfaser

sicht entspricht oder nicht. Die Positionen der Figuren zueinander, die Lichtführung, die Architektur der Bühne, die Körperhaltung beider, die Kopfhaltung des Stier-Mannes, die Farbigkeiten – all das will geprüft werden auf den Aspekt der Allgemeingültigkeit hin, die im Zentrum der Mitteilungsabsicht steht. So entsteht nach und nach ein in allen Details immer sicherer Entschluss für das vorliegende Exponat (Jaquier1, „Akt II, Szene 1"). Im halbdunklen Hintergrund steht ein anonymisierter Stier-Mann, halb zugewandt, halb abgewandt. Er wirkt etwas unheimlich und mächtig. Jedoch geht von ihm aktuell keine Bedrohung aus und im Grunde gibt er sich emotional unbeteiligt an dem Geschehen im linken Vordergrund des Bildes, wohin sein Blick andeutungsweise zu gehen scheint. Dort finden wir durch helles Bühnenlicht

hervorgehoben, eine filigrane Frauengestalt, deren Zerbrechlichkeit in Balance zu ihrer erotischen Fassade steht. In einem halbdurchsichtig scheinenden Kleid steht sie da, am Rand der Bühne, der gleichzeitig der Abgrund ihrer seelischen Nöte sein könnte, aber nur Bühnenrand zum Publikum hin ist. Ihre Bedrohtheit ist unterschwellig die einer Frau, deren Leben durch die Beziehung zu einem Mann aus den Fugen geraten ist, und doch, beim zweiten und dritten Blick, alles ist nur inszeniert …

(Abb. 1, Seite 146: Fanny Jaquier, „Akt II, Szene 1", 90 x 70 cm, Öl auf Hartfaser; Abb. 2–4, Seite 149: Fanny Jaquier, „Bühnenproben" als Skizzen, Untersuchungen zur Kopfhaltung, zum Bühnenraum, zur Position der Protagonisten und der daraus folgenden Wirkungen)

Völlig andere Ziele verfolgt die Arbeit von *Sarah Lohr*. Von vornherein steht fest, dass sie einen märchenhaften Moment der Entführung in den Mittelpunkt ihrer Bildgeschichte stellen möchte. So kreisen ihre Skizzen (Abb. 5–7, Seite 151) um die Frage, wie eine junge Frau auf dem Rücken eines göttlichen Stieres im Sonnenuntergang durch das Meer reisend aussehen könnte. Hier muss eine veritable Aktdarstellung einer glaubwürdig entspannten Körperhaltung unter besonderen Umständen Teil des Bildes sein. Während der Skizzen stellt sich heraus, dass für die Darstellung des Glücks, das Europa in diesem Augenblick ihrer Überfahrt nach Kreta in der Komposition ausstrahlen soll, die Figur des Stieres nachrangig ist – in der Ausführung wird der Stier stark angeschnitten, seine Hörner übernehmen als Paraphrase einer Mondsichel die „Rahmung" des Kopfes der glücklich Entführten. Das Motiv der Mondsichel stellt zeichenhaft den Zusammenhang zwischen Stier im Meer und Mond im oberen Bildrand her. Da man solch ungebremste Schnulzenidyllen nicht ganz ernst nehmen sollte, ist der Einsatz von Neon-Acrylfarben obligatorisch. (Abb. 8, Seite 153: Sarah Lohr: „Es war einmal…" 150 x 70 cm, Acryl auf Hartfaser)

Die Vorstellung, dass allein die Darstellung der Hauptfiguren einen inhaltlich zu engen Rahmen setzen könnte, kann sich von den Exponaten von *Stefanie Schuh, Julia Hahn* und *Alexander Rosol* eines besseren belehrt sehen. Ihnen dreien gelingt es mit reduziertem Bildgefüge Facetten der mythologischen Episode zu verlebendigen. In dem Beitrag von *Stefanie Schuh* sehen wir den Stier im Detail im scharfen Anschnitt. Sein linkes Auge glotzt den Betrachter an. Beherrscht von den markanten Muskel- und Knochenpartien des massiven Tieres erzählt dieses Bild von der brachialen Bestialität des in einen Stier verwandelten Gottes Zeus. Die Malerei betont durch scharfe, metallische Hell-Dunkel-Kontraste das Relief des Körperbaus. Wie in einem in Eile gemachten Pressefoto zieht der Koloss an dem Betrachter durch das Format vorbei, so, als wäre das Bild ein Fenster zu der Szene. Wie mag der Frau, deren deutlich ausgeführte Füße vorm oberen Bildrand hereinragen und die eine unsichere, nach Halt suchende Bewegung ahnen lassen, wohl zumute sein? (Abb. 9, Seite 155: Stefanie Schuh, „Europa auf dem Stier", 70 x 90 cm, Acryl auf Leinwand)

Dagegen ist die Szene, die uns das Exponat von *Julia Hahn* zeigt, eher mit einem Augenzwinkern. Europa und der Stier in Eintracht, mit doppeltem Boden. Selbstbewußt und völlig entspannt liegt die junge Frau, dem Betrachter abgewandt, auf ihrem Rücken und benutzt gelassen den Stier, der ebenfalls auf dem Boden liegt, einfach als profane Beinstütze. Ist das eine herablassende Attitüde, mit der die Sterbliche zeigt, dass sie gerechterweise den Respekt vor dem in seiner Liebe närrisch gewordenen Gott verloren hat? Und wohin geht sein Blick? Die angedeuteten Buchten eines felsigen Kretas scheinen in der Ferne die Augen des Unersättlichen zu fesseln – und seine Gedanken. (Abb. 10, Seite 156: Julia Hahn, „Nach der Flucht", 60 x 80 cm, Acryl auf Leinwand)

Farbig auf eine interessante Weise reduziert kommt die Szene, die *Alexander Rosol* beschreibt. Ein Stier, fast wie ein mechanisches Gebilde geglättet und in einer an Stierkampfszenen erinnernden Angriffshaltung, wirbelt um eine unbekleidet stehende Frau herum. Ihrer Körperhaltung nach zu urteilen ist die Nackte trotz ihrer Schutzlosigkeit von der Raserei des Tieres völlig unbeeindruckt. In seiner surrealen Wirkung stellt dieses Blatt die Machtverhältnisse auf den Kopf, denn die Haltung der Frau verrät die eigentliche Ohnmacht des Gehörnten. (Abb. 11, Seite 157: Alexander Rosol, Ohne Titel, 80 x 100 cm, Acryl auf Leinwand)

Blitzlichtartig und in der Malerei betont gestisch bringt uns *Anja Schmid* die beiden mythologischen Figuren nahe, so nahe, dass auch hier ein extrem kurzer Moment gefasst zu sein scheint. Die Entführung der jungen Königstochter durch den zum Stier verwandelten Gott zeigt letzteren im extremen Anschnitt als Prachtexemplar eines schwarzen Stieres. Das Bild weicht in diesem Punkt, wie andere auch, bewusst und aus koloristischen Gründen, von der mythologischen Vorgabe ab. Sein Auge blickt uns an, betont „schön" gemalt mit weichem goldbraunem Schimmer und Glanzpunkt. Die Frau scheint sich zu ihm herumzudrehen, schnell, so schnell, dass die Künstlerin die Haare der Königstochter fliegen lässt. Und während Kopf und Armansatz eine Bewegung hin zu dem Tier machen und nicht die Spur eines Fluchtversuchs andeuten, geht der Blick der Schönen in eine entgegengesetzte Richtung. Ist das ein Innehalten in der Eile der Entführung? Ist das nicht eher eine gemeinsame Flucht? Begreift die Frau in diesem Augenblick die Besonderheit ihres Schicksals, von einem Unsterblichen erwählt zu sein? Ihr Portrait ist als einzige Form des gesamten Formates vollständig und eingebettet in einen Wirbel aus gestisch gesetzten Formen, die ihr Gesicht rahmen und für diesen einen Augenblick still ste-

Abb. 17: Simon Smyrek, Ohne Titel, 140 x 100 cm, Öl auf Spanholzplatte

Abb.Nr. 18–21: Matthias Straub, Entwürfe zu „Thron der Europa"

Abb. 22: Matthias Straub, „Thron der Europa", 80 x 50 cm, Acryl auf Pappe

Abb. 23: Josef Deml, „Zeus Meilichios", 76 x 104 cm, Acryl auf Hartfaser

hen lassen. Gut möglich, dass wir deshalb glauben, ihre Gedanken lesen zu wollen … (Abb. 12, Seite 159: Anja Schmid, „Der Augenblick", 60 x 80 cm, Acryl auf Leinwand)

Mit einem Bildzitat trumpft das Gemälde von *Dorothea Gürtner* auf. Eine Nackte in kunsthistorisch bedeutsamer Pose aus dem französischen Rokoko einem Bild von *Francois Boucher* übernommen, in doppelter Brechung zitiert nach einer etwa zwanzig, dreißig Jahre alten Adaption des

amerikanischen Billboardpainters und Pop-Artisten Mel Ramos: Da liegt Europa, kein Mädchen mehr, und sucht unseren Blick. Eine intime Landschaft, ruhig und gelassen. Ihre Unterlage ist – ein Stierfell! Der Betrachter mag über das unrühmliche Ende des Gottes in den Armen seiner Geliebten spekulieren. Oder zeigt uns das Bild die Macht der Frau, die ihr Eros verlieh? Oder ist die siegessichere Pose ein Zeichen, dass sich die Zeiten geändert haben und die alten Patriarchen ihr Fell gelas-

Abb. 24: Antje Reichl, „An einem Tag am Strand/ Teil A", 105 x 80 cm, Acryl auf Hartfaser

sen haben? Die seltsam weichtonige Farbigkeit bringt das Bild in die Nähe ausgeblichener Fotografien – ist dieser Triumph der Sterblichen auch schon wieder Geschichte? (Abb. 13, Seite 160: Dorothea Gürtner, „Der gezähmte Stier", 70 x 120 cm, Acryl auf Leinwand).

Zwei weitere Positionen stehen zum Vergleich. Europa und ihr Stier: im Zeichen der Zuversicht oder im Elend der Gegenwart? Während *Mariella Ismail* in ihrer Komposition von folkloristischen Bildwirkungen ausgeht, in denen sie das seltsame Pärchen vor einem plakativen Abendhimmel zeigt, stampft ein riesiger Stier mit klassizistisch anmutender Europa vor einer tristen Hotelkulisse im Bild von *Magdalena Stalleicher* durch das Wasser. Ismails Frauenfigur und ihr Stier strahlen positive Zuversicht aus, gemeinsam nach rechts, in westeuropäischer Lesart demnach nach „vorne" blickend. In Körperhaltung und Bewegung aufeinander bezogen, traute man den beiden eine gute

Abb. 26: Johannes Mihalyi, „Welcome to Europe", 80 x 120 cm, Acryl auf Hartfaser

Bahn zu, die flächig aufgesetzten Lichtstrahlen der links untergehenden Sonne unterstützen die Blickrichtung der beiden und verbinden sie auf diese Weise mit dem Hintergrund. Wenn nur nicht die stilisierte Landschaft, auf die die beiden gestellt sind, bloß ein enger Sockel wäre, an dessen Außenränder steile Abfälle zu ahnen sind. (Abb. 14, Seite 161: Mariella Ismail, „Neuer Wind in Europa", 60 x 60 cm, Acryl auf Leinwand)

Die Figurengruppe des Wittelsbacher Brunnens in München, einem Werk des Bildhauers Adolf von Hildebrandt aus dem 19.Jahrhundert, lieferte die Vorlage für Magdalena Stalleichers Bild. Die Hotelanlage auf Kreta fand sie in einem Prospekt eines Reiseveranstalters abgebildet. Wiewohl von Seiten der Vorlagen überhaupt nicht auf eine derart spröde Farbigkeit angewiesen, erzeugt die Künstlerin durch systematische Glättung der Flächen, durch stereotyp strenge Auffassung der Reliefs und durch eine trübe, vom Grau kommende Farbigkeit eine herbe Atmosphäre mit surrealer

Wirkung. Wie ausgestorben oder verlassen wirkt die Ansammlung der Hotelgebäude. Das mythologische Kreta war in seiner Schönheit so großartig, dass der Sage nach der verliebte Zeus gleich dem ganzen Erdteil den Namen seiner verehrten Europa gab. Davon in diesem Bild nichts – wahrscheinlich würde Zeus heute weiter schwimmen oder andere Gegenden als die der gezeigten Hotelanlage mit dem Namen seiner Geliebten zieren. (Abb. 15, Seite 162: Magdalena Stalleicher, Ohne Titel, 70 x 100 cm, Acryl auf Hartfaser)

Dafür ist die Welt noch in Ordnung in *Tamara Thoraks* Gemälde. Auf einer felsigen Anhöhe über einer vom Meer umspülten Bucht sehen wir zwei Frauen und einen weißen Stier, leicht abgewandt. Die beiden Frauen sind mit allen Attributen von anmutigen Körperhaltungen bis hin zu teils durchsichtigen Kleidern als begehrenswert ausgewiesen. Aphrodite und die Königstochter Europa sind es, just in dem Augenblick, in dem die in die Entführung der Europa verwickelte Aphrodite der

Abb. 25: Julia Preis, „Zeus und Europa",
100 x 70 cm, Acryl auf Leinwand)

Abb. 27: Anna Gruber, „Dualität", 70 x 100 cm, Acryl auf Hartfaser

Sterblichen einen Wink gibt, dass es kein Geringerer als Zeus ist, der sie an diese Küste führte und seine Stiergestalt bald aufgeben wird, um ihr nahe zu sein. Aphrodite, die Göttin, handelt im Auftrag von Zeus. Sie ist Kupplerin, will vermitteln, überzeugen, muss dabei etwas Liebgewonnenes loslassen. Europa wird ganz nachdenklich und versonnen. Sie blickt in die Ferne, die Zukunft. Ahnt sie schon ihre Bestimmung, die ihr in Form des weißen Stieres entgegentritt? In manchen Geschichten mutiert der Ehegatte nach der Hochzeit zum Ungeheuer. Hier ist es anders, das Ungetüm wird menschlich werden. (Abb. 16, Seite 163: Tamara Thorak, Offenbarung, 90 x 120 cm, Öl/Acryl auf Hartfaser)

In *Simon Smyreks* großformatigen Gemälde begegnen wir einer Gruppe von seltsamen Figuren, die sich erst nach eingehender Betrachtung erschließen. Der Himmlische ist ein vergleichsweise banaler Raumfahrer geworden, die tatsächliche

Distanz zu der ersehnten Frau ist für ihn in seinem luftdichten und klimatisierten Arbeitsanzug kaum kleiner als die des antiken Gottes zu seiner Europa. Die beiden atmen nicht einmal die gleiche Luft. Geradezu despektierlich lümmelt er, den Kopf noch im Helm, auf einem Sofa mit Blick auf die im linken Vordergrund sitzende Europa. Sein rechtes Bein ruht auf einem Stierschädel so, als wären die Reste der alten Symbole nichts weiter als Relikte, deren praktischer Nutzwert den symbolischen übertrifft. Hinten links startet mit großem Getöse eine Raumfähre, schwerelos flattern im Himmel über den beiden Hauptfiguren zwei Eroten. Der eine tritt, wie ein zorniger Gott, in einer typischen Wrestling-Verkleidung auf; der an-

Abb. 28: Barbara Kober, „Als der Stier seinen Schritt verdoppelte, klammerte sich die Jungfrau angstvoll an die beiden Hörner.", 120 x 80 cm, Acryl auf Hartfaser

Abb. 29: Sophie Trepl, „Zeus" Motivvorlage für Plakat, 80 x 120 cm, Acryl auf Leinwand

Abb. 30: Sophie Trepl, „Zeus – Europatour 2007",
84 x 59,4 cm, Tintenstrahldruck. Das Gemälde ist Teil
eines fiktiven Tour-Posters einer ebenso fiktiven Rockband
„Zeus" und wurde in der digitalen Bildbearbeitung fertig
gestellt.

Abb. 31: Florian Pfab, „Die Entführung der Europa", 100 x 140 cm, Acryl auf Hartfaser

dere ist ein typischer Eros, seinen Pfeil gerade auf den Raumfahrer abschießend. Europa selbst sitzt gefasst, aber in sich geschlossen, abweisend auf einem Stuhl, der aus der Requisite eines Bauerntheaters stammen könnte. Gekleidet ist sie mit einem gegenwartstypischen Chic, markiert ist sie durch einen Strauß weißer Lilien. Zu ihren Füßen eine Pin-Up-Diva der *roaring fifties* unter dem Sonnenschirm, Aphrodite wohl, jedoch maßstäblich unabhängig vom Rest der Bildteile. Beide Frauen tauschen einen Blick.

Zitate, Symbole und ihre Brüche sind hier so arrangiert, dass auf diese Weise der Eindruck entsteht, die verbrauchten Embleme vergangener Epochen könnten über die trennenden Zeiträume hinweg nur in ihrem gegenwärtigen Miteinander zu ihren neuen Bedeutungen finden, gerade so, als wäre dieses eigenartige Zusammentreffen wie im „Restaurant am Ende des Universums" erst durch die mythologische Vorgabe in einem Sinn-

zusammenhang. Gnade denen, die die Mythen nicht kennen, ihnen ist dies alles absurd. (Abb. 17, Seite 165: Simon Smyrek, Ohne Titel, 140 x 100 cm, Öl auf Spanholzplatte)

Mit winzigen, kaum spielkartengroßen Farbskizzen tastete sich *Matthias Straub* an seine Komposition heran. Seine Idee war zu zeigen, was aus dem antiken Liebespaar in den Jahrtausenden geworden ist. Die Durchsicht seiner verschiedenen Entwurfszustände ist besonders spannend, denn im Prinzip sind alle Entwürfe sehr ähnlich, haben aber in ihren Wirkungen interessante Nuancen. Minutiös plant er sich an seine Ausführung heran:

Zeus ist längst verschwunden. Ein felsiges Monument, in einem Entwurf ähnlich einem typisch antiken Fruchtbarkeitsidol, in einem anderen mehr eine Stier-Mann-Statue, ist an seine Stelle getreten. Die Szene, die der Mythologie nach an den Küsten Kleinasiens ihren Anfang nahm (Abb. 22, Seite 167: Matthias Straub, „Thron der

Abb. 32: Roman Mayer, „Kampf der Elemente", Zustand 1

Abb. 33: Roman Mayer, „Kampf der Elemente", Zustand 2

Abb. 34: Roman Mayer, „Kampf der Elemente", Zustand 3

Abb. 35: Roman Mayer, „Kampf der Elemente", Zustand 4

Malerei als Mittel zur Entwicklung einer anfangs vagen Bildidee: Auf einer locker gesetzten Untermalung wird die von zeichnerischen Skizzen kommende erste Vorstellung farbig weitergedacht und ausgearbeitet. Dabei änderte der Künstler Teile des Bildaufbaus, Details und schließlich das gesamte Kolorit. So konnten die verschiedenen Vorstufen erst nach der malerischen Veranschaulichung in der Wirkung überprüft und verworfen oder weitergearbeitet werden.

Europa", 80 x 50 cm, Acryl auf Pappe), scheint sich in kühlen Höhen abzuspielen. Auf dem Sockel des Denkmals räkelt, sitzt, langweilt sich eine Fettel. Europa! Zeus! Ein Traumpaar der Antike, was ist aus Euch geworden? (Abb.Nr. 18–21, Seite 166: Matthias Straub, Entwürfe zu „Thron der Europa")

Weit greller und gezielt ohne Geheimnisse kommt die Provokation, die Joseph Deml gestaltet hat. Mit „Zeus Meilichios", also „Zeus der Sanftmütige" betitelt er seine Kreissaal-Szene, die in

ihrer Heftigkeit derzeit üblichen Horror-Genres oder Krankenhaus-Soaps in nichts nachsteht. Europa, die Menschenfrau, gebiert auf drastische Weise – ein Kalb! Gott Zeus, in Gestalt eines dünnbeinigen und alt gewordenen, typisch bayerischen Fleckvieh-Stieres, ist zu keiner Handlung fähig und sich keiner Verantwortung bewusst. Er steht dümmlich unbeteiligt daneben. Eine Krankenschwester in greller Schminke, allen Klischees der Geschmacklosigkeit genügend, beobachtet das Geschehen ohne Regungen, verborgen hinter

Abb. 36: Roman Mayer, „Kampf der Elemente", 70 x 100 cm, Acryl auf Hartfaser

ihrem giftigen Make-Up. Sie hat den Gott am Nasenring und entmachtet. So ist auch im Kreissaal ganz klar, dass die Sterblichen offensichtliche Opfer höherer Gewalten sind, in mehrfacher Hinsicht. Von weitreichenden Liebes-Beziehungen mit falschen Göttern wird dringend abgeraten! (Abb. 23, Seite 168: Josef Deml, „Zeus Meilichios", 76 x 104 cm, Acryl auf Hartfaser)

Antje Reichl richtet in ihrem Diptychon ihren Blick zurück auf eben diesen Gott Zeus im Moment der Metamorphose, im Zwischenstadium. Er ist im Moment der Verwandlung, die Ovid beschreibt, und scheint sich zu uns herumzudrehen, während in der Ferne im zweiten Bild, Europa und ihre Freundinnen am Strand verweilen. Der Malerei nach toben fürchterliche Gewalten unter seiner Fellhaut. Die Trennfuge zwischen den Bildern ist wichtiger Teil des Ganzen, denn auch hier gibt es für den Zeus kein Entrinnen aus seiner Bestimmung, Gott sein zu müssen und doch sehnsüchtig die Nähe der geliebten Sterblichen zu suchen. Dass er in diesem tragischen Konflikt nicht Mann,

Abb. 37: Roman Mayer, „Europa der Jugend", 140 x 200 cm, Acryl auf Leinwand

nicht Gott, nicht Tier sondern eine Mischung aus allen dreien ist, macht ihn in dieser Vorstellung des Themas folgerichtig zu einem Monster. (Abb. 24, Seite 169: Antje Reichl, „An einem Tag am Strand/ Teil A", 105 x 80 cm, Acryl auf Hartfaser)

Die Entführer heute sehen anders aus als in der Mythologie der Antike. Zwei Bilder gehen diesen Überlegungen nach. *Julia Preis* enttarnt eine mysteriöse Gestalt eines Jünglings durch ein kleines Stieramulett, das an seinem Hals baumelt. Sie gibt ihn uns mit schwarzem Hemd, das in der Dunkelheit schimmert; sie lässt den Beau leicht bedrohlich auf dunklen Polstern vor dem Hintergrund eines Meeres lehnen. Ein eigenartiger Schimmer scheint auf seinen Augen zu liegen, deren Blick mit einem Anflug von Aggression dem Betrachter begegnen. Wir können an eine Motorbootfahrt eines gegenwartstypischen wohlhabenden Nichtstuers denken, aber das ist nur eine leichte Querverbindung zum Europa-Mythos. Auf

seinen Knien ruht sanft eine junge Frau, ihm offenbar zugetan, im Schlaf. Sie ahnt nichts von den Gefahren, die ihr drohen könnten, ganz genauso wie die junge Europa, die ahnungslos mit dem Stier spielte, bis er sie gegen ihren Willen auf das Meer hinauszog und entführte, nur zu seinem Vergnügen. (Abb. 25, Seite 170: Julia Preis, „Zeus und Europa", 100 x 70 cm, Acryl auf Leinwand)

Der „Entführer", den uns *Johannes Mihalyi* zeigt, ist zu aller erst ein Freier, wie sie zu tausenden nachts auf den Straßen unterwegs sind. Statt eines weißen Stierkostüms ist es eben eine helle Karosse, mit der „Mann" heutzutage auf die Suche geht. Die Tür ist geöffnet, das Fenster heruntergelassen. Im fahlen Licht der Innenbeleuchtung blickt der Fahrer heraus zu einer jener Frauen, die leicht bekleidet am Rand der Straße der Mythologie der Europa-Entführung spotten (müssen?). Der Bogen, den das Bild von der Idylle der Antike in ihren mythologischen Utopien bis

Abb. 38: Lucie Lauter, „Il toro affresco", 100 x 140 cm, Acryl auf Pappe

hin zum Elend der gegenwärtigen Realität spannt, ist groß; größer noch der Schmerz, wenn man bedenkt: „Welcome to Europe", so der Titel, bedeutet hinter den östlichen Grenzen Europas für einige leider etwas ganz anderes, als wir uns in unseren politischen Hoffnungen ausgemalt haben. (Abb. 26, Seite 171: Johannes Mihalyi, „Welcome to Europe", 80 x 120 cm, Acryl auf Hartfaser)

Die psychische Wirklichkeit einer bedrückenden Empfindung, die dem Außenstehenden nicht gleich deutlich ist, ist das Thema einer Komposition mit dem Portrait einer jungen Frau. *Anna Gruber* ist die Autorin dieses Gemäldes. Ausgehend von Beobachtungen an polymorphen Felsformationen, die im sogenannten „wilden Sehen" mit Bedeutungen gefüllt werden, gibt uns die Künstlerin einen Blick auf eine ängstlich wirkende Frau, in deren Hintergrund ein Felsgebirge der Gestalt eines riesigen Stierkopfes gleicht. Körperspra-

che und Blick sind so angelegt, dass wir als Betrachter die Empfindung der Schutzlosigkeit, des Ausgeliefertseins und der Hilfesuche zu erkennen glauben. Die Not der jungen Frau angesichts der irrealen Bedrohung ist eine Angst ohne äußeren Anlass, aus der es kein Entrinnen gibt, da die Gefahr, die sie spürt, ein Teil ihrer selbst ist, denn der Berg ist kein glotzender Stier, oder doch? (Abb. 27, Seite 172: Anna Gruber, „Dualität", 70 x 100 cm, Acryl auf Hartfaser)

„Als der Stier seinen Schritt verdoppelte, klammerte sich die Jungfrau angstvoll an die beiden Hörner." Eine Ironie über einer Textstelle aus der Literatur ist der Spaß, den sich *Barbara Kober* macht. In wild fleckhafter Farbsetzung bürstet sie das Stereotyp, das wir uns beim Lesen der Textstelle vorstellen möchten, komplett gegen den Strich. Statt des gewalttätigen Viehs, das eine zierliche junge Frau gegen ihren Willen davon reißt, sehen wir irritiert eine gesichtslose Korpulente, deren Kleidung aus allen Nähten zu platzen scheint. In jeder Hinsicht aus der Form hockt diese Matrone wackelig auf dem kleinen weißen Holzstier eines Kinderkarussells, krallt sich an seinem rechten Horn fest, wohl um noch eine Runde zu drehen, und noch eine … Auch hier finden wir in der Malerei eine junge Frau des 21. Jahrhunderts, die sich mit ihrem Bild witzig gegen das mythologische Rollenschema stemmt und sich über die schematische Vorgabe der Frau in der Opferrolle lachend hinwegsetzt. Die antike Mythologie aus dem Blick moderner Frauen: eine Lachnummer. (Abb. 28, Seite 173: Barbara Kober, „Als der Stier seinen Schritt verdoppelte, klammerte sich die Jungfrau angstvoll an die beiden Hörner.", 120 x 80 cm, Acryl auf Hartfaser)

Eine Aktualisierung ganz anderer Art finden wir in der Metamorphose, die uns *Sophie Trepl* zeigt. „Zeus" ist eine fiktive Rock-Band, ihr Bild Teil eines konzeptionell gedachten Tour-Plakates. Der Leadsänger ist bühnenwirksam beleuchtet, ein weißes gehörntes Überwesen scheint er zu sein. Die Anspielung auf die vergöttlichten Idole dieser Epoche ist gelungen, schließlich liegen ihnen heranwachsende Mädchen in Scharen zu Füßen, jederzeit bereit, mit ihrem Idol durchzugehen, auch ohne Aphrodites Hinweise. (Abb. 29, Seite 174: Sophie Trepl, „Zeus – Europatour 2007", 80 x 120 cm, Acryl auf Leinwand; Abb. 30, Seite 174: Tour-Poster „Zeus").

Von der mythologischen Darstellung des listigen Zeus, der mit vergleichsweise sanften Mitteln Europa aus dem Kreis ihrer Freundinnen lockt, nimmt *Florian Pfab* in seiner neobarocken Figurenkomposition weit Abstand. In einer Kulisse, die eine antike Säulenhalle mit der offensichtlichen Funktion einer Art Harem beschreibt, ist ein übergroßer zorniger Hüne (ein Selbstportrait des Autors) eingebrochen und reißt eine junge Frau an einem Strick hinter sich her. Mit Panik und völlig ohne Gegenwehr beobachten die Zurückbleibenden das traurige Los ihrer Freundin. Die Entführung der Europa, illustriert als Action-Szene, ein Sujet zur Darstellung des unbekleideten Weibes und archaischer Virilität? Ein Lust-Spiel für den, der es machte? (Abb. 31, Seite 175: Florian Pfab, „Die Entführung der Europa", 100 x 140 cm, Acryl auf Hartfaser).

Auf völlig andere Weise erzeugt *Lucie Lauter* die Nähe zur Antike in ihrer Komposition. Europa liegt aufgestützt und wendet sich ab von dem Stier, der tänzelnd leicht ihre Nähe sucht. In Figurdarstellung, Körperhaltung und Kostümierung scheinen antike Vorstellungen adaptiert, selbst in den Details der Kulisse, wo Früchte und Pflanzen eine idyllische Andeutung an der Grenze zum floralen Ornament erzeugen. Der Farbauftrag erinnert stark an eine Freskomalerei, über die die Jahrtausende hinweggegangen sind. Ein Stück aus dem „Haus der Mysterien"? Mitnichten, im grellen Kolorit aus giftigen Rottönen enttarnt die Malerin die Reaktion der Schönen auf das Werben des Stieres. (Abb. 38, Seite 179: Lucie Lauter, „Il toro affresco", 100 x 140 cm, Acryl auf Pappe)

Die Beobachtung, dass die im Projekt versammelten jungen Menschen des Jahres 2007 sich geradezu gegen die Rollenschemata der antiken Vorgabe aufzulehnen scheinen, belegt auch der Humor im Werk *„Kampf der Elemente"* von *Roman Mayer*. Interessant bei diesem Werk könnte auch der Blick auf verschiedene Zustände sein, die das Exponat durchlaufen hat. In ihnen wird nicht nur das Ringen des Malers deutlich, sondern auch die besondere Möglichkeit, durch Malerei die Bildfläche gleichsam zu kneten wie ein plastisches Material, so dass eine Form entwickelt werden kann und nicht getroffen werden muss. (Abb. 32–35, Seite 176: Roman Mayer, Bildgenese A–D, „Kampf der Elemente")

Die „Entführungsopfer" setzen dem Stier-Mann Zeus unangenehm heftig zu bei dem Versuch, seine „Beute" über das Meer zu bringen. Die Bestialität ist offensichtlich auf beiden Seiten. Europa und ihre Freundinnen sind nicht markiert als ein Schönheitsideal, sondern als eine Bande von lästigen Gören, unter denen selbst der verwandelte Gott zu leiden hat. So wird das Geplantsche der Gruppe eher eine Burleske mit erzählerischem Überschwang. Parallelen zu Arnold Böcklins „Spiel der Wellen" fallen ein. Doch hier: Die männliche Macht ist gebrochen, die Reue des angewiderten Entführers überdeutlich. Und die verehrten Damen? Die haben doch allen Respekt verloren, vor Stieren, Göttern und – Männern! (Abb. 36, Seite 177: Roman Mayer, „Kampf der Elemente", 70 x 100 cm, Acryl auf Hartfaser)

In seinem anderen Beitrag, dem Gemälde *„Europa der Jugend"* zeigt uns der Künstler die Söhne Europas. Sie sind Werkzeuge ihrer Rache geworden. So sehen wir Europa selber, eine bitter gewordene Alte, dabei, wie sie einen aus der Horde ihrer sichtbar verwahrlosten Nachkommen ermuntert, beim Ausplündern des toten Gottes wieder mitzumachen. Der liegt, als übergroßer Stier tot im Flachwasser eines Uferstreifens und muss über sich ergehen lassen, mit der Technik

Abb. 39: Ulrike Angermeier, „Den Spieß einmal umdrehen", 170 x 150 cm, Öl/Acryl auf Hartfaser

der Walfänger bis auf die Knochen zerlegt zu werden. Das Ende der Europa macht uns keine Freude, wenn man den mythologischen Auftakt des Kontinents in seinen Konsequenzen weiterdenkt. Im Desaster endet, was als Entführung Minderjähriger begann. (Abb. 37, Seite 178: Roman Mayer, „Europa der Jugend", 140 x 200 cm, Acryl auf Leinwand)

Über derlei düsteres Brüten setzt sich *Ulrike Angermeier* in ihren beiden Kompositionen gutgelaunt hinweg. Mit geschicktem Einsatz und kluger Kombinatorik fotografisch und zeichnerisch erarbeiteter Ideen präsentiert sie ihre Vorschläge in Form arrangierter Selbstportraits. Europa, der Kontinent und ich, so sagen ihre beiden Bilder, sind leuchtend gelebter Moment des eigenen Daseins, ein Heidenspaß.

Im ersten, „Den Spieß einmal umdrehen", ist der Stier (der einmal Zeus war?) am Grill gebraten. Ein kleiner Junge spielt mit Bananen ein tobendes Hornvieh, dazu Männer, bierselig und hinfällig. Eine Festzelt-Szene eben, wie überall in Bayern. „Europa-Bier" gibt es, dem goldbesternten Bierträger nach zu urteilen. „Europa-Bier" läuft aus einer Flasche und formt auf dem Boden die Silhouette des Kontinents. Die Frau in der Mitte, Selbstportrait der Autorin, lacht über die Szene, gleich wird sie uns die Portion Stierbraten auf ihrem Tablett servieren. Ihre provokante Geste lässt keinen Zweifel: Selbstherrlich wird sie sich hinwegsetzen über die Grenzen, auch dieses Kontinents, denn ihr, klug und voller Energie, gehört die Zukunft. (Abb. 39, Seite 181: Ulrike Angermeier, „Den Spieß einmal umdrehen", 170 x 150 cm, Öl/Acryl auf Hartfaser)

In ihrem zweiten Format „Homo ludens" begegnet uns dieselbe in typischer Wohnstube. Dunkles Weizen und Schweinshaxe samt Knödel markieren: das ist sicher nicht die Toskana. Die Würfel sind grad gefallen, denn man spielt hier „Mensch ärgere Dich nicht". Die Partei mit der Freiheitsstatue hat schon drei im Häuschen, die mit der Kanzlerin erst zwei. Die Konkurrenz der Nationen, vulgo Globalisierung, ist ein dämliches Spiel, Europa auf dem Stier ein winkendes Plastik-Weibchen mit weißem Cowboyhut auf einem Plastikstier. Prost! Mit blitzenden Augen verspeist die junge Frau ein Stück Bratenkruste. Ist das nicht in der Form des amerikanischen Kontinents? Das sind lebensfrohe Bekenntnisse mit bayerischer Lebensart im großen Bund der vielen Nationen... (Abb. 40, Seite 183: Ulrike Angermeier, „Homo ludens", 80 x 60 cm, Öl/Acryl auf Hartfaser)

Konsequenzen und Ausblicke

An der Tatsache, dass wir in einer medial geprägten Gesellschaft von Ikonodulen leben, kommen nicht einmal Ikonoklasten vorbei, denen zur Erholung von der explodierenden Bilderflut immerhin die fast leeren Säle der Museen des letzten Jahrhunderts mit dezent gehängten und gestellten Minimalismen bleiben.

Neben die klassischen Bildformen der Malerei, der Fotografie und des Films hat die Computertechnik in nur wenigen Jahren viele weitere Bildformen gestellt, die wir alltäglich benutzen. So ist die Begegnung mit Natur-Wirklichkeit längst ersetzt durch das Leben in urbaner, also technisch geprägter Wirklichkeit und nunmehr überformt durch die künstliche Wirklichkeit der Medien. Die Wirklichkeit der Medien ist mindestens eine veränderte Abbildung der Realitäten, erzeugt aber auch völlig losgelöst von der Realität eigene digitale Wirklichkeiten, wie man sie z.B. in den Simulationen der Spielprogramme findet.

Mit der rapiden Entwicklung der Rechenmaschinen hat sich das Bild zudem als sprachunabhängiges, multikulturelles *interface* in der Mensch-Maschine-Interaktion etabliert. Viele moderne *softwares* kommen ohne sprachliche Steuerungselemente aus und können intuitiv bedient werden, sind also durch einfaches Anschauen der *icons* jedermann verständlich. So simuliert z.B. der *media-player* des verbreiteten Brenn-Programms NERO mit verschiedenen *skins* (das sind verschiedene wählbare bildhafte Simulationen von virtuellen Geräten auf dem *display* des *computers*) nach Wunsch des Benutzers in etwa die Form eines Autoradios oder einer futuristischen Stereoanlage, um Bedienfunktionen anschaulich und in gewohnter Logik zu repräsentieren.

In diversen Programmoberflächen begegnen wir kompletten virtuellen Welten, in denen wir von *avataren* (das sind algorithmisch simulierte „Menschen", also künstliche digitale Personen) angesprochen werden oder uns von solchen repräsentieren lassen und in der virtuellen Situation selbst handeln können. Die virtuelle Welt des interaktiven *web* als künstlich gestalteter Raum ist Arbeits- und Freizeitgelände vieler *user*; sie haben Anteil daran als Bild-Konsumenten und Bild-Akteure (2nd life, YouTube, MySpace usw.).

Abb. 40: Ulrike Angermeier, „Homo ludens",
80 x 60 cm, Öl/Acryl auf Hartfaser

In vielen Berufen ist der Umgang mit digitalen 3-D-Animationen, Diagrammen, virtuellen Räumen, Hologrammen oder Simulationen Tagespraxis.

Bildhafte Repräsentationen ersetzen den Blick auf Wirklichkeit (Navigationssysteme, Überwachungssysteme, monitorgesteuerte Operationssysteme usw.).

Im Wissensüberfluss werden immer mehr Sachinhalte von der Sprachebene auf die Bildebene verlagert, um dem Bedarf an Rezeptionsgeschwindigkeit, Emotionalität und Erinnerbarkeit zu entsprechen.

Mit der anhaltend stürmischen Entwicklung noch leistungsfähigerer Kameras, noch schnellerer Datennetze und noch billigerer und präziserer *displays* werden immer mehr Lebensbereiche von medialen Bildereignissen penetriert werden, auch wenn es völlig öde sein wird, Fußballübertragungen auf einem digitalen Seifenspender zu verfolgen.

Mit Blick auf all dies heißt das, dass wir unser Sehen immer mehr umstellen auf ein mediales Sehen und mithin auf die Fähigkeit zu analytischem Verständnis der künstlichen Bilder angewiesen sind.

Bilder wie die in der Ausstellung gezeigten, sind ästhetische, also zum Auge sprechende Realitätskonzepte aus der Hand ihrer Hersteller. Diesen obliegt die Pflicht, auf der ungestalteten Fläche die völlige Verantwortlichkeit für die Form und Aussage ihres Bildes zu erreichen. In der gegenständlichen Malerei ist der geistige Aufwand bis zur endgültigen Form groß und der Zeitrahmen weit genug, um Entscheidungswege auch aus ihren Alternativen heraus zu entwickeln. Keine *software* oder *bitmap* ersetzt diese Entscheidungen, kein großtechnischer Aufwand steht als Hindernis im Weg. Gerade deshalb ist gegenständliche Malerei auch eine hervorragende Plattform für den Lernenden, der seine bildnerischen Entscheidungen alleine minutiös erarbeiten, überprüfen und korrigieren können muss.

Das Schulfach „Kunst" wird deshalb nicht umhinkommen, sich verstärkt und in schülergerechter Grundlagenarbeit mit der Rationalität von Bildern auseinanderzusetzen, wenn es überhaupt noch einen Stellenwert bei der Ausbildung nachkommender Generationen behaupten will. Alle Forderungen nach einem Ausbau der Stundendeputate und der Verbesserung der Lehrerbildung in diesem Bereich sind von daher zwingend, wenn die Informationsgesellschaft bewältigt werden soll. Aktive und passive Bildkompetenz ist nicht zu verwechseln mit dem *handling* von *hard-* und *software*. Neben der Fähigkeit, sich selbst in einem künstlerisch-kreativen Prozess organisieren zu lernen bietet gerade die gegenständliche Malerei, gedacht als ein auf das Auge zielendes Meta-Medium, ein kulturell ausdifferenziertes Areal zur Entwicklung von Entwurfstechniken, von Analyseverfahren und von Kommunikationsformen wie keine andere Disziplin des Geistes.